本书由湖北省社会科学基金项目（项目号：2015067）资助出版

报业集团流程再造支撑体系的建构

王朝阳　著

WUHAN UNIVERSITY PRESS
武汉大学出版社

图书在版编目(CIP)数据

报业集团流程再造支撑体系的建构/王朝阳著.—武汉:武汉大学
出版社,2022.5
ISBN 978-7-307-22530-5

Ⅰ.报… Ⅱ.王… Ⅲ.①报社—企业集团—企业发展—研究—中
国 ②数字技术—应用—报纸—新闻事业—研究—中国 Ⅳ.G219.2

中国版本图书馆 CIP 数据核字(2021)第 169874 号

责任编辑:徐胡乡   责任校对:汪欣怡   版式设计:马 佳

出版发行:**武汉大学出版社** (430072 武昌 珞珈山)
(电子邮箱:cbs22@whu.edu.cn 网址:www.wdp.com.cn)
印刷:湖北恒泰印务有限公司
开本:720×1000 1/16 印张:19.25 字数:274 千字 插页:1
版次:2022 年 5 月第 1 版 2022 年 5 月第 1 次印刷
ISBN 978-7-307-22530-5 定价:60.00 元

序　言

2020 年 1 月 7 日，烟台日报传媒集团超融合全媒体平台上线，同日，全媒体中心同步启动。[①] 烟台日报传媒集团是中国最早的一批全媒体实践者和探索者。2008 年 3 月，烟台日报传媒集团在全国率先建立全媒体新闻中心。12 年后，全媒体中心的成立意味着又一次重要的战略转进，那就是以全媒体改革为突破口，重塑架构再造流程，打破壁垒深改深融，从而开启传统媒体和新媒体的深度融合、实质融合的新征程。烟台日报传媒集团的一系列改革举措是中国报业深化改革，适应新媒体技术快速发展的缩影。如何使报业改革更为成功是许多传媒学界和业界人士共同关心、热烈讨论的话题。

2008 年，时任荆楚网[②]总裁的阎思甜先生应邀来武汉大学新闻与传播学院讲学。他着重谈到了荆楚网面对数字新技术的困惑、思考，以及荆楚网即将开展的全媒体流程再造。这让我联想到攻读硕士期间跟随导师王强教授一起做的有关"印刷质量全面管理"以及"印刷工艺标准化"的研究课

---

① 凌云鹏. 从全媒体新闻中心到全媒体中心——烟台日报传媒集团全媒体实践及探索解析[J]. 中国地市报人，2020(1)：42-44.

② 荆楚网(www.cnhubei.com)由中共湖北省委宣传部、湖北省人民政府新闻办公室主管，湖北日报传媒集团主办，湖北荆楚网络科技股份有限公司运营，是经国务院新闻办公室批准的湖北省唯一的重点新闻网站。2013 年，荆楚网跻身全国省级重点新闻网站前列，成为湖北最大的外宣工作平台。自 2004 年开办以来，相继获评"中国新闻网站十强""中国报社网站十强""最具营销价值门户网站""最受欢迎的党报党刊网站"，两次荣膺"中国最具品牌价值网络媒体"，先后 7 次获得中国新闻奖。(http://www.cnhubei.com/cntdfc/index.htm)

题。流程再造的前身其实就是全面质量管理(TQM①)。这样的联想让我精神为之振奋。随后通过相关资料的查阅，我了解到，随着信息技术和管理理论的不断发展，流程再造(Bussiness Process Reengineering，BPR)成为 20 世纪 90 年代以来组织发展(Organizational Development，OD)的重要着眼点。

　　流程再造的概念最早是由管理学大师弗雷德里克·温斯洛·泰勒(Frederick Winslow Taylor)在 19 世纪 80 年代末提出来的。该概念一经提出，就迅速成为管理学的研究热点，更迅速成为各行各业的具体实践。流程再造，一般也称为业务流程再造，是指对组织的业务流程从根本上进行反思，并进行彻底的再设计，以求在质量、服务、效率和效益等衡量组织业绩的主要指标方面得到满意的效果，使组织的业务组织更加符合自身战略发展的需要。信息技术的普遍应用，使企业的业务流程再造成为可能。②通过概念可以发现，流程再造是一种根本性、综合性的反思和设计，是符合组织战略，适应信息技术应用的理论和实践。

　　21 世纪前 10 年，国内外众多的报业集团或者传媒集团为了适应数字新技术的发展，主动或被动地思考报业集团的内容生产组织和内容生产业务流程的流程再造问题。更有一些传媒企业已经开始尝试碎片化的流程再造或全面化的流程再造。其中不乏成功或失败的案例。

　　国际上，较早推进流程再造的传媒企业有美国的纽约时报、英国的BBC 等。1999 年，美国纽约时报网站改变用办印刷媒体的思维来办新媒体，对网站的组织结构、财务和产品进行改革。2006 年，纽约时报在全公司范围内实现了印刷与数字广告团队，印刷与数字编辑部的融合。2007 年，英国 BBC 将其电台、电视台及网站的编辑部整合成统一的新闻编辑

---

　　①　全面质量管理(Total Quality Management，TQM)就是一个组织以质量为中心，以全员参与为基础，目的在于通过让顾客满意和本组织所有成员及社会受益而达到长期成功的管理途径。

　　②　Hammer M，Champy J. Reengineering the corporation：A manifesto for business revolution[J]. Business Horizons，1993，36(5)：90-91.

部，开始探索全平台的 360 度采编。① 在我国，台湾东森媒体集团于 1999 年年底开始筹建数字化跨媒体工作平台"大编辑台"，并于 2001 年正式建成投入运营。2008 年之后，烟台日报传媒集团、解放日报报业集团、宁波日报报业集团等传媒组织先后引入了流程再造理念，对报业集团核心的采编流程进行再造。

在国内已经开展了流程再造的报业集团或报业传媒集团中，对 BPR 概念也存在不同的理解。比如，宁波日报报业集团称为"全媒体信息技术平台"，解放日报报业集团称为"4i 新媒体战略"，② 烟台日报传媒集团称为"全媒体数字采编发布系统(数字复合出版系统)"，大众日报报业集团称为"新闻信息多层级开发及采编流程再造"以及人民日报社的"综合业务信息化平台"等。尽管称谓不同，但其实质基本一致，都属于报业集团业务流程再造。为方便讨论，以下将业务流程再造、流程再造等统一称为流程再造或 BPR。

在报业集团引入流程再造概念并推动流程再造改革主要有以下 3 个原因。其一，信息技术的快速发展，催生了媒介融合。而要实现媒介融合的先要条件便是流程再造。其二，市场主导者的变化。传媒市场已经由原来的产品主导转变为以受众为主导、以用户为中心，传媒产品必须寻求差异化以满足不同用户的需求。其三，全球化使媒介市场竞争加剧。基于以上原因，报业集团面临巨大的生存压力，进行流程再造势在必行。

一、信息技术发展引发的媒介融合是媒介流程再造的动因

媒介融合的根本和直接诱因是信息技术的成熟。③ 技术力量是媒介变

---

① BBC News reorganizes into multimedia newsroom, siber journalist. net, 2007 年 11 月 15 日。

② 解放日报报业集团 4i 工程(1369 工程)是一个"合作共赢、满足受众全方位需求"的新媒体战略，4i 是指 i-news、i-paper、i-mook 及 i-street。i-news 针对上下班途中的信息消费人群；i-mook 针对在家中休闲的时尚年轻人群；i-paper 针对办公室及商务休闲场所的高端商务人群；i-street 针对商业中心的购物消费人群。

③ 王菲. 媒介大融合——数字新媒体时代下的媒介融合论[M]. 广州：南方日报出版社，2007：7.

革的巨大推动力，技术进步为媒介融合提供了重要的技术支持。近百年来，信息处理技术、信息传输技术，以及基于这两项技术的网络技术快速发展，带来了传媒领域日新月异的变化。具体来看，信息处理技术的发展主要体现在数字化技术、数据库技术和多媒体技术的发展方面。① 其中，数字化技术使得一切信息都可以用一种共同语言来表达——将信号转换成编码并可以为任何媒介转译的科技语言，即"0"和"1"的数字形式，从而实现了人类对信息更快速传递、更高质量和更大容量的梦想；数据库技术使信息和资源的共享成为可能；而多媒体技术使计算机处理信息的形态变得更丰富，除了文字和图片外，还可以处理音频和视频等多媒体信息。伴随着数字处理能力的提升，信息处理规模在膨胀，信息处理质量得以不断改善。数字压缩技术使信息传输系统兼容了文字、图片、声音和影像等传统媒体的传播手段。此外，卫星通信技术和光纤通信技术的产生及发展极大地提高了信息传播的效率。信息技术的发展意味着不同形式的内容可以被合并、处理或存储，而且可以快速、有效地在同一网络上传输，并且由相同的设备来接收。

在传统新闻生产情境中，各媒体以单一媒介形态为基础，所运用的技术手段也相对有限，如报纸新闻以文字和图片传播为主，电视新闻以图像和声音传播为主，在此基础上，各媒体形成了自己的组织结构和新闻采编流程。② 信息技术的发展引发了传播方式和媒介形态的革命，为媒介内容的共享提供了可能，也为传统媒体的发展带来新的增长点，使新旧媒体在相互竞争中互相吸取有利于自身发展的因素，在互补中形成媒体竞争性共融环境。艾佛立特·丹尼斯（Everette E. Dennis）认为，随着印刷媒介技术和广播媒介技术之间传统区别的迅速消失，我们正在见证着"一个统一的媒介王国"的出现。③ 技术进步催生了网络媒体，其天生具有传播非地域

---

①　徐沁. 泛媒体时代的生存法则——论媒介融合[D]. 杭州：浙江大学，2008.

②　王漱蔚. 媒介融合：传媒业发展的必然趋势[J]. 当代传播，2009(2)：55-57.

③　Dennis E E. Of Media and People[M]. Newbury Park, CA：Sage Publishcations, 1992.

性、信息容量超限性和信息链接无限性的特质。这些特质激发了人们潜在的集合式需求，同时也彻底改变了受众地位，加速推动了传统媒介在实现跨媒介融合中的步伐。①

媒介融合就是要打破各个媒体的种种限制，在跨媒介介质的平台上整合不同媒介的新闻，从而产生出不同于传统意义的新的媒介生产流程。媒介融合背景下对新闻采编管理提出新的要求，跨媒介团队合作，在全方位的技术运用和所有形态的媒介介质基础上整合新闻传播资源，建立新的流程，打破媒介间各自为政的局面。当然，报业集团往往拥有纸媒、多微多端，报纸和网络在办公资源、机构调整上的一体化变革，目的是促进业务模式和工作流程的一体化，以实现在同一个平台上完成对用户的即时、互动、多媒体的信息服务。②

因此，媒介融合不仅是不同媒介的整合与重组、交融与互动，也是对传统新闻业务形态的整合与重构。它通过构建新媒体技术平台，对新闻业务流程进行重组，使新闻业务呈现出一种前所未有的发展态势。新闻传播主体由职业新闻工作者独家垄断转变为职业人员与社会公众共同分享；新闻采编系统由单一媒体类型为基础的"新闻编制系统"转变为以信息技术为整合平台的多媒体的"新闻信息与服务提供系统"；新闻报道模式由单线性的平面化形态转变为全方位、立体化的形态。③

同时，信息技术直接作用于媒体的流程再造过程。首先，信息技术是媒体流程再造的直接诱因和使能器(Enabler)。④ 为获得流程绩效的戏剧性

---

① 徐沁. 泛媒体时代的生存法则——论媒介融合[D]. 杭州：浙江大学，2008.

② 袁志坚. 媒介融合进程中的编辑业务变革——基于理念、流程、产品的视角[J]. 中国编辑，2009(6)：70-73.

③ 刘寒娥. 媒介融合背景下新闻业务形态的整合与发展[J]. 内蒙古大学学报(哲学社会科学版)，2008，40(4)：94-97.

④ Hammer M, Champy J. Reengineering the Corporation：A Manifesto for Business Revolution[M]. London：Harper Collins，1993.

改善，可以利用现代信息技术彻底地进行流程再造。① 其次，信息技术是成功实施企业业务流程再造的前提条件。如果企业没有信息技术手段，它就无法进入业务流程再造的真实过程。② 信息技术之于流程再造的作用表现在多个方面。比如，信息技术的应用使媒体信息资源的整合、分享利用成为可能；解决了企业组织结构扁平化带来的信息沟通和员工自我管理、决策问题；信息技术的应用，使企业流程再造的范围不再局限于企业组织内部，而是扩展到企业与其顾客、供应商及合作伙伴之间，建立起以利益共享为目标的动态组织联盟。再次，信息技术在企业流程再造中的应用程度又关系到流程再造的成功率。N. 文卡特拉曼（N. Venkatraman）将信息技术促成的企业转变分为五个层次，他认为，信息技术在企业中被运用的层次越高，改造就越彻底，流程的效率就会越高。③ 另外，信息技术还对流程再造中的组织模型、企业管理及企业核心能力等方面造成一定的影响。

显然，信息技术的发展引发了媒介融合，现有的新闻生产方式和新闻生产组织遭遇挑战，重构和优化是传媒组织突围的方式之一。

二、以受众为主导、以用户为中心的传媒市场需要传媒企业实施流程再造

第二次世界大战至 20 世纪 60 年代，世界经济处于战后恢复期，以美国为首的西方国家企业处于优势地位，其占据了供不应求的卖方市场。20世纪 70 年代以后，市场出现了两种变化。其一，由于生产效率的提升，企业产能过剩，产量超过了市场需求量，市场趋于饱和。其二，科学技术的发展及普及使商品质量得以提升，商品种类更加丰富，消费者选择的余地

---

① Hammer M. Reengineering work：Don't automate，obliterate[J]. Harvard Business Review，1990，68(4)：104-112.

② WU I L. A model for implementing BPR based on strategic perspectives：An empirical study[J]. Information and Management，2002，39(4)：313-324.

③ Venkatraman N. Information Technology-induced Business Reconfiguration：The New Strategic Management Challenge [M]//Scott-Morton M S. The Corporation of the 1990s. Oxford：Oxford University Press，1991.

增大。随之而来的是消费者消费观念的改变。他们不仅注重"量"的满足，而且开始注重需求"质"的满足。市场主导权开始从商品生产者向商品消费者转移，卖方市场转变为买方市场。市场主导权的变化，促使企业着手改革生产经营方式，力图通过提高产品质量，不断提供优质产品来吸引顾客。在这一时期，满足消费者的个性需求依然不是企业生产经营的重点。直到20世纪80年代以后，消费者的消费倾向不再局限于"质"和"量"，需求更加趋于多样化、个性化。面对消费者需求的变化和企业间日益加剧的竞争，企业不得不谋求变革。变革的重要思路就是企业由生产型、经营型向服务型转变，一种以满足消费者需求为导向的经营管理理念基本形成。

传媒市场的变化基本也经历了从卖方市场向买方市场转变的过程。目前，传媒市场主导权已经逐渐从媒介产品生产者转移到受众端或用户端。这种主导权的变化，在传媒市场中反映为重塑企业战略，转变经营管理思路，为受众提供低成本、高价值且富有个性的媒介产品，不断提高受众的满意度，以媒介产品用户为中心等。在这种情况下，传媒企业面临新的问题，如何才能由原来以产品生产为主转化为以满足受众需求为主呢？如何才能从以我为主转化为以用户为主呢？

对于报业而言，过去，报社是事业单位，经费主要由财政提供，报社养尊处优，整个生产经营不需要考虑市场，而只需完成任务。这必然存在一定的弊端，如产品单一、发布渠道单一、不同报社各自为政、信息缺乏共通共享，造成了很大的资源浪费等。面对这种情况，1996年、1999年和2003年，国家先后进行了三次大的报刊市场整顿。治理整顿的核心，就是进行结构调整，优化资源配置，使报业真正走向市场，推进报业的市场化进程。为响应报业市场化进程及应对我国加入WTO后传媒企业将要面临的残酷竞争格局，国家进行了组建报业集团的尝试。1996年1月，我国第一个报业集团广州日报报业集团成立。这是一种从小到大的"物理变化"，报业集团规模是增大了很多，但这只是"做大"了，那么如何"做强"呢？报业改革的实践证明，"做强"的问题实际上就是如何提高报业集团核心竞争力、适应市场变化的问题。

目前，传媒市场是一种以受众为主导、以用户为中心的市场格局，如何细分受众市场，满足受众个性化需求、差异化需求，将用户作为"生产资源"而不是"消费资源"成为报业集团变革的重点。迈克尔·波特（Michael Port）提出过一般性战略（Generic Strategies）的概念。他认为成本领先（cost leadership）、差异化（differentiation）和专一经营（focus）是企业获得竞争优势的 3 个基点。其中，成本领先战略强调以很低的单位成本价格为敏感用户生成标准化的产品。差异化战略旨在为价格不敏感用户提供某产业中独特的产品与服务。而专一经营战略指专门提供满足小用户群体需求的产品和服务。① 波特一般性战略中提到的 3 个基点都是从用户角度出发，思考的是如何为用户提供更好的产品和服务的问题。喻国明针对传媒企业变革提出了"U 化战略"的概念，包括 5U，如 unite（融合）、universal（普及）、user（用户）、unique（独特）、ubiquitous（无处不在）。② 他认为"内容产品还要不断形成延伸产品和形式产品。首先是基于数字化技术变革的现实，应着力于同一内容的多介质产品打造。其次是基于人们'碎片化'的媒介消费使用习惯改变的现实，打造多平台组合产品"。③ 因此，信息技术强化了以用户为中心的理念。但报业集团传统的新闻生产方式的弊端却阻碍了这种市场导向的发展。如何克服这种弊端呢？在报业集团化进程的同时，信息技术也在传媒领域得以广泛应用。信息技术的发展引发了媒介之间的融合。媒介融合不仅使整个报业集团实现从"物理变化"向"化学变化"的转变，也使传统媒介形态之间的界限变得模糊。当前，报业集

---

① Porter M. Competitive Advantage：Creating and Sustaining Superior Performance［M］. New York：Free Press, 1985; Porter M. Competitive Advantage of Nations［M］. New York：Free Press, 1989; Porter M. Competitive Strategy：Techniques for Analyzing Industries and Companies［M］. New York：Free Press, 1980; Porter M. Strategy and the internet［J］. Harvard Business Review, 2001(3)：63-78.

② 喻国明. 关于当前中国传媒产业发展的战略思考［J］. 山西大学学报（哲学社会科学版），2007(1)：125-127.

③ 喻国明. 2007 年的传媒：向形式产品和延伸产品转型［J］. 新闻战线，2007(1)：14-16.

团一般都是拥有多个子报、网站或其他组织的综合性传媒集团，如宁波日报报业集团就拥有"8 报 2 刊 1 社 1 网站 1 书店"。如何实现传统媒体和新媒体的资源共享呢？从国外报业集团实践经验来看，构建集团范围的数字技术平台是报业集团实现资源共享的有效途径。在国内，一些报业集团已经在尝试通过构建数字技术平台达成业务流程再造。他们的实践证明，BPR 是有效应对以受众为主导、以用户为中心的传媒市场的途径。

三、全球化带来的媒介市场竞争进一步推动了流程再造

2001 年 12 月，我国正式加入 WTO，这为我国传媒业带来巨大机遇的同时，也使传媒业面临极大的挑战。当时，我国传媒业发展自身实力不足，经济效益低下，再加上入世后，国外媒介巨头纷纷进军中国传媒市场，逼迫报业加快发展，新闻业改革迫在眉睫。在那种形势背景下，大力推进治散治滥、优化报业结构的进程，并把报业集团化作为解决这一问题的有效举措，实现我国报业做大做强、迎接入世挑战的宗旨成为新的任务。李占国认为，"入世的核心和关键就是竞争，竞争永远是市场条件下铁的法则和不变的规律"，中国的报纸、广播、电视和网络在媒介全球化的压力下，要想在世界这个大舞台上争得一席之地，必须有针对性地提供一些切实可行的发展思路和应对策略。

当今世界总体的时代背景是政治多极化、经济全球化、文化多元化及信息数字化。在传播方面，复杂多元的竞争局面引发了新一轮全球范围内的传播革命。面对媒介全球化的冲击，包括中国在内的广大发展中国家面临更多的是挑战。首先，早先中国媒体由于政策等各方面因素的限制和制约，不允许跨地区、跨媒体经营，这就限制和削弱了中国媒体的总体竞争力。没有雄厚的经济实力做后盾，在激烈的全球竞争中，就很难争得一席之地。尤其是目前我国媒体的主要收入仍来源于广告，在媒介走向产业化、市场化的今天，媒体在开展多元化经营战略方面仍没有取得实质性的突破成果。其次，在媒介管理过程中，行政的作用仍较为明显，政府对媒介的市场化运作干预也较多，再加上我国规范媒介运作的法律、法规尚不

完善，导致媒介难以形成统一的公平竞争环境，这对于入世后，我国媒介参与国际竞争也是一个很大的阻碍。

随着中国市场经济的深入发展，改革开放的不断向前推进，传媒业一直推行的"事业体制、企业化管理"的改革模式也日显弊端重重，甚至已经成为传媒业进一步发展的制度桎梏。从统计数字来看，中国传播事业的规模虽然已经够大，但却找不到能够同西方跨国媒体集团直接抗衡的媒体。国内像时代华纳和新闻集团那样跨报刊、图书、广播、电视、电影、互联网的综合性媒体比例很小，单一武器、单独作战仍然是中国媒体主要的运作方式。

根据入世协定的有关内容，我国报业将逐步从更深的层次和更广的领域进一步对外开放。报业集团化发展进程中必须整合资源，通过对媒体资源的横向、纵向、交叉整合，形成新的产业优势，提高中国报业的抗击打能力。李占国认为，"所谓横向整合，就是指在同一生产层次上报纸的相互购并，所谓纵向整合，就是同一产品在不同层次上的相互购并，所谓交叉整合，就是指在不同生产层次以及不同种类的媒介之间的相互联合"。中国的报业正由"以体制资源为导向"的经营模式向"以市场资源为导向"的经营模式过渡，并逐步走上更加成熟、更加理性的市场化运作道路。

2002 年，中共中央办公厅下发中央宣传部、国家广电总局、新闻出版总署《关于深化新闻出版广播影视业改革的若干意见》的通知(中办发 17 号文)(以下简称《若干意见》)。《若干意见》进一步明确了"要积极推进媒体集团化改革，组建跨地区、多媒体大型新闻集团的目标，对比较敏感的传媒业融资问题、媒体与外资合作、跨媒体发展等问题都做了积极、具体的回应，显示中央深化传媒业改革、培育传媒航母的决心"。[1]

《若干意见》表明，国家对媒体对外融资的政策已经开始松动，媒体融资方式的多元化获得了极大的支持。这对于一直处在极少有外部资金进

---

① 孔鸥洋．中国传媒业入世后所处的环境及应对措施［D］．郑州：郑州大学，2002．

入、相对封闭状态下运营的中国传媒业来说是一个非常重要的利好。它不仅会推动资本市场和传媒的结合，而且会从根本上改变整个传媒业的组织架构、治理结构、运作流程、人才布局等，将对传媒业的后续发展产生非常深远的影响。传媒业对外融资和对外合作政策的松动、市场化改革路径的更加清晰可见、WTO条款的推动，未来中国传媒业将迎来一个结构调整、行业整合、购并合作频繁的时期。

面对国际传媒集团的渗透和进入，中国传媒要抓住机遇，充分竞争，加快整合，加快踏上跨媒体道路，尽快增强自己的竞争力，成为国际大市场中的强势媒体。与传统媒体相比，实现新闻资源共享是跨媒体经营的第一大优点。在新闻节目的采集使用时，实现新闻资源的共享和交换，将大大提高工作的效率及质量。此外，跨媒体的另一优势在于兼顾各种媒体之间明显的优缺点，扬长避短，实现多赢。另外，跨媒体经营能够降低成本，节约管理成本，分担风险。创建跨媒体集团，是入世后中国媒体迎接来自全球媒体市场的竞争压力的需求。本书基于这样的背景，从报业集团业务流程再造的微观视角，探讨哪些因素会对报业集团的BPR进程和成功实施产生影响，以此来憧憬中国传媒产业未来的发展路径。

目　　录

第一章　报业集团媒介融合

在我国，报业集团相对比较特殊。它不同于其他企业，它既有政治属性，又有企业属性。在报业集团改革过程中，要充分考虑它的属性特征，构建具有中国特色的理念和方法，也要将其置于全媒体快速发展和媒介融合的大环境下，综合考量改革所需的各种支撑要素，促进改革顺利实施，并有助于报业集团立足市场、服务用户的。

第一节　报业集团概述

在不同的国家、不同的时期，人们对报业集团的界定存在差异。

在西方国家，"报业集团（Newspaper Group）是企业集团的一种具体形式，是由以报纸出版发行为主体目标，制版印刷、新闻信息（含广告）、新闻资产管理等为主要内容，按多元化发展原则，向其他行业渗透发展，从而为主体产业服务的组织结构"。[①] 在报业集团发展之初，主要以本地报业企业联合的形式为主。随着交通工具的发达，报业集团发展为跨越不同的地点、同时拥有两家以上报纸的报业联合体。[②] 这一时期，报业集团具有了跨地域的特点，但集团内媒介形态还是较为单一，仅包含报纸一种媒介形态。后来，随着媒介技术的不断发展，出现了广播、电视、互联网等媒

---

① Croteau D, Hoynes W. The Business of Media[M]. Boston：Focal Press，2000.
② 唐绪军. 报业经济与报业经营[M]. 北京：新华出版社，2003：403.

介形态。报业集团也发展为拥有多家报纸或多种杂志，或者其他传播媒体（通讯社、特稿社、广播台、电视台、出版社等）的融合多种媒介形态的媒体集团。但无论报业集团的概念如何变化，其企业集团这一核心要素始终未变。因此，报业集团具有企业集团的基本特性，在市场竞争中可以以独立法人存在；而在管理体制上，由内部各成员单位以产权为纽带建立现代企业制度，并采取集权与分权相结合的模式运作等。①

在我国，对报业集团概念的界定也有多种。如前中宣部副部长徐光春在《关于新闻改革和报业集团的几个问题》的讲话中指出："报业集团是以党报为龙头，以报纸为主业，以国家所有为原则，以社会效益为第一的多功能、多层次、多品种的特殊产业集团。"②该定义突出强调报业集团的经济属性和社会属性，更强调其政治属性。

显然，传媒组织是为了追求规模经济和范围经济的需要，催生出传媒集团这一新的企业形式。国外报业集团的内涵与外延与一般企业集团一致，性质非常清楚，是纯粹的企业集团。无论是家族所有，还是上市公司，所有报业集团同其他企业集团一样都是企业，是以资本为主要纽带的传媒企业法人联合体。传媒与传媒之间是参股或控股关系，往往由一个经济实力强的母公司为主体，对其他企业进行参股、控股。该母公司即被称为集团公司。其中，股份制集团公司采用资本作为权威方式来实现对集团成员的统一管理。在集团公司中，母公司处于核心地位。母公司主要通过对子公司资本和人事的参与，来实现对集团经营业务的控制和统一协调。

对比国外报业集团，国内的报业集团很难归类于真正意义上的企业集团。③ 中西方关于报业集团界定的差异，充分反映在组织结构、管理体制、用人制度、决策机制的巨大差异上，主要有以下 2 个方面。

---

① Croteau D, Hoynes W. The Business of Media[M]. Boston: Focal Press, 2000.
② 参见魏轶群. 中国报业集团十年足迹[J]. 中国记者, 2006(3)：45-47.
③ 参见李岚清同志在 1998 年 6 月视察新闻出版总署时的讲话内容。

一、多重属性

报纸是一种大众传媒，大众传媒兼有社会属性、政治属性及经济属性。①

首先，传媒业作为社会文化事业，以传播新闻为主要手段，满足人们新闻信息需要的基本特征决定了它的社会性质和社会属性。

其次，传媒业作为一种社会事业产生以后，很快便成为一定阶级、政党及社会集团发展经济生产和从事政治斗争的舆论工具，成为为一定社会的经济和政治制度服务的舆论工具。

最后，传媒业又是信息产业实体，具有经济属性。承认媒介的产业性质和经济属性，就是可以把媒介当作企业来办，可以按照现代企业制度来进行管理，组织经营，也可以进行市场化运营。但不能过分强调它的产业和企业性质及其经济属性，一味地追求经济效益，会损害它作为社会文化事业和阶级舆论工具的特征及属性，使它不顾公众利益和社会效果，背弃它应当承担的社会责任和阶级使命，导致新闻传播产生负面效应。

郑保卫认为，社会属性是最基本的属性，它体现的是传媒业作为一种信息传媒和文化事业的特征；政治属性是最重要的属性，它体现的是传媒业作为一种阶级舆论工具的特征；经济属性是最排他的属性（单纯的经济属性只讲盈利，不顾其他），它体现的是传媒业作为一种信息产业经济实体的特征。② 上述三种属性之间是一种互为补充、相互制约的关系。社会属性决定着传媒业基本的存在形式和行为方式；政治属性决定着传媒业根本的利益方向和工作原则；经济属性决定着传媒业长远的生存基础和发展潜力。它们形成了一个复杂的综合体系，各自发挥着自己的作用，又制约着其他属性的存在方式和发展状况。

大众传媒的多重属性决定了报纸这种"文化产品的意识形态属性与产

① 郑保卫．当代传媒业性质辨析[J]．新闻界，2006(5)：7-8.
② 郑保卫．当代传媒业性质辨析[J]．新闻界，2006(5)：7-8.

业属性是紧密相连的，占领市场和占领意识形态阵地是统一的，社会效益和经济效益是一致的"。① 由此，中国传媒业呈现出双重运作目标，即获得社会效益与经济效益。"报社的性质属于党和国家的新闻宣传事业单位。报纸的地位和作用决定了报社不能以赢利为目的，必须坚持社会效益放在第一位，报纸亏本，也要积极扩大发行和宣传效果。因此，报社是既区别一般企业，又区别于一般出版事业单位的特殊行业。"②也就是说，有关两个效益在实践中发生冲突时，其处理原则是要"坚持把社会效益放在首位，实现社会效益与经济效益的统一。社会效益第一、两个效益统一"③。这就决定了报社一方面必须履行政府喉舌的职责，实现政策宣传、舆论引导的功能；另一方面，必须借助市场，实现报社的生存与发展。在报业制度选择过程中，由于双重属性的存在，对于涉及报社意识形态属性的部分刻意规避，体制外或者体制边缘的增量改革是主导思想。

社会效益第一的原则决定了我国媒介(尤其是报纸)必须担负着党和政府的宣传职能，赋予了报纸浓厚的意识形态色彩，从而或多或少地影响着经济体制改革的进程。④

二、事业单位，企业化管理

我国较早就在新闻传媒内进行"事业单位，企业化管理"的尝试。1978年，财政部批准人民日报等首都 8 家新闻单位实行"事业单位，企业化管理"。2001 年，国家颁布的《关于深化新闻出版广播影视业改革的若干意见》明确规定，报业集团、出版集团、广电集团属于事业性质，实行企业

---

① 参见李长春同志在 2003 年 6 月 27 日在文化体制改革试点工作会议上的讲话内容。

② 新闻出版业产业政策研究座谈会纪要[J]. 报纸经营管理，1990(21).

③ 参见 2001 年 8 月 20 日颁布的《中央宣传部、国家广电总局、新闻出版总署关于深化新闻出版广播影视业改革的若干意见》的第二条规定，有关新闻出版广播影视业的改革部分。

④ 陈桂兰，张骏德，赵民. 试论我国广播电视业的法制化管理[J]. 新闻大学，1998(4)：56-59.

化管理。

　　事业单位是指国家为了社会公益目的，由国家机关举办或者其他组织利用国有资产举办的，从事教育、科技、文化、卫生等活动的社会服务组织。① 其特点是：第一，事业单位不以盈利(或积累资本)为直接目的，其工作成果与价值不直接表现或主要不表现为可以估量的物质形态或货币形态。第二，其上级部门多为政府行政主管部门或者政府职能部门，其行为依据是相关法律，所做出的决定多具有强制力，其人员工资来源多为财政拨款。事业单位的登记在编制部门进行。事业单位与职工签订聘用合同，发生劳动争议后，事业单位进行人事仲裁。

　　企业单位一般是自负盈亏的生产性单位，所谓"自负盈亏"意即：自己承担亏损与盈利的后果，有一定的自主权。企业单位分为国企和私企。国企就是属国家所有的企业单位。私企就是属个人所有的企业单位，它的特点是自收自支，通过成本核算，进行盈亏配比，通过自身的盈利解决自身的人员供养、社会服务、创造财富价值。企业单位的登记在工商行政管理部门进行。企业单位与职工签订劳动合同。发生劳动争议后，企业单位进行劳动仲裁。

　　显然，报业集团的事业属性决定着传媒业基本的存在形式、行为方式和根本的利益方向、工作原则，企业属性决定着新闻事业长远的生存基础和发展潜力。② 这也决定了报业集团管理需坚持"四个不变"(即党和人民的喉舌性质、党管媒体、党管干部不能变，正确舆论导向不能变)的原则。③ 也就是说，报业集团并不是真正意义上的企业集团。报业集团"事业单位、企业化管理"跟本书相关内容的影响主要表现在 4 个方面。

　　第一，组织结构不同。组成集团的各实体，特别是与核心业务相关的

①　参见《事业单位登记管理暂行条例》(2004 年 6 月 27 日施行)。

②　郑保卫. 事业性、产业性：转型期中国传媒业双重属性解读[J]. 今传媒，2006(8)：8-10.

③　参见李长春同志 2003 年 6 月 28 日在文化体制改革试点工作会议上的讲话内容。

实体大部分是事业单位，具有非常明显的党管特点。这就决定了在报业集团的发展规划、管理等方面，在很大程度上受到国家政策的严格制约。也就是说，相对于其他企业，报业集团 BPR 的影响必须特别重点考虑政策因素的影响。

第二，治理结构与国外不同。中国的传媒集团本身不是一个独立法人，集团层面有针对整个集团所有下属实体的领导机构，一般为董事会或管委会等，负责对下属各实体进行权威的行政领导。所以，高层领导对报业集团的业务具有较强的管理作用，其个人的决策能力、领导魅力成为报业集团重要的生产力之一。另外，这种治理结构也使得报业集团的人力管理与一般企业不同。如一般企业集团的总经理任命是通过董事会讨论确定的，而报业集团的总编辑、总经理是由上级党委指派的，体现了报业集团"党管干部"的原则。

第三，集团的组建模式具有独特性。报业集团的组建模式是"在行政区划市场的封闭领域内，以高行政级别传媒单位为主体，吸纳同级或低级别的传媒单位组建的，而一般企业集团的组建并无市场界限、行政级别等方面的限制"。① 报业集团的这种组建模式影响着报业的资本运作。资本是所有者投入生产经营，能产生效益的资金，是从事工作的条件。充裕的资金是报业集团改革的基础条件，也是改革持续进行的保证。

第四，报业集团的产品——报纸同样也有两重性。报纸和其他商品一样，具有一般商品都具有的使用价值和交换价值的基本属性；② 但报纸与其他商品不同的是，它还具有宣传品的特殊属性，不同的报纸会因为类别与定位的不同，所包含的宣传品属性的强弱会有所差别。报纸因为自身具有宣传品的属性，所以使得报纸具有宣传党的政策、引导社会舆论的功能；报纸还是一种文化产品、精神产品，可以起到规范社会道德的作用；报纸与一般商品相比，具有特殊的社会责任。报纸产品的这些属性，对生

① 于立. 再论国有企业改革新思路[J]. 天津社会科学，1998(5)：45-49.
② 管新久，林庆荣，罗华. 报纸的使用价值决定着报纸的命运[J]. 采写编，2006(5)：60.

产报纸的人也提出了更高的素质要求。

由此可见，我国报业集团较之国外报业集团有其特殊性。它不仅仅拥有其作为企业的性质，还拥有很多其他方面的属性，如政治属性。针对这一特殊性，我国报业集团在 BPR 支撑体系建构中必须在国外 BPR 相关研究成果的基础上加以拓展，要符合我国报业集团所处的媒介生态。

第二节　全媒体时代报业集团的媒介融合

一、深入全媒体时代

悄然间，进入全媒体时代已经很久。不管是全媒体还是媒介融合，都已经成为国内外传媒组织的变革基因。可以说，"全媒体"和"媒介融合"虽然是两个概念，却存在着千丝万缕的联系。

从伊契尔·索勒·普尔(Ithiel De Sola Pool)提及的媒介融合趋势到目前中国传媒业的广泛实践，"全媒体"化和"媒介融合"的表述普遍存在着，从最早的"全媒体"化到现在的"媒介融合"，都带有深深的中国烙印。其实，在国外学术界，"全媒体"作为一个新闻传播学术语并未被提及，[①] 更多的概念是"融媒体"。因此，可以说，"全媒体"是具有中国特色的传媒现象，是"融媒体"发展的初级形态，即过渡性的结构化融合阶段。[②] 石长顺认为，全媒体是实现媒介融合的过渡阶段。[③] 从某种意义上看，"全媒体"是"媒介融合"的一部分，也是"媒介融合"的必然产物。

---

① 杨保达. 第一财经"全媒体战略"的 10 年问题考察(2003—2013)[J]. 新闻大学, 2013(2)：113-120.

② 封静. 南都全媒体集群现象研究[D]. 苏州：苏州大学, 2014.

③ 石长顺, 柴巧霞. 论报业的全媒体转型[J]. 新闻前哨, 2012 (5)：28-31.

（一）理解"全媒体"

全媒体的概念最早来自"实务界"的非媒体组织。全媒体英文为"omnimedia"，源于美国一家名为玛莎斯图尔特生活全媒体（Martha Stewart Living Omnimedia）的家政公司，该公司通过旗下的报纸专栏、广播节目和网站传播自身的家政服务和产品，构筑当时已经很新颖的"全媒体"传播平台。在国内，2006年，北大方正电子有限公司最早提出了"全媒体"概念。北大方正提出实现报业"全媒体"的新型运作模式和数字报业的战略规划，为报社的文字、图片处理提供了一整套软、硬件系统。之后，随着杭州日报报业集团、烟台日报报业集团和南方报业传媒集团等传媒集团"全媒体"新闻业态的尝试，"全媒体"的业务探讨和学术探讨也随之在国内展开。

伴随着"全媒体"概念的出现，学界对这一概念的讨论就此展开，并且有不同的视角。

有些从全媒体产品和传播效果的视角看。如朱春阳认为，全媒体，应该是从全面满足用户体验需求出发，设计传播产品的形态以及接受方式和沟通渠道。[1] 杨保达认为，全媒体的内涵普遍认为是指包括报纸、广播、电视、杂志、音像、出版、网络、电信、卫星通信在内的各种传播工具，涵盖视、听、形象、触觉等各种感官，且针对不同的受众需求，选择适当的媒介形态，提供超细分服务，实现对受众的全面覆盖，达到最佳传播效果。[2]

有些从全媒体对整个新闻生产的影响看。如彭兰认为，全媒体是一种业务运作的整体模式与策略，即运用所有传播手段，调动所有媒体资源构建一个大的完整的报道体系。全媒体涉及的媒介融合的基本层面便是媒介业务形态的融合。此种融合主要表现为两个方面：多媒体化和全媒体化。全媒体化意味着单一报道仍然可以是单媒体、单平台、单落点的，但是它

---

① 朱春阳. 检视我国传媒集团的"全媒体战略"[J]. 记者摇篮，2011(6)：4-6.

② 杨保达. 第一财经"全媒体战略"的10年问题考察（2003—2013）[J]. 新闻大学，2013(2)：113-120.

们共同组成一个大的报道系。从总体上看，报道不再是单落点、单形态、单平台的，而是在多平台上进行多落点、多形态的传播。[①] 姚君喜认为，从广义上看，全媒体即对媒介形态、生产和传播的整合性应用；狭义上看，全媒体是立足于现代技术和媒介融合的传播观念，综合传统媒体与新兴媒体，在媒介内容生产、媒介的形态、传播渠道和传播方式、媒介营销观念、媒介运营模式等方面的整合性运用。[②] 郜书锴认为，从形式上看，全媒体不是指媒体类型的应有尽有，而是指不同媒介类型之间的嫁接、转化、融合。从内容上看，其基本内涵主要体现在四个方面：一是信息资源的多渠道采集；二是统一的专业资源加工；三是全方位业务系统支持；四是多渠道资源增值应用。从结果来看，主要表现在内容生产多形态、产品发布多渠道和传播介质的多终端。[③]

有些从全媒体所构筑的传播形态看。如新华社新闻研究所课题组把"全媒体"理解为：综合运用各种表现形式，如文、图、声、光、电，全方位、立体地展示传播内容，同时通过文字、声像、网络、通信等传播手段进行传输的一种新的传播形态。[④] 张惠建认为，全媒体的"全"可以从三个维度进行理解，从传播载体形态上，可以简单概括为报纸、杂志、广播、电视、音像、出版、网络、电信、卫星通信等诸多传播形态和终端形式的总和；从传播内容形式上而言，则涵盖了视觉、听觉、触觉以及形象等人们接受信息的全部感官体验；从信息传输渠道上来看，它包括了传统的纸质、频率、局域网、国际互联网和移动互联网，以及其他类型的无线网际网络等。[⑤]

---

① 彭兰. 媒介融合方向下的四个关键变革[J]. 青年记者，2009(2)：22-24.

② 姚君喜，刘春娟."全媒体"概念辨析[J]. 当代传播，2010(6)：13-16.

③ 郜书锴. 全媒体：概念解析与理论重构[J]. 浙江传媒学院学报，2012，19(4)：37-42.

④ 新华社新闻研究所课题组. 中国传媒全媒体发展研究报告[J]. 科技传播，2010(4)：81-87.

⑤ 张惠建. 迎接"全媒体"时代——"全媒体时代"的态势与路向[J]. 南方电视学刊，2009(2)：6-10.

有些则强调全媒体的过程。如卢新宁认为，"全媒体"是指媒介信息传播采用文字、声音、影像、动画、网页等多种媒体表现手段，利用广播、电视、音像、电影、出版、报纸、杂志、网站等不同媒介形态，通过融合的广电网络、电信网络以及互联网络进行传播，最终实现用户以电视、电脑、手机等多种终端均可完成信息的融合接收，实现任何人、任何时间、任何地点、以任何终端获得任何想要的信息。①

无论从何种角度看，全媒体在传播形态的改变、传媒产品的生产和新闻生产的流程等方面都造成了巨大的影响。

习近平总书记在"1·25讲话"中强调："全媒体不断发展，出现了全程媒体、全息媒体、全员媒体、全效媒体，信息无处不在、无所不及、无人不用，导致舆论生态、媒体格局、传播方式发生深刻变化，新闻舆论工作面临新的挑战。"②这里的"全媒体"主要不是指媒体业态的"全"，而是强调当前人类信息交互的"全程、全息、全员、全效"的特性。③

(二)全媒体战略

理解全媒体不能简单地认为它就是媒介传播技术带来的媒介形态的变化，它不单纯是一个技术体系，而是内在思维的变革，是传媒组织全方位的改变。全媒体是媒介融合过程中非常重要的手段和途径。王玮认为，媒体融合不单是一个技术系统，核心是创新改革，是观念理念的创新，是体制机制的改革创新，是组织架构的全新调整和流程再造，是各类资源整合后传播效果的再放大。④ 而在媒介融合过程中，全媒体不能只停留在媒介

---

① 胡怀福，周劲．王者融归：媒体深度融合56个实战案例[M]．北京：人民日报出版社，2019：5.

② 习近平．加快推动媒体融合发展　构建全媒体传播格局[EB/OL]．（2019-03-15）[2020-12-25]．http://cpc.people.com.cn/n1/2019/0315/c64094-30978511.html?tdsourcetag=s_pctim_aiomsg.

③ 人民日报社．融合体系——中国媒体融合发展年度报告(2018—2019)[M]．北京：人民日报出版社，2020：4.

④ 王玮．推进媒体融合发展的几点思考[N]．银川日报，2017-07-06(3).

形态的丰富和满足，而需要上升到传媒组织的战略层面，将全媒体和正在展开的媒介融合进行全面接轨，做到真正融合。

新华社新闻研究所课题组认为，全媒体发展，主要指传统媒体的工作者出于对传统媒介形式衰落走势的主动应对，通过媒体流程再造，实现不同媒介间的交融和媒体发布通道的多样性，在全媒体的环境下，使得受众获得更及时、更多角度、更多听觉视觉满足的信息阅读体验。① 全媒体战略，以用户价值的实现为目标，因此根据全媒体这一核心内涵，我们先以用户为中心展开分析，解析以用户为中心的全服务理念，进而回到媒介经营的角度，结合全媒体时代的核心理念，总结报业创新的实施路径，为全媒体时代下媒体的经营战略提供坐标。② 可见，在全媒体战略布局中，用户始终处于中心地位，这和当下"以用户为中心"的理念是不谋而合的，也是传媒组织改革的方向。2008 年，烟台日报传媒集团将全部记者团队统一集中在集团全媒体新闻中心，由中心统一采写，层级开发，集约化制作，以滚动即时播报的形式，向统一的"全媒体采编系统"发布各类"初级新闻产品"；经由这个系统，纸质报、手机报、电子纸移动报、网站、公共视屏等媒体编辑部各取所需进行"深加工"，然后重新"排列组合"，生产出各种形态的终端新闻产品。最后，按照传播速度的快慢，通过多种媒介逐级发布、传播，满足不同受众的多元信息诉求。③ 在烟台日报传媒集团的重新布局中，传媒形态在更新补充，但最终目标都是满足"受众"的多元需求。

在全媒体实践过程中，还需要注意不能为了全媒体而全媒体，因地制宜、实事求是才是传媒组织全媒体实践的根本。陈力丹指出，现在业界和

①　新华社新闻研究所课题组．中国传媒全媒体发展研究报告［J］．科技传播，2010（4）：81-87.

②　朱春阳，张亮宇，李妍．全媒体时代下的传媒集团战略创新——以报业为对象的考察［J］．新闻传播，2013（2）：7-9.

③　朱春阳，张亮宇，李妍．全媒体时代下的传媒集团战略创新——以报业为对象的考察［J］．新闻传播，2013（2）：7-9.

学界所说的"全媒体"是一个既涉及载体形式又包括内容形式，还包括技术平台的集大成者。如此"大而全"的东西，显然无法给出一个确切的内涵和外延都清晰的定义。此外，在实践层面，至今没有一个技术平台可以同时适用于报纸、杂志、电台和电视台等所有的媒体，最多可以同时处理文字、图片和视音频等不同形态的信息。他指出，全媒体是一个相对的概念，其"广而全"的整合应建立在特定的媒介形态基础之上。陈力丹等认为，就现阶段而言，全媒体的战略意义大于战术意义，并不是所有媒介都适合全媒体战略布局，全媒体转型与改造是一个长期的过程。① 因此全媒体是一种趋势，对待全媒体一定要趋于理性，注重理念上的革新，而非机械式的简单应用甚至是粗略地模仿。

2014 年 8 月 18 日，习近平总书记在《关于推动传统媒体和新兴媒体融合发展的指导意见》中指出，要"着力打造一批形态多样、手段先进、具有竞争力的新型媒体集团，形成立体多样、融合发展的现代传播体系"。② 可见，构建一个适应当前信息传播规律的现代传播体系，是作为中国国家战略的媒介融合的整体布局形式。

二、媒介融合的讨论

(一)媒介融合政策先行

斯蒂芬·奎因(Stephen Quinn)认为，科学技术进步常常发生在法律变化之前，这是因为规制需要时间去实施，而技术总是不断变换着和前进着。但是从规制为变革提供构架而言，它是媒介融合出现的一个关键因

① 陈力丹，李志敏．2012 年中国新闻传播学研究的 10 个新鲜话题[J]．当代传播，2013(1)：4-7.

② 习近平．推动传统媒体和新兴媒体融合发展[EB/OL]．(2014-08-18)[2020-12-25]．http：//media. people. com. cn/n/2014/0818/c120837-25489622. html.

素。① 媒介融合是在媒介技术快速发展的背景下应时而生的一种变革，不仅需要后续的规制管理，更需要政策环境的保证和支持。21 世纪以来的 20 年间，我国已经逐步构建起良好的媒介融合环境，不断促进传媒组织进行科学的媒介融合实践。

相对于国外，国内对传媒组织发展的约束更大一些。2005 年，闵大洪在回答关于"新旧传媒在融合过程中，最主要的瓶颈是什么"的问题时指出，"从技术层面上说，是数字平台的整合；从媒介运营层面上说，是机制的建立；从国家指导层面上说，是政策和规则的制定"，非常明确地指出了国家层面的政策和规制是媒介融合的瓶颈。2006 年，媒介融合已经成为网络传播研究的一个重要话题。同年，许颖指出，相对于国际上媒介融合的整体趋势，我国的媒介融合还面临一系列的困难，例如政策壁垒：采访报道权没有向所有媒介开放，跨地区跨媒介的运作仍然有很多政策的限制；管理壁垒：传统媒介内部管理落后，整合能力不强；人才壁垒：媒介整合需要能进行跨媒介采访报道的人才，然而目前能胜任者稀少。② 2007 年，蔡雯对美国、英国、新加坡、中国香港等国家和地区的传媒制度进行研究后指出，我国媒介融合同样面临着因行政区划而引起的困扰。目前一般都遵循一省一报业集团一广电集团的模式，地方市场几乎被当地媒介集团所垄断。而行业垄断又进一步加剧了资本市场的封闭，造成媒介资源的浪费和流失。国内有不少传媒集团已意识到媒介融合能提高传播效率，更能抢占市场先机，但大多苦于政策瓶颈难以推行改革。如此看来，中国要真正做大做强媒介产业，扭转在与外国媒介集团竞争中的不利地位，规制改革势在必行。③ 当前相对封闭的传媒规制限制了媒介融合实践的开展。

---

① Quinn S. Convergent Journalism：The Fundamentals of Multimedia Reporting[M]. N. Y.：Peter Lang Publishing, Inc., 2005：38-39.

② 许颖. 互动·整合·大融合——媒体融合的三个层次[J]. 国际新闻界, 2006 (7)：32-36.

③ 蔡雯，黄金. 规制变革：媒介融合发展的必要前提——对世界多国媒介管理现状的比较与思考[J]. 国际新闻界, 2007(3)：60-63.

面对这种局势，全面推动媒介融合就需要从政策和规制层面做出改变，为媒介融合实践创造良好的大环境。

其实，进入21世纪以后，我国通过各种积极举措改善报业改革大环境，也取得了一定效果。自2004年以来，国家新闻出版署报刊司就已经进行了一系列关于数字报业评估和部署，对数字技术对报业的影响进行初步评估。

2005年8月，新闻出版总署报刊司第一次提出大力发展数字报业的主张。

2006年，新闻出版总署制定的《全国报纸出版业"十一五"发展纲要（2006—2010年）》发布，该发展纲要指出，报纸出版业发展的主要目标就是大力发展数字报业。为此，要积极探索适应数字报业发展需要的新型内容显示技术和传播技术，实现传统纸介质出版向数字网络出版的平滑过渡。同时要实施"数字报业实验室"计划，探索数字化、网络化的新型报纸出版形态、运营环境和监管方式。至此，"数字化战略"和"数字报业实验计划"正式启动。同年，《国家"十一五"时期文化发展规划纲要》发布。2006年年底，新闻出版总署办公厅印发了《新闻出版业"十一五"发展规划》。该发展规划明确指出，鼓励新闻出版单位充分发挥内容资源的优势，开展跨媒体经营，与其他传媒之间建立以资源、资产、业务为纽带的联系，将新闻出版业打造成为多种媒体形态互动发展，集内容创新、制造、推广、服务为一体，具有中国特色和国际竞争力的现代内容产业。

2008年，国务院发布《关于鼓励数字电视产业发展若干政策的通知》，支持包括国有电信企业在内的资本参与数字电视接入网络建设和电视接收段数字化改造，为媒介融合打开窗口。同年，新闻出版总署在全国报业年会上通过了《落实"十一五"规划的发展措施》，强调加快推进"数字报业"发展战略，促进传统报业的整体变革和产业升级，进一步推进"数字报业实验室"计划深入开展。这些政策为传统报业的数字化指明了方向。随后，"媒介融合"的议题研究呈现出迅速增长的研究热潮。

2010年1月，国务院印发《推进三网融合的总体方案》，将三网融合提升到培育战略性新兴产业的重要任务高度进行推进，并要求组织开展三网融合试点。同年8月，新闻出版署发布《关于加快我国数字出版产业发展的若干意见》，为贯彻落实中央关于调整产业结构和转变发展方式的战略部署，贯彻落实《文化产业振兴规划》和新闻出版总署《关于进一步推动新闻出版产业发展的指导意见》，推进出版业升级，现就加快我国数字出版产业发展提出意见。

2012年2月，新闻出版总署发布《关于加快出版媒体集团改革的指导意见》。该《指导意见》充分认识到加快出版传媒集团改革发展的重要性和紧迫性，提出应加快确定出版传媒集团改革发展的指导思想、原则要求和主要目标，积极推进出版传媒集团战略性改组，大力支持出版传媒集团应用高新技术和推动产业升级，切实加强出版传媒集团科学管理，鼓励和扶持出版传媒集团走出去，加快出版传媒集团改革发展的保障措施等。

2014年，随着移动互联网的快速兴起，传媒生态环境发生了急剧变化，对全国媒体集团的未来发展提出了严峻的考验。2014年8月18日，习近平总书记在中央全面深化改革领导小组第四次会议上发表重要讲话，强调"要推动传统媒体和新兴媒体融合发展，要遵循新闻传播规律和新兴媒体发展规律，强化互联网思维，坚持传统媒体和新兴媒体优势互补、一体发展，坚持先进技术为支撑、内容建设为根本，推动传统媒体和新兴媒体在内容、渠道、平台、经营、管理等方面的深度融合，形成立体多样、融合发展的现代传播体系"。这是中央对传媒产业的发展与布局做出的具体部署，为未来的传统媒体产业发展指明了基本方向。会议审议通过了《关于推动传统媒体和新兴媒体融合发展的指导意见》，将推动传统媒体与新兴媒体融合发展上升到国家战略任务的层面，开启了我国媒介融合的序幕。

2015年9月，国务院出台《三网融合推广方案》，要求总结推广试点经验，将广电、电信业务双向进入扩大到全国范围并实质性开展工作。

在国家"十三五"规划中，已经将新一代信息技术列入战略性新兴产业并进行支持和发展。这些信息技术包括人工智能、智能硬件、新型显示、移动智能终端、第五代移动通信、先进传感器和可穿戴设备等领域。"十三五"规划虽然没有针对传统媒体提出具体的要求，但对新一代信息技术、数字创意产业的支持，在虚拟现实、互动影视方面的产业化发展态势却为传统媒体提供了发展契机。

2016年3月，国家新闻出版广电总局针对广播电台、电视台分别发布了《电视台融合媒体平台建设技术白皮书》《广播电台融合媒体平台建设技术白皮书》，对电视及广播电台等传统数字媒体的融媒体建设平台技术进行了规划和整理。白皮书强调了云计算和大数据等新媒体技术对于融合媒体生态建设的重要作用，为传统广电媒体明确指明了融合的路径和方法。白皮书认为，打通"三网"（生产网、互联网、移动通信网），流程再造，资源聚合再造，跨越合作都能为传统广电媒体找到发展契机。2016年7月，国家新闻出版广电总局发布《关于进一步加快广播电视媒体与新兴媒体融合发展的意见》，提出力争两年内，广播电视媒体与新兴媒体融合发展在局部区域取得突破性进展，形成几种基本模式的总体目标。

2017年1月，中共中央办公厅、国务院办公厅印发了《关于促进移动互联网健康有序发展的意见》，加大中央和地方主要新闻单位、重点新闻网站等主流媒体移动端建设推广力度，积极扶持各类正能量账号和应用。加强新闻媒体移动端建设，构建导向正确、协同高效的全媒体传播体系。大力推动传统媒体与移动新媒体深度融合发展，加快布局移动互联网阵地建设。

2018年12月，国务院办公厅印发《关于推进政务新媒体健康有序发展的意见》，按照前台多样、后台联通的要求，推动各类政务新媒体互联互通、整体发声、协同联动，推进政务新媒体与政府网站等融合发展，实现数据同源、服务同根，方便企业和群众使用。

2019年1月，习近平总书记在中共中央政治局第十二次集体学习时的重要讲话指出，推动媒体融合向纵深发展，做大做强主流舆论。提出主流媒体要大胆运用新技术、新机制、新模式，加快融合发展脚步；通过技术支撑和内容建设，打造一批具有强大竞争力的新型主流媒体，从而掌握舆论场的主动权和主导权。另外，2019 年，县级融媒体中心建设在全国范围内如火如荼地展开，并成为年度媒体融合议题重中之重。1 月 15 日，国家广电总局等部门出台文件对县级融媒体中心平台建设作出规范；4 月 11 日，针对建设中存在的网络安全、运行维护、监测监管等问题出台多项政策并开始实施。

在历年一系列传媒政策改革推动下，媒介融合在全国全面开花，并在不少传媒集团内结出硕果。媒介融合的持续推进，需要不断优化传媒组织的生存环境，良好的政策环境非常有助于传媒改革的开展。

(二)理解"媒介融合"

融合，物理意义上是指溶成或熔化成一体，心理意义指不同个体或不同群体在一定碰撞或接触之后认知或态度倾向融为一体，媒体融合是指将几种不同的媒体合成一体。①

1. 媒介融合的定义

融合一般对应于英文"Convergence"。该词与大众传播真正意义上的联姻，源自 20 世纪 70 年代中叶计算机和网络的发展。1977 年，大卫·法伯（David Farber）和保尔·巴兰（Paul Baran）在《科学》（*Science*）上发表了《计算和通信系统的聚合》（*The Convergence of Computing and Telecommunication Systems*）一文。1978 年，尼古拉斯·尼葛洛庞帝（Nicolas Negropnte）用一个图例演示了三个相互交叉的圆环趋于重叠的聚合过程，这三个圆环分别代表计算机工业、出版印刷工业和广播电影工业。不同工业即将和正在趋于融合这一远见卓识第一次通过这个著名图例演示出来。②

而真正与传媒行业紧密关联的"媒介融合"（Media Convergence）这一概念最早由伊契尔·索勒·普尔提出。1983 年，他在《自由的科技》（*The*

① 顾成清. 地方媒体跨界融合如何找准切入点——本溪日报社和广播电视台融合实践解析[J]. 中国报业，2019(15)：72-73.
② 宋昭勋. 新闻传播学中 Convergence 一词溯源及其内涵[J]. 现代传播，2006(1)：51-53.

Technologies of Freedom）一书中提到了"传播形态融合"（The Convergence of Modes）。其本意是指各种媒介呈现出多功能一体化的趋势，这种关于媒介融合的想象更多地集中于将电视、报刊等传统媒介融合在一起；① 媒介融合的核心思想是，"随着媒介技术的发展和一些藩篱的打破，电视、网络、移动技术的不断进步，各类新闻媒介将融合在一起"。②

21 世纪初，学界和业界都围绕着"媒介融合"的概念进行了充分的讨论。比较有代表性的是安德鲁·纳齐森（Andrew Nachison）对"融合媒介"的定义。他将"融合媒介"定义为"印刷的、音频的、视频的、互动性数字媒介组织之间的战略的、操作的、文化的联盟"③，他强调的"媒介融合"，更多是指各个媒介之间的合作和联盟。④ 该定义强调不同媒介形态之间的合作，并没有强调是单一媒介组织内的合作，该定义也是被引用最多的"媒介融合"的定义之一。类似的表述还包括，媒介融合是大众传播业的一项正常的项目或者说是一个渐进的发展过程，它整合或利用处于单一所有权或混合所有权之下的报业、广播电子媒介，以增加新闻和信息平台的数量，使稀缺的媒介资源得到最优配置。⑤ 艾弗里特·丹尼斯（Everettee Dennis）认为，随着印刷媒介技术和广播媒介技术之间的传统区别的迅速消失，我们正在见证着"一个统一的媒介王国"的出现。⑥ 维基百科（Wikipedia）对 Media Convergence 的解释是"媒介融合是传播学中的一种理

---

① 孟建，赵元珂. 媒介融合：粘聚并造就新型的媒介化社会［J］. 国际新闻界，2006（7）：24-27.

② 高钢，陈绚. 关于媒体融合的几点思索［J］. 国际新闻界，2006（9）：51-56.

③ 许日华，郭嘉. 密苏里大学新闻学院副院长人民大学谈媒体融合［M/OL］. 人大新闻网站，2006［2006-04-11］.

④ 蔡雯. 新闻传播的变化融合了什么？——从美国新闻传播的变化谈起［J］. 采写编，2006（2）：57-59.

⑤ 章于炎，等. 媒介融合：从优质新闻业务、规模经济到竞争优势的发展轨迹［J］. 中国传媒报告，2006（19）：4.

⑥ Dennis E. Of Media and People［M］. Newbury Park，CA：Sage Publications，1992.

论，即所有大众媒介依赖于各种新媒介技术最终融合为一种媒介"。① 该解
释虽然强调了媒介技术在媒介融合中的作用，但也侧重于各种不同媒介渠
道的整合。

在西方新闻传播学界，在"媒介融合"这个概念上，经常用 Journalism
代替 Media，但两者的意思差别并不大。在西方，Journalism 是指整个"新
闻业"，因此"媒介融合"和"新闻业融合"是可以互换的两个概念。要理解
"媒介融合"这个概念，界定其指向范围，可以先看看《牛津高阶英汉双解
词典》对 Convergence 的解释②：①线条、运动物体会于一点，向一点会合、
聚集；②（用于比喻义）两种事物相似或者相同。因此，媒介融合就有两层
意思，第一层意思是"会聚""结合"，第二层意思才是融合。两层意思是有
区别的，"会聚"或"结合"虽然有一些"融合"的意思，可以理解为低层次
的"融合"，是物理意义上的，是在做简单的"加法"，将同种媒介或者不同
种类的媒介结合为一个共同体。如较早时期的报业集团或广电集团等；而
"融合"则是将不同的媒介功能和传播手段"融化"为一种，这种解释和"媒
介融合"的核心要义保持一致，成为媒介发展的主要趋势。因此，"媒介融
合"的概念应该包括狭义和广义两种。狭义的概念是指将不同的媒介形态
"融合"在一起，产生"质变"，形成一种新的媒介形态，如电子杂志、博客
新闻等；而广义的"媒介融合"则范围更广阔，包括一切媒介及其有关要素

---

① Media convergence is a theory in communications where every mass medium
eventually merges to the point where they become one medium due to the advent of new
communication technologies. As a communication theory, media convergence aims to bring
together all forms of media into one single device. Media convergence really refers to the
merging of capabilities of each individual media channel. Technology is aiding the deletion of
individual devices, but this is not what is referred to here. Media convergence is the ability for
an increasingly diverse range of content to be delivered through a range of media channels.
Unlike the traditional delivery of TV programs through TV, we can now receive TV programs
not only on a TV, but also a mobile phone, a computer, an Ipod etc. Convergence is not the
reduction of devices but the expansion of channels to content combinations. (http://
en. wikipedia. org/wiki/Media_convergence)
② 牛津高阶英汉双解词典[M]. 北京：商务印书馆，牛津大学出版社，2003.

的结合、汇聚甚至融合，不仅包括媒介形态的融合，还包括媒介功能、传播手段、所有权、组织结构等要素的融合。那么广义的"媒介融合"就可以理解为一个从低级到高级逐渐发展的过程，而狭义的"媒介融合"则表示发展的最高阶段。

综上，在对媒介融合概念理解的视角下，对媒介 Journalism 的解释本身带有了新闻业的意味，是对整个新闻传播业态的改变。据此，众多学者对媒介融合的概念进行了延伸，提出了"大媒介产业"或"大传媒"的概念，如《今日美国》专栏作家凯文·曼尼（Kevin Maney）提出"大媒介产业"概念。他指出，"因为没有一个恰当的词汇可以涵盖横跨通信、信息、计算机和娱乐产业之间所发生的激动人心的一切"，所以，他才称呼这个产业为"大媒介"。他认为："跨越通信、信息和娱乐业的公司一不留神就遇到了产业融合。这次产业转型早在 1993 年就已经开始。……人们推想电视业、电话业、计算机业和内容产业将会融合为一种技术，一个产业。"①

1994 年，美国哈佛大学商学院举办了世界上第一次关于产业融合的学术论坛——"冲突的世界：计算机、电信以及消费电子学"。1997 年，在美国加州大学伯克利分校召开的"在数字计数与管制范式之间搭桥"的会议上，对产业融合与相关的管制政策进行了讨论。这两次研讨会表明，产业融合作为一种经济现象，开始得到学术界和企业界的全面关注。

在国内，陈力丹等定义了广义的"大媒介产业"，即"以传播媒介为核心，以媒介技术为基础，以传播内容为主体，以传播过程为依托，以服务于人的信息传播需求为目标，基于电信业和传媒业之间的产业融合所形成的跨越传统产业边界、跨越不同媒介形式、跨越不同国家区域的信息传播

---

① Maney K. Megamedia Shakeout：The Inside Story of the Leaders and the Loser in the Exploding Communications Industry[M]. New York：John Willey & Sons，Inc，1995. 所谓"大媒体"，其实并非新词，也不是凯文·曼尼（Kevin Maney）的独家发明。凯文·曼尼对于大媒体这个词只不过是借题发挥而已，并对其进行了比较系统的描述和论证。在 1991 年前后的美国，对于大媒体的评论就时有兴起了。杰西·杰克逊（Jesse Jackson）对此的论述就比曼尼·凯文早四五年。

产业"。同时，陈力丹等还给出了"大媒介产业"相对狭义的定义，"主要是指基于电信业和传媒业之间的产业融合所形成的新产业形态"。① "产业融合之波将逐渐从微观范围渐次向中观范围和宏观范围扩展，并在更大范围形成更高层次的大媒介产业群。"② 此外，任欢迎认为传媒变革时期，"所谓大传媒，就是高科技、传媒、通信三者结合，各媒介间交叉融合，传媒内部行业交叉融合"。③ 蔡骐等指出，"由媒介融合引发的产业融合浪潮所辐射出的力量将远远超乎我们的想象和'融合媒介'经营下的场景。它将促使媒介集团的经营不再局限于传媒以及与传媒相关的产业，而会跨越更多的行业界限，积极促进自身产业结构的优化和发展，聚合其他产业，共同造就传媒的新经济时代。这就是所谓的大传媒产业"。④ 以上对"大媒介产业"或"大传媒"的解读，打破了媒介融合要在新闻传媒业内进行的狭隘观点，认为"大媒介产业"是不同领域产业间的宏观合作，事实上也为流程再造中产业协同发展系统提供了很好的理论支撑。

彭兰认为，媒介融合还只是一个发展趋势，完全的媒介融合还有很长的路要走。⑤ 她还认为，融合只是一种手段而不是目的，合是为了更好的分，通过融合达到更高层次的多样化，这才是媒介融合的终极目标。"合"与"分"，最终指向一个趋向，那就是，信息企业大联合之后的再分工。⑥ 媒介融合在政策和规制"护驾"下已经成为国内传媒组织寻求自身发展、突围国外传媒市场的重要利器，因此融合是一种手段，并不是最终目的。媒介融合的最终目的可能就是将和媒介相关的上下游产业进行链接，形成具有强大生命力的产业链群，增强市场适应能力和竞争力。

---

①　陈力丹，付玉辉. 中国大媒体产业的演进趋势[J]. 新闻传播，2006(5)：4-8.

②　陈力丹，付玉辉. 论电信业和传媒业的产业融合[J]. 现代传播，2006(3)：28-31.

③　任欢迎. 打破媒体介质壁垒　构建大传媒格局[J]. 中国青年科技，2006(5)：34-34.

④　蔡骐，吴晓珍. 从媒介融合看我国传媒集团的未来发展走向[J]. 湖南大众传媒职业技术学院学报，2008，8(2)：10-13.

⑤　彭兰. 从新一代电子报刊看媒介融合走向[J]. 国际新闻界，2006(7)：14-19.

⑥　彭兰. 媒介融合时代的"合"与"分"[J]. 新闻与写作，2006(9)：28.

2. 融合新闻

"融合新闻"是从应用新闻学的角度对媒介融合发展的研究，相对于"融合媒介"，"融合新闻"的实践探索与理论研究脉络更为清晰，成果也比较集中，且对传媒产业的发展具有良好的指导意义。

在同时期，关于"融合"的讨论还聚焦于新闻传播领域的"融合新闻"概念上。具有代表性的人物是拉里·普赖尔（Larry Pryor）。他对"融合新闻"的定义及媒介融合为新闻传播业带来的深刻变化备受关注。普赖尔认为，"融合新闻发生在新闻编辑部中，新闻从业人员一起工作，为多种媒介的平台生产多样化的新闻产品，并以互动性的内容服务大众，通常是以一周七日、每日24小时的周期运行"。① 在该定义中，普赖尔指出了多平台性、互动性和全时性是"融合新闻"的典型特征。蔡雯认为，"融合新闻是一种更接近于新闻本质和新闻最佳形式的新闻，正因为此，融合新闻使得新闻回归了新闻者本身。在业务层面，新闻融合是一个显著的例子"。她同时认为，"'融合新闻'的前提和基础是'融合媒介'（Convergence Media）"。在物理层面，媒介融合成为讨论的焦点。她认为其重要含义之一"就是在数字技术与网络传播推动下，各类型媒介通过新介质真正实现汇聚和融合"。② 可见，"融合新闻"是"媒介融合"大背景下在新闻传播领域的具体实践，同时具有了该领域的独有特征。

2003年后，洛里·戴默（Lori Demo）等提出了"融合连续统一体"（The Convergence Continuum）这个新概念，③ 并根据美国及其他国家媒介当时的实际情况界定了"融合新闻"的5种模式以及每一种模式的具体含义。①交互推广（cross-promotion），指作为合作伙伴的媒介相互利用对方推广自己的

① 蔡雯. 从"超级记者"到"超级团队"——西方媒体"融合新闻"的实践和理论[J]. 中国记者，2007(1)：80-82.

② 蔡雯. 媒介融合前景下的新闻传播变革——试论"融合新闻"及其挑战[J]. 国际新闻界，2006(5)：31-35.

③ Dailey L, Demo L, Spillman M. The convergence continuum: A model for studying collaboration between media newsrooms[J]. Atlantic Journal of Communication, 2005, 13(3): 150-168.

内容，如电视介绍报纸的内容。②克隆（cloning），指作为合作伙伴的媒介不加改动地刊播对方的内容。③合竞（coopetition），指作为合作伙伴的媒介之间既有合作也有竞争。④内容分享（content sharing），指作为合作伙伴的媒介定期相互交换线索和新闻信息，并在一些报道领域中进行合作。⑤融合（convergence），指作为合作伙伴的媒介在新闻采集与新闻播发两个方面进行全方位的合作，他们的共同目标是利用不同媒介的优势最有效地报道新闻。洛里·戴默的 5 种模式将新闻融合程度依次由弱到强、由简单到复杂进行了清晰地划分。

2005 年，斯蒂芬·奎因在其著作《融合新闻：多媒体报道基础》（*Convergent Journalism：The Fundamentals of Multimedia Reporting*）一书中指出，新闻编辑部在融合媒介的时代将由传统的新闻传播管理转向"知识管理"。他认为，随着新闻来源和信息渠道的剧增，在多种媒介融合的新闻编辑部中，记者编辑的主要职能已经不是采集新闻，而是对浩如烟海的新闻和信息进行筛选和重新组合，使这些杂乱的信息呈现出相互联系和深刻意义，并使其转化为知识。新闻从业者的工作也因此在某种意义上成为知识生产与管理的工作。①

随着融合新闻的发展，新闻已经成为一种完全意义上的信息产品，如何做到信息内容和形式的统一，可能是未来传媒组织在内容传播中需要解决的问题。赵志立认为，"融合媒介与融合新闻把我们带进了一个'内容为王'的时代，我们可以更多更方便地根据信息内容传播的需要来选择和决定使用什么样的媒介，内容产品的生产进一步与传播的载体分离，载体的使用将完全服务和服从于内容"。② 在当前传媒研究学术领域，依然存在"内容为王"还是"技术为王"的意见分歧，但媒介融合的未来可能就是内容和技术也进行了深度融合，技术本身成为内容的一部分，而内容也附带有深深的技术发展的烙印。

---

① 蔡雯. 媒介融合带来新闻编辑部角色变化——从新闻采编到知识管理［J］. 新闻与写作，2007（4）：16-18.

② 赵志立. 互联网：媒介与新闻融合正当时［J］. 网络传播，2006（1）：12-13.

3. 技术视野下的媒介融合

"媒介融合"本身就是技术发展的产物，对"媒介融合"的理解一定要有"技术思维"。从技术发展的视角去理解"媒介融合"是多数研究者的出发点。

罗杰·菲德勒(Fidler R)认为，在我们可以开始对于新兴技术和主流媒介的未来作用进行合理判断之前，我们需要掌握人类传播的全面、整体知识和在整个系统之间的变革历史格局。这一知识构成了我们认识媒介形态变化过程的核心，它将为我们提供一种思考关于传播媒介技术进化的统一方法。这一方法不是孤立去研究每一种形式，而是鼓励我们考察作为一个独立系统的各个成员的所有形式，去注意存在于过去、现在和新出现的各种形式之间的相似之处和相互关系。通过研究作为一个整体的传播系统，我们将看到新媒介并不是自发地和孤立地产生的——它们从旧媒介和形态变化中逐渐产生。当比较新的传媒形式出现时，比较旧的形式通常不会死亡——它们会继续演进和适应。基于上述思想，菲德勒提出了考察传播媒介形态变化的6个基本原则：①共同演进与共同生存原则。一切形式的传播媒介都在一个不断扩大的、复杂的自适应系统以内共同相处和共同演进。每当一种新形式出现和发展起来，它就会长年累月和程度不同地影响其他每一种现在形式的发展。②形态变化原则。新媒介决不会自发地和孤立地出现——它们都是从旧媒介的形态变化中逐渐脱胎出来的。当比较新的形式出现时，比较旧的形式就会去适应并且继续进化而不是死亡。③增殖原则。新出现的传播媒介形式会增加原先各种形式的主要特点。这些特点通过我们称之为语言的传播代码传承下去和普及开来。④生存原则。一切形式的传播媒介以及媒介企业，为了在不断改变的环境中生存，都被迫去适应和进化。它们仅有的另一个选择，就是死亡。⑤机遇和需要原则。新媒介并不是仅仅因为技术上的优势而被广泛地采用。开发新媒介技术，总是需要有机会，还要有刺激社会的、政治的和/或经济上的理由。⑥延时采用原则。新媒介技术要想变成商业成功，总是要花比预期更长的时间。从概念的证明发展到普遍采用往往至少需要人类一代人(20~30年)的时间。①

---

① ［美］罗杰·菲德勒. 媒介形态变化：认识新媒介[M]. 明安香，译. 北京：华夏出版社，2000：19-24.

尼葛洛庞帝的《数字化生存》一书给我们提供了很好的数字技术视野。他指出，"当信息以比特形式出现后，就为人类彻底地共享信息提供了可能，人们可以将全球的计算机连成一个大网络，可以无限制地调动他所感兴趣的信息"。斯图尔特·布兰德（Stewart Brand）认为，"伴随着数字化，所有的媒介都可以通过字节互相转化，这使得它们摆脱了自身传统传送方式的限制"。① 约翰·V. 帕夫利克（John V. Pavlik）认为，融合是指所有的媒介都向电子化和数字化这一种形式靠拢，这个趋势是由计算机技术驱动的，并在网络技术的推动下变得可能。融合的出现对现有媒介秩序是一个意义深远的挑战，它为多媒体产品的发展铺就了发展道路。②

而技术视野下的媒介融合的讨论也非常广泛。布莱恩·布鲁克斯（Brian Brooks）认为，"媒介融合"是一个新闻学上的假设，其核心思想就是随着媒介技术的发展和一些藩篱的打破，电视、网络、移动技术的不断进步，各类新闻媒介将融合在一起。孟建的观点是，"数字技术的出现，所打破的不仅仅是传统媒介之间的界限，从大的平台来看，把语音、数据和图像信号编码成'1''0'符号进行传输，成为电信、计算机网和有线电视的共同语言"。③ 孟建所提到的正是媒介融合的技术基础。④ 郑瑜指出：从本质上讲，所谓的媒介融合其实是媒介技术的融合，即两种或多种技术融合后形成某种新媒介技术。目的是通过组织和制度重构，对新闻资源进行优化配置、充分开发。从长远看，媒介的融合，也不止于内容的融合，更应是从媒介形态、结构、技术、功能、流程乃至传播方式的融合。在数字技术与网络传播推动下，在不改变介质属性的前提下，在保持原有介质优

① Brand S. The Media Lab：Inventing the Future at M. I. T. ［M］. New York：Viking, 1987.

② ［美］约翰·帕夫利克. 新媒体技术——文化和商业前景（第二版）［M］. 周勇，等，译. 北京：清华大学出版社，2005：126.

③ 孟建，赵元珂. 媒介融合：作为一种媒介社会发展理论的阐释［J］. 新闻传播，2007（2）：16-19.

④ 王岚岚，淡凤. 聚焦媒介融合和公共新闻——密苏里新闻学院副院长 Brian Brooks 教授系列讲座［J］. 国际新闻界，2006（5）：73.

势的同时，媒介之间互相借鉴传播方式，从而实现媒介功能的融合和相互渗透。① 王金会认为，"从本质上讲，媒介融合首先是媒介技术的融合，即两种或多种技术融合后形成某种新媒介技术，新媒介技术具有多种技术特点又有其独特性；其次，媒介融合又是产品内容的整合，例如网络媒介可以把报纸上的文字新闻和电视上的图片新闻加以整合，再进行播报。所以，媒介融合环境下，媒介会出现这样的现象：首先，从传输平台上看，媒介融合带来了媒介间融合，即媒介功能的整合。其次，从传输内容上看，媒介融合可以使媒介产品相互嵌入、多元组合"。②

三、国内外传媒集团媒介融合实践

2008 年，世界编辑人论坛经过调查得出结论：一体化编辑部将成为一种范式。③ 一体化编辑部，英文表述为"Integrated Newsroom"，国内经常用多媒体、媒介融合的概念来表述，④ 近年来更是出现"全媒体""新闻中央厨房"等概念。

西方发达国家的一些传媒集团较早开展了媒介融合实践。在美国，"坦帕新闻中心"、维亚康姆集团（Viacom）、迪士尼（Disney）、维旺迪集团（Vivendi Universal）等全球传媒业巨头，常常被视为全球经济环境下媒介融合的典型。在英国，BBC 将电台、电视台及网站的编辑部整合成统一的新闻编辑部，探索全平台 360 度采编。在日本，以 i-Mode 为代表的手机终端融合了多种媒体形态，为用户提供多样化的服务，形成了多家共赢局面。

以美国最大的报业集团甘奈特集团为例。2006 年，其首席执行官克雷格·杜波（Craig Dubow）就宣布，集团旗下所有的报纸都将设立崭新的"信息中心"，全面取代已有的新闻编辑室，让原先的报纸读者能在任何时候、

---

① 郑瑜. 媒介融合：新媒体时代的发展观[J]. 当代传播，2007(3)：1.
② 王金会. 媒介融合环境下广播业的发展[J]. 中国传媒科技，2007(2)：38-41.
③ 杨娟. 信息全球化时代中国媒体新闻报道之变迁——全媒体运作下新闻中心式的新闻生产分析[C]. 传播与中国·复旦论坛，2010.
④ 范以锦. "中央厨房"产品不是终极产品[J]. 新闻与写作，2016(3)：56.

任何地方、通过任何平台接收新闻和信息。信息中心分为 7 个功能部：数字部（以数据库为基础快速搜集新闻和信息）、公共服务部（媒介监督）、社区对话部（原评论专栏的延伸，帮助实现传-受交流和受-受交流）、本地新闻部、内容定制部（为小众市场定制专门信息）、数据部（发布生活类"有用"信息）以及多媒体内容制作部。这一改革主要有 4 个目的：一是进一步突出本地新闻和信息优先于全国和国际新闻信息的地位；二是发表更多由受众贡献的内容；三是每周 7 天、每天 24 小时不间断地跨平台更新和发布新闻和信息；四是在与受众的互动中进一步发挥他们的舆论监督作用。

中央厨房式的采编方式发端于英国《每日电讯报》的一体化编辑部，早在 2006 年，该报就已经开始实施编辑部一体化的新闻采编流程改造的大整合，当时曾引起较大轰动。① 2008 年，该报取消网络编辑部和报纸编辑部各自独立行事的传统，而是将报纸和网络彻底打通，所有媒体工作人员整合在一起构建共同办公的一体化编辑部，报纸和网站的总编辑们协同办公统筹为出版的"中央厨房"，由外围的记者和编辑采写、编辑的新闻素材汇集到"中央厨房"，然后再根据需要分发给报纸版面和网络版使用。② 这种模式也被称为"超级指挥台"。在这样的指挥中心，围在圆桌一起工作，员工沟通畅通无阻，也更方便管理。同样的编辑部也出现在 BBC、美国的"坦帕新闻中心"和《纽约时报》采编部门。③

我国报业的全媒体转型最早可追溯到 2001 年，地处东北的《沈阳日报》率先尝试全媒体化运营。④ 2005 年，南方报业传媒集团提出构建"新闻数码港"设想，由于当时条件不具备并未付诸实践。⑤ 2006 年，国内传统报业开始试水全媒体。广州日报报业集团于 2007 年 6 月设立"滚动新闻

---

① 任琦. 一体化的编辑部会成为一种范式吗？——以英国 TMG 为例[J]. 中国报业，2009(4)：64.

② 马国仓，孙志勇. 网络时代报业的变与不变——英国报业转型发展的启示[J]. 中国出版，2012(12)：14.

③ 陈谷川. 报业集团转型"全媒体"的思考[J]. 纸媒科技观察，2010(10)：55.

④ 石长顺，柴巧霞. 论报业的全媒体转型[J]. 新闻前哨，2012(5)：28-31.

⑤ 范以锦. "中央厨房"产品不是终极产品[J]. 新闻与写作，2016(3)：56.

部"负责报纸、手机和网站三个平台的联动发稿，该部门员工大部分的工作都在催促记者将刚写好尚未见诸报纸的稿件发到滚动新闻部，经由部门员工简单编辑过的新闻，就是手机和网站上面即时滚动的新闻。① 这可以称得上是最早的"全媒体平台"。②

目前，国内的媒介融合主要以全媒体化展开，并形成了几种较为成熟的模式。

第一种，"中央厨房"模式。这种模式是国内传媒集团最为常见的一种模式，是由新华报业传媒集团率先提出的。比较有代表性的有人民日报的中央厨房全媒体平台、新华报业传媒集团"中央厨房"、湖南日报报业集团的三湘华声全媒体"中央厨房"信息处理平台、河南大象融媒的 24 小时"新闻中央厨房"等。新华报业传媒集团在"中央厨房"建设上"起了个大早，赶了个晚集"，虽然最早提出这一理念，却不是最早实施的，但也取得不错的成绩。2011 年，新华报业传媒集团"中央信息厨房"立项。2012 年，一期建设启动。2014 年，二期项目按"全媒体、全业务、全流程、全覆盖、全扩展"要求进行全媒体采编升级，增加出版安全管理系统、新媒体矩阵发布管理等功能。2014 年年底，"中央信息厨房"系统平台全面上线。2015 年，第七届"王选新闻科学技术奖"评选，新华报业传媒集团"中央信息厨房"项目获一等奖。2016 年，"中央信息厨房"三期建设启动。另外，新华社和重庆日报报业集团的"中央厨房"建设也具有代表性。2015 年 7 月 7 日，新华社全媒体报道平台正式启动运行，此举被称为是新华社探索实现全媒体采编发流程再造、一体化运行和产品研发的"实验田""示范园"和"孵化器"。③ 2017 年全国两会期间，重庆日报报业集团全媒体"中央厨房"正式启用，聚集了重庆日报、华龙网、重庆晚报、重庆晨报、重庆商报等主要媒体的采编资源和全媒体发布平台，通过统一策划、共同采集、全媒发布，为读者和用户献上一道道内容丰富、形式新颖的新闻"大餐"。

---

① 陈国权. 勉为其难的全媒体平台[J]. 中国报业，2012(2).
② 刘晓萍. 国内新闻中央厨房模式探究[D]. 杭州：浙江传媒学院，2017.
③ 范以锦. "中央厨房"产品不是终极产品[J]. 新闻与写作，2016(3)：56.

第二种，"构建虚拟组织"模式。解放日报报业集团 2006 年推出"4i 战略"：i-news 手机报、i-mook 数码杂志、i-street 公共新闻视屏、i-code 二维条形码，实现在无线、宽频、户外等新媒体通用领域的完整布局。这些新媒体的运作，不是由专门的机构、人员和设备完成的，而是由"虚拟组织"——新媒体事业部和内容创意部来运作。具体来说，手机报 i-news 的早间版由晚报人员兼职在做，晚间版由晨报去做，即时新闻由解放网去做，解放网的即时新闻由集团各报的一线记者及时供稿。

第三种，"内部通讯社"模式。这种模式较为典型的是烟台日报传媒集团。2008 年，该集团组建了"全媒体新闻中心"，通过建立崭新的"全媒体框架"，按照媒体的内在传播规律制作和发布新闻作品，再造内容生产流程，实现"报纸社"到"报道社"的转变，形成"内部通讯社"模式。① 烟台日报传媒集团将《烟台日报》《烟台晚报》《今晨 6 点》的采访部门合并在一起，组建了全媒体新闻中心。该中心相当于集团内部的"通讯社"，由 3 个部分组成：一是总编室，在中心内部起新闻指挥作用，在子媒体间起协调作用；二是采访部门，负责日常采访；三是数据信息部，负责稿件标引、背景资料搜集、针对大事件的前期资料整理以及视音频素材的编辑整理。此外，该集团还创办了一个虚拟组织——YMG 特别工场。其基本运作模式为，一旦有突发或重大新闻事件发生，由全媒体新闻中心牵头，其他各种形态媒体临时抽调人员组成。

第四种，"以网站为中心"模式。最具代表性的是宁波日报报业集团。该集团的"全媒体数字技术平台"由"一网两库五平台"组成。一网，即内网和外网合二为一形成统一的网络平台；二库，即待编稿库和成品库；五平台，即内容生产平台、客户服务平台、决策管理平台、业务处理平台和多媒体发布平台。这一数字技术平台还将自动生成数据仓库，这一仓库既包含内容信息的成品库，即已经编辑完成之后的内容信息库，也包括为记

---

① 新华社新闻研究所课题组．中国传媒全媒体发展研究报告［J］．科技传播，2020(4)：81-87.

者、编辑提供的知识库，即有助于采编内容信息的相关资料数据，同时还可提供检索、查询、引用、购买等服务。

第五种，"报网合一"模式。① 该模式以杭州日报报业集团为代表。《杭州日报》与杭州日报网共用同一个编辑部，同一批采编人员，同时运行两种媒体形态，创造了"报即是网、网即是报"模式。编辑部建立了网络中心，负责技术平台的搭建、维护和日常运行，同时负责网站首页的编辑和维护。《杭州日报》的政经、国际、都市、文化、体育等版面各成中心，每个中心同时负责对应报纸版面和网络频道的内容生产、上传。编辑部增加了网络采编流程，报纸、网络两套流程并行，每个选题的策划都同时考虑网络、报纸分别如何报道。杭州日报报业集团的构想是集团旗下的每一家报纸都有自己的网站，一报一网，实现真正的报网融合。2011 年 1 月，四川日报报业集团全媒体中心成立，通过整合旗下四川在线、天府早报、华西手机报三大子媒体，全力打造一个全时段、宽受众、立体化信息传播的"媒立方"。2014 年下半年，中国青年报社开始全媒体融合转型探索，从报网互动到报网融合。2017 年 4 月，中青报特色"融媒小厨"开张。全媒体机制、流程、平台、渠道、产品和服务等一体化融合运行，统一协调内容生产、分发、传播、整合运营，大力推行"部门主导，三端融合"，让报纸采编部门转型为全媒体采编部门，紧紧围绕"报上来""分下去""转起来"三个关键环节自我革命，初步实现内外推广、有效联结。② 2018 年，中国青年报有多项移动精品产品浏览量过千万，甚至有 MV 播放量超过 2.5 亿。

虽然各大传媒集团采用的媒介融合模式存在差异，但"全媒体化"是一致的目标。如何因报制宜，探索最适合自身的媒介融合之路是现阶段传媒集团共同努力的方向。

---

① 新华社新闻研究所课题组．中国传媒全媒体发展研究报告[J]．科技传播，2020(4)：81-87．

② 胡怀福，周劲．王者融归：媒体深度融合 56 个实战案例[M]．北京：人民日报出版社，2019：18-19.

第二章　流程再造概念和理论

19世纪80年代末期，泰勒开始在科学管理研究中分析单个或局部工作流程，开创了流程再造研究的先河。① 1990年，迈克尔·哈默(Michael Hammer)第一次提出了流程再造的概念。② 其基本内涵是：以企业长期发展战略需要为出发点，以价值增值流程(使顾客满意的业务)的再设计为中心，强调打破传统的职能部门界限，提倡组织改进、员工授权、顾客导向及正确地运用信息技术，建立合理的业务流程，以达到企业动态适应竞争加剧和环境变化的目的的一系列管理活动。哈默理论强调，企业流程再造是通过对企业流程的基本分析与重新设计以获致绩效上的重大改善。可以说，流程再造是企业管理科学的第二次飞跃。

哈默的流程再造理论一经提出，迅速成为科学管理研究的热点。不同学科的学者，分别从宏观到微观，针对不同企业，开展了对流程再造的研究，不断丰富和发展流程再造的理论。③

达文波特(T. H. Davenport)和谢特(J. E. Short)认为流程再造是对组织中及组织间的工作流程和程序的分析与设计。他们认为该理论强调在组织

---

① Hajo A. Reijers. Design and Control of Workflow Processes：Business Process Management for the Service Industry [M]. Springer-Verlag, Berlin Heidelberg New York, 2003：3.

② Hammer M, Champy J. Reengineering the Corporation：A Manifesto for Business Revolution[M]. London：Harper Collins, 1993.

③ 杜丹丽. 企业业务流程重组理论思想的演进与发展[J]. 学术交流, 2003(5)：48-51；芮明杰，钱平凡. 再造流程[M]. 杭州：浙江人民出版社, 1997：84.

机构调整基础上的工作流程再造，强调组织再造的重要性。①

艾尔特(A. Alter)主要关注与信息技术紧密相关的行业，将流程再造定义为使用信息技术从根本上来改变企业流程以达成企业主要目标的方法性程序。② 与此类似，文卡特拉曼也认为流程再造是以使用信息技术为中心的企业再造。③ 基于这种论调的流程再造，强调企业根据信息技术重新设计企业程序，以使其信息技术开发能力达到最大。

达文波特从不同企业的流程再造研究中发现，仅仅考虑信息技术是不够的。④ 达文波特进一步认为，流程再造是运用信息技术和人力资源管理手段大幅度改善业务流程再造的革命性方法。他在艾尔特理论的基础上，加进了人力资源的因素。

第一节 流程和流程再造

一、流程和企业流程

哈默认为，流程(process)是把一个或多个输入转化为对顾客有用的输出的活动。⑤ 达文波特在认同上述概念的基础上，又叠加了流程系列活动的可测性以及这些活动之间的关联性，认为流程是一系列结构化的可测量

① Davenport T H, Short J E. The new industrial engineering: Information technology and business process redesign[J]. Sloan Management Review, 1990(Summer): 11-27.

② Alter A. Re-engineering tops list again[J]. Computerworld, 1994, 28(5): 8.

③ Venkatraman N. IT-induced Business Reconfiguration [M]//Scott-Morton M. The Corporation of the 1990s: Information Technology and Organisational Transformation. Oxford University Press, New York, 1993: 122-158.

④ Davenport T H. Process Innovation: Reengineering Work Through Information Technology[M]. Harvard Business School Press, 1993: 71-116.

⑤ Hammer M. Reengineering work: Don't automate, obliterate[J]. Harvard Business Review, 1990, 68(4): 104-112.

的活动的集合，并为特定的市场或特定的顾客产生特定的输出。① 陈禹六等认为，流程是达到特定目标或完成特定任务而执行的一组逻辑关联的行动。② 约翰逊(H. J. Johansson)则把目光投注在流程创造的价值上，认为流程是把输入转化为输出的一系列相关活动的结合，它增加输入的价值，并创造出对接受者更为有用、更为有效的输出。③ 卡普兰(R. B. Kaplan)和 L. 默多克(L. Murdock)基于信息系统的理论视角来考察流程。他们认为在这个信息系统中，除了信息流和物流外，还有决策和其他活动流，所以认为流程是一系列相互关联的活动、决策、信息流和物流的集合。④

在流程概念基础上，20 世纪 80 年代，企业流程(Business Process)作为一种企业变革模式在美国提出。企业流程是美国主要企业在全面学习日本制造全面质量管理(TQM)、精益生产(Lean Production，LP)、及时生产(Just in Time，JIT)、零缺陷(Zero Defects，ZD)等优秀管理经验的基础上发展出来的一种全面变革企业经营、提高企业整体竞争能力的变革模式。

企业流程是一系列活动集合和过程，而且服务于客户与市场。拉维·恩纽平迪(Ravi Anupindi)等认为企业流程是指企业为完成某一目标(或任务)而进行的一系列逻辑相关活动的有序集合，从总的方面来说，就是企业通过完成其业务而获得利润的过程。⑤ 冉斌等认为，企业流程是一系列的、连续的、有规律的以特定的方式进行并导致特定结果的业务活动。⑥

---

① Davenport T H. Process Innovation：Reengineering Work Through Information Technology[M]. Harvard Business School Press, 1993.

② 陈禹六，李清，张锋. 经营过程重构(BPR)与系统集成[M]. 柏林：施普林格出版社，2001：106-107.

③ Johansson H J, et al. Business Process Reengineering：BreakPoint Strategies for Market Dominance[M]. John Wiley & Sons, 1993.

④ Kaplan R B, Murdock L. Core process redesign[J]. The McKinsey Quarterly, 1991(2)：27-43.

⑤ [美]Ravi Anupindi, Sunil Chopra, Sudhakar D Deshmukh, Jan A. Van Mieghem, Eitan Zemel. 企业流程管理[M]. 梅绍祖，蒋梨利，译. 北京：清华大学出版社，2003：99-107.

⑥ 冉斌，等. 企业流程优化与再造实例解读[M]. 北京：中国经济出版社，2008：11-12.

周妮认为，企业流程是指从企业调研市场与客户需求开始，再将商品或服务提交给客户，满足客户诉求这个过程中全部业务事项的集合。[①] 达文波特强调了企业流程是精心设计的为特定顾客与市场提供产品与服务。[②] 蒋志清认为，在企业开展面向客户和市场的相关活动时，最终实现满足客户需求而达到企业自身的目标，不能脱离企业现有资源的约束与企业战略、企业文化而获得产品与服务突破的实际生产活动。[③] 因此，可以认为企业流程即业务流程，是按顾客要求投入原材料，生产出对顾客有价值的产品及服务的一系列关联活动的总称。

在新闻传媒领域，传媒组织的企业流程主要是指新闻业务工作流程或新闻业务流程。新闻的业务工作流程，就是指新闻生产过程中各个环节的运转及各个环节之间的衔接。[④] 需要注意的是，新闻业务流程不是一成不变的。随着技术的完善、传媒环境的改变，不同时期的新闻采编流程略有不同。[⑤] 在现阶段，新闻采编流程是新闻业务流程中的核心内容。为了适应全媒体时代的发展，传媒组织应努力在实践中推动采编流程的改造、完善和优化，使之成为一个更加丰富有序、更加适应传媒环境、更易被新闻从业者利用的流程工作方案。因此，报业业务流程应该是传媒组织或传媒企业为完成其媒介功能，生产出让用户满意的内容产品及服务的一系列关联活动，具体环节则包括采编、广告、制作、印刷、发行等。

新媒体的快速发展促使传媒市场由卖方市场向买方市场转化，用户对于信息的需求更加多样化和个性化。在这种传媒生态下，传统媒体原有的新闻业务流程已经不能够将传媒组织内所有的新闻信息整合共享，不能满足用户的个性化需求。越来越多的新闻媒体从业者开始认识到传媒组织应

---

① 周妮. 企业业务流程设计与再造[M]. 北京：中国纺织出版社，2005：168-177.

② Dvenport H T, Short J E. The new industrial engineering：Information technology and business process redesign[J]. Sloan Management Review，1990，31(4)：11-27.

③ 蒋志青. 企业业务流程设计与管理[M]. 北京：电子工业出版社，2004：10-11.

④ 马胜荣，等. 新闻媒介的融合与管理：一种业界角度[M]. 重庆：重庆大学出版社，2010：123.

⑤ 孙旭. 融合新闻的报道流程研究[D]. 武汉：华中科技大学，2013.

该努力发挥全媒体的优势，实现全媒体联动，应该建立一套新的采、编、制作、传播、反馈流程，以求多渠道获取新闻线索，多元传播平台发布新闻信息。

以上关于流程和企业流程的概念可以达成基本共识，那就是流程是一系列的活动。但又从不同的视角强调了流程的 3 个关键点：第一，这些活动是逻辑相关的、有序的、相互作用的；第二，这些活动是针对特定的市场和用户的，是为创造高于输入的价值而进行的；第三，在考察这些活动时，我们不仅要观察具有物质基础的实体的输入和输出，还要考察贯穿整个活动的非物质层面的信息和决策等。

二、业务流程再造

随着技术的发展，原有的业务流程已经不能满足市场和用户的需求，随之业务流程再造的概念提出。业务流程再造又称为业务流程再设计（Bussiness Process Redesign）。达文波特和谢特认为，企业流程再设计是组织内和组织之间工作流或各种流程的分析与设计。[①] 该定义指出了业务流程再造的内涵。1993 年，哈默和钱皮（James Champy）合著并出版的《再造企业——工商业革命宣言》（*Reengineering the Corporation：A Manifesto For Business Revolution*）一书对业务流程再造做了如下定义："BPR（Business Process Reengineering）就是对企业的业务流程（process）进行根本性（fundamental）地再思考和彻底性（radical）地再设计，从而获得在成本、质量、服务和速度等方面业绩的戏剧性地（dramatic）改善。"[②]该定义为我们指出了业务流程再造的目标，为我们考察业务流程再造是否成功提供了可行的测量维度。

在业务流程再造发展过程中，泰勒、哈默、钱皮、达文波特和谢特等

①　Davenport T H, Short J E. The new industrial engineering：Information technology and business process redesign[J]. Sloan Management Review, 1990, 31(4)：11-27.

②　Hammer M, Champy J. Reengineering the corporation：A manifesto for business revolution[J]. Business Horizons, 1993, 36(5)：90-91.

做出了重要贡献。随着信息技术的发展，业务流程再造相关理论得到进一步发展。哈默的企业业务流程重组管理思想基于解决流程管理实践与理论不完善的矛盾，弥补了信息技术发展下流程管理理论的缺陷，其内容是在信息技术与组织变革的协同下，对企业业务流程的再思考并实施调整与再设计，以释放信息技术的全部潜能与企业运营完美结合，达到整体运营业绩的巨大提升与运营水平质的飞跃。[①]

此外，在业务流程再造的定义中，也能发现流程再造需要考虑的因素。比如，工作流程、决策、组织和信息系统等，[②] 需要进行人、技术、组织结构和企业文化的重组。[③] 也有定义指出，在进行流程再设计时，需以组织核心竞争力为重点。

结合以上讨论，我们将业务流程再造定义为：企业组织"以顾客为中心"，满足其需求，充分利用多种信息技术手段，对组织内部、组织之间、组织与顾客及组织与管理部门及其附属机构间的物流和信息流及资金流等进行重构，并优化组织结构和内部资源的过程，是组织以战略的高度所进行的流程重构，达到提升组织核心竞争力及最终满足顾客需要的战略目标。

该定义具有 4 个层面的内容：①组织结构的改革。组织结构的改革主要有以下几个方面，就是跨部门小组、流程处理专员和专案经理的设置。②人事管理的改革。人事管理改革的内容主要分为员工技能考核和企业文化两个方面。③管理系统的改革。管理系统的改革通常是指企业评价标准及角色职责的改革。[④] ④信息技术的应用。企业在实施业务流程再造的过

①　李爱民. 业务流程再造理论研究综述与展望[J]. 现代管理科学, 2006(8)：29-32.

②　Kaplan R B, Murdock L. Core process redesign[J]. The McKinsey Quarterly, 1991(2)：27-43.

③　胡辉. 业务流程再造(BPR)理论与系统建模仿真研究[D]. 西安：西安电子科技大学, 2005.

④　梅绍祖, James T. C. Teng. 流程再造：理论、方法和技术[M]. 北京：清华大学出版社, 2004.

程中，恰当地利用信息技术可以减少业务流程的步骤，并提高不同部门间的协调效率。①

该定义具有 5 个特点：①以企业产出为中心。企业所有员工的工作中心不是其上司而是企业，每个员工的业务能力根据员工的业绩评定。②企业管理面向业务流程。为了减少信息沟通的往返时间，简化沟通渠道，将业务流程中的决策点和审核操作放在流程执行的地方，② 这样既可以减少企业的资源成本消耗，还可以提高企业对市场和客户变化的整体应变能力。③注重整体业务流程的最优化。业务流程再造最终的目标是提升企业的整体效益。④注重每个员工(角色)和高层领导的参与。注重人员分配和组织机构改革，充分利用企业的人才资源。⑤注重企业信息化。信息是企业重要的战略资源，信息技术是不断发展的强大的工具，信息技术的应用可以帮助企业进行业务流程的创新，优化运营方式，使企业能更好地为客户提供服务。③④

在新闻传播领域，为适应信息技术快速发展的态势，数字化是传媒组织业务流程再造的第一步，而业务流程再造是数字化转型的方法。数字化转型是一种利用现代技术和通信手段，改变企业为客户创造价值的方式。数字化转型是变革，业务流程再造是变革实践中形成的一套方法和理论，业务流程再造为数字化转型而生。栾轶玫认为，新技术催生了新媒介，新媒介势必要求新的生产流程，媒体融合背景下的流程再造强调的是开放性、兼容性、多元性和承接性，同时，它亦是传统媒体以最低成本获取最

---

① 赵小顺. 基于 BPR 的监理流程再造系统的研究与实现[D]. 西安：西安电子科技大学，2019.

② Kocaoglu B, Acar A Z. Developing an ERP triggered business process improvement cycle from a case company[J]. Procedia-Social and Behavioral Sciences, 2015.

③ Xu H N, Wang T Y, Zou X X. Development of an information management system for NC machine tools based on B/S architecture[J]. Key Engineering Materials, 2016.

④ Jing Sun. Researchon Construction of Enterprise Informatization Based on Computer Application Technology [A]. Computer Science and Electronic Technology International Society, 2015.

高效率的自我更新之路。① 报业转型是一个系统工程，绝非简单地进行单纯的采编流程再造，而是结合报业发展战略的自上而下的全面变革。蔡雯等认为，报业全媒体转型过程中，流程再造是其中一个重要环节，但这要与媒体组织战略目标的转变、组织结构的调整、媒介理念的重塑、组织文化的转变等诸多环节相配套同时推进。② 在互联网、移动互联网成为信息传输的主要渠道时，业务流程再造还要强调"理念再造"。2015 年全国两会报道中，南方报业提出"理念再造、流程再造、机制再造"，其中，理念再造强调的是要强化互联网思维，以用户为中心，转变内容生产方式，寻求面向未来的发展路径。③ 互联网思维、以用户为中心等发展理念将决定着报业未来。

第二节　两种流程再造思想

BPR 理论是在继承传统管理理论基础上的变革创新，并将已有管理理论与现代信息和通信技术等进行综合集成发展来的。④ 其理论基础主要来自工业工程领域、战略管理领域及信息技术领域等方面的研究和实践成果。它们分别为流程再造提供了基本的思想、方法、技术支持和价值判断方法等。在流程再造的研究和实践中，逐步形成了以哈默和钱皮，达文波特为代表的两种流程改进思想。这两种思想的分歧主要来自对流程再造的不同理解。"渐进性变化认为，企业的变化要适应人们的接受能力，变化应该在适当的范围内逐步进行。而革命性变化则认为彻底的组织变化不可

① 栾轶玫. 融媒体时代新闻生产的流程再造[J]. 今传媒，2010(1)：30-31.

② 蔡雯，刘国良. 纸媒转型与全媒体流程再造——以烟台日报传媒集团创建全媒体数字平台为例[J]. 今传媒，2009(5)：14-16.

③ 张东明，梅志清，周志坤. 打好全媒体融合战　提高党报舆论引导力——南方报业 2015 全国两会报道的创新实践[J]. 新闻战线，2015(4)：8-11.

④ 李爱民. 业务流程再造理论研究综述与展望[J]. 现代管理科学，2006(8)：29-32.

能零碎地、间断地完成，企业的变化必须迅速展开，要在短时期内建立新的运作规则和流程。"①以这两种流程再造思想为指导，也形成了我国媒介企业两种不同的报业集团 BPR 模式。

一、革命式 BPR 模式

1993 年，哈默与钱皮对 BPR 所做的定义②强调，BPR 是根本性的、彻底的，是一种革命性的变革模式。另外，在 BPR 的定义中 R 是 Reengineering，更加强调再造的理念。

哈默和钱皮认为，企业流程再造应该直接针对的就是被割裂得支离破碎的业务流程，其目的就是要重建完整和高效率的新流程。因此，企业流程再造就是用崭新的流程替代传统的以分工理论为基础的流程；企业再造活动是重大的突变式改革，而不是改良运动。这种"彻底性"主要表现为以下 3 个方面：①企业再造对固有的基本信念提出挑战。②企业再造需要对原有的事物进行彻底地改造。③改革要在经营业绩上取得显著地改进。为此，哈默和钱皮为"显著改进"制定了一个量化目标："周转期缩短 70%，成本降低 40%，顾客满意度和企业收益提高 40%，市场份额增长 25%。"

二、改良式 BPR 模式

以达文波特为代表的流程改进思想以"流程创新"（Process Innovation）为理念。他认为，业务流程是一系列结构化的可测量的活动集合，并为特定的市场和特定的顾客产生特定的输出。流程有两个最重要的特点：其一，每一个流程都有直接的"顾客"（内部顾客和外部顾客），为顾客提供最直接的服务；其二，流程的展开会形成组织交叉与边界。业务流程的重新设计是对组织中及组织间的工作流程与程序进行分析和创新。具体方法是

---

① 俞东慧，黄丽华，石光华. BPR 项目的实施：革命性变革和渐进性变革[J]. 中国管理科学，2003，11（2）：55-60.

② Hammer M, Champy J. Reengineering the corporation: A manifesto for business revolution[J]. Business Horizons, 1993, 36(5): 90-91.

通过检查关键流程中的信息和信息流，以达到降低成本、提高质量和增加柔性的目的。与哈默所提倡的彻底的、根本的流程再造不同，达文波特提倡的流程再造是渐进性的，再造的完成至少需要 2~3 年的时间。

J. 佩帕德(Joe Peppard)和 P. 罗兰(Philip Rowland)也赞同达文波特的观点。他们认为，BPR 强调改进(improvement)，而不是强调彻底变革。他们提倡改之有进，而不是为变而变。

第三节　BPR 影响因素

一、BPR 影响因素的企业关联

不管是革命式还是改良式 BPR 都存在实际操作是否成功的问题。在 BPR 过程中，有诸多因素会影响 BPR 的实施和成功。因素主要是指影响 BPR 成功和失败的因素。BPR 影响因素研究一直是流程再造研究的经典话题，研究者往往从不同企业的流程再造实践入手，发现 BPR 关键影响因素的共性部分，也指出了差异。

研究发现，影响BPR成功的相同因素主要有资本①、技术②、企业战略③。

---

① J·佩帕德，P·罗兰. 业务流程再造[M]. 高俊山，译. 北京：中信出版社，2003：249-258；Bashein B，Markus L，Riley P. Precondition for BPR success [J]. Information Systems Management，1994，11(2)：7-13；华萌. 企业流程重建成功的先决条件[J]. 科学学与科学技术管理，1999，20(7)：37-40.

② Yasar F. Jarrar，Elaine M. Aspinwall. Business process re-engineering：Learnning from organizational experience [J]. Total Quality Management，1999，10(2)：173-186；Klein M M. Reengineering methodologies and tools：A prescription for enhancing succes[J]. Information Systems Management，1994，11(2)：30-35；J·佩帕德，P·罗兰. 业务流程再造[M]. 高俊山，译. 北京：中信出版社，2003：249-258.

③ Davenport T，Short J. The new industrial engineering：Information technology and business process redesign[J]. Sloan Management Review，1990，31(4)：11-27；Harrison D B，Pratt M D. A methodology for reengineering business[J]. Planning Review，1993，21(2)：6-11.

其中资本是流程再造的前提条件，持续的资金支持是 BPR 成功的关键因素，它在一定程度上决定了 BPR 的成功与否。而信息技术(IT)的应用一致被认为是对 BPR 起着极其重要的作用的关键因素。只是，针对不同的企业，IT 技术对 BPR 的作用是不同的。一般来说，IT 技术不仅是企业组织转型的一大新工具，① 运用 IT 技术改善业务流程，而且利用 IT 能使 BPR 项目团队提高工作有效性、缩短项目完成的时间和取得良好的再造效果。② 另外，企业战略体现为战略目标③的设定、战略管理④、时机⑤的把握及实施方法⑥上。

而研究中发现的差异部分主要体现在组织背景、领导和企业文化等方面。关于领导因素，有研究认为领导的态度、洞察力、技能和知识是 BPR 成功的最重要因素。⑦ 关于企业文化因素，有研究认为，让员工拥有更多的权利和义务以及高水平的技能，创造一种文化使全体员工感到自己肩负重任，⑧

① Davenport T H, Short J E. The new industrial engineering: Information technology and business process redesign[J]. Sloan Management Review, 1990(32): 11-27.

② Klein M M. Reengineering methodologies and tools: A prescription for enhancing succes[J]. Information Systems Management, Spring, 1994: 30-35.

③ Harrison D B, Pratt M D. A Methodology for reengineering business[J]. Planning Review, 1993, 21(2): 6-11.

④ Sung T K, Gibson D V. Critical success factors for business reengineering and corporate performance: The case of Korean corporations[J]. Technological Forecasting and Social Change, 1998(58): 297-311.

⑤ Stanton S, Hammer M, Power B. From resistance to results: Mastering the organizational issues of reengineering[J]. Insights Quarterly: The Executive Journal of Business Reengineering, 1992, 4(2): 6-16.

⑥ David Paper, Ruey-Dang Chang. The state of business process reengineering: A search for success factors[J]. Total Quality Management & Business Excellence, 2005, 16(1): 121-133.

⑦ Champy J, Arnoudse D. The leadership challenge of reengineering[J]. Insights Quarterly: Executive Journal of Business Reengineering, 1992, 4(2): 17-25.

⑧ Rohm C E. The principal insures a better future by reengineering its individual insurance department[J]. National Productivity Review, 1993, 12(1): 55-64.

或者建立员工的职业规划、晋升机制、薪酬机制①是最关键的。

此外，企业战略、组织、BPR 方法、IT 和培训教育等也是企业 BPR 关键成功因素，见表 2-1。宋相庆（Tae Kyung Sung）和大卫·V. 吉普森（David V. Gibson）通过对韩国若干企业的 BPR 实施研究，总结了 BPR 的 20 个关键成功因素（CSF），并分为 4 类，② 见表 2-2。

表 2-1　　　　　　　　　　　　　BPR 关键成功因素总结

研究者	BPR 关键成功因素
Grover 等③	管理支持、技术协助、流程解说与培训、实施计划、变革因素协调、重组项目管理
温静④	企业的引导战略、管理层的领导、项目执行团队成员、流程可靠有效绩效指标标准
刘险峰和鲁瑞霞⑤	提出清晰可达重组项目目标、理解与配合的高层领导、准确的战略流程、目标及其执行的可行性、信息技术有效应用、相关人员适时培训
Hauser 等⑥	不切实际的战略布局、盲目引进外部技术方法、员工的不配合、实施小组缺乏应变力等，同时不能缺少高层的引导、管理人员的有效管理

①　Kanin-Lovers J, Keilty J. Designing incentives to support business reengineering[J]. Journal of Compensation and Benefits, 1993, 8(5): 55-58.

②　Sung T K, Gibson D V. Critical success factors for business reengineering and corporate performance: The case of Korean corporations[J]. Technological Forecasting and Social Change, 1998(58): 297-311.

③　Grover V, Jeong S R, Kettinger W J, Teng J T C. The implementation of business proess reengineering[J]. Jounal of Management Information Systems, 1995, 12(1): 109-144.

④　温静. 我国企业实施业务流程重组的关键成功因素分析[J]. 科技与管理, 2005, 7(5): 43-45.

⑤　刘险峰, 鲁瑞霞. 业务流程再造的失败案例及相关对策[J]. 企业改革与管理, 2008(8): 40-41.

⑥　Hauser K, Paper D. Simulation of busenes re-engineering processes: Case study of a united state motor manufacturing company[J]. International Journal of Management, 2007, 24(4): 676-822.

续表

研究者	BPR 关键成功因素
梅绍祖①	变革管理、技术支持力、企业战略谟、项目时间、管理方式、人事资源计划、流程讲解与说明、执行项目的管理、执行方式的安排与规划
胡飞虎②	充分利用信息技术与工业技术及其方法、相应的组织变革、适应的执行步骤与策略、高层管理的直接监督与管理、员工的配合、团队小组的变革能力、外部咨询机构引导、科学符合实际的目标规划、阶段性可行度高的考核指标、详细整体系统评价指标与有效的执行
王璞③	高层管理的支持、项目管理团队的素养、企业授权与有效沟通合作、相关培训与教育、财务有效支持、业务流程项目管理的方式、企业文化、合理的待遇与激励体制
Hartini④	精英文化、质量管理系统、满意度评价、变革管理、鼓励创新的组织结构、IT 应用、管理有效、财务支持
He⑤	管理层的支持、内部部门高效协作、有效管理与可数据化项目目标
Natasa 等⑥	高层管理者的管理与组织、相关员工的理解与执行、相关必需的员工培训与新知识传达、组织成员之间交流与协作、项目的监督与管理方式、实现目标的策略、信息技术的应用、有效技术与相关工具的支撑

① 梅绍祖，Teng J T C. 流程再造理论、方法和技术[M]. 北京：清华大学出版社，2004：32-35.

② 胡飞虎，张涛，孙林岩. 业务流程重组成功因素分析[J]. 工业工程，2000(9)：10-12.

③ 王璞，曹叠峰. 流程再造[M]. 北京：中信出版社，2005.

④ Ahmad H, Franis A, Zairi M. Bussiness process reengineering：Critical success factor in high education[J]. Business Process Management Journal, 2007, 13(3)：451-469.

⑤ Xin J H. Analysis of critical success factor for business process reengineering[C]. Proceedings of the Fourth International Conference on Information and Management Sciences, 2005：66-68.

⑥ Herzog N V, Polajnar A, Tonchia S. Developmet and validation of business process reengineering(BPR) variables：A survery research in slovenian companies[J]. International Journal of Production Research, 2007, 45(24)：5811-5834.

续表

研究者	BPR 关键成功因素
俞东慧①	人员管理、流程管理、战略管理、信息技术、组织结构
彭驰②	优先关注核心管理、实施方法的可行性、再造目标可量度化、核心团队的高效性、再造范围的扩大化、企业的战略引导、资金支持的可持续性、信息技术与流程再造之间的关联性、人的因素

表 2-2　　　　　　　　　　　**BPR 关键成功因素的分类**

战略的 CSF	组织的 CSF	方法的 CSF	技术和教育的 CSF
领导能力 再造的方向和愿景 再造的动机 组织管理的方式	组织的背景 员工的士气和创新 变革管理 管理层次 组织沟通 激励机制	流程的范围 管理者的支持与参与 合适而有抱负的目标 评价再造的流程 制订标准 关注顾客的需求 适当的再造团队 再造的实施	IT 的作用 培训和教育

注：CSF③ 为 Critical Success Factors，关键成功因素。

杨小林则将众多影响因素分为内部因素和外部因素。④

其中内部因素包括：

---

① 俞东慧．企业流程变革管理影响因素及其动态机制研究［D］．上海：复旦大学，2005.

② 彭驰．媒体融合背景下 NW 报业传媒集团流程再造问题研究［D］．南京：南京师范大学，2015.

③ 关键成功因素（Critical Success Factors，CSF）的概念由 John Rockart 提出，它是对企业擅长的、对企业成功发展起决定作用的某个战略要素的定性描述，是企业实现战略目标转化的明确行动内容。

④ 杨小林．工业互联网背景下企业业务流程重组影响因素研究［D］．上海：华东师范大学，2019.

（1）企业战略（企业所处行业特性、产品特性、外部环境竞争压力）；

（2）企业组织机构（权责关系）；

（3）资源约束（人力、物力、资金、企业组织资源与资本的能力）；

（4）管理者（高层管理支持、中层理解与支持、管理团队、变革管理能力）；

（5）企业内部环境（管理模式、管理制度、企业文化）；

（6）原有流程（流程项目的管理、关键业务流程确定）；

（7）信息技术（信息基础设施、信息技术水平、信息技术使用能力）；

（8）员工要素（员工支持与配合、员工相关培训、实现赋权、协作）。

外部因素包括：

（1）外部指导力量（理论指导、标杆示例、BPR 运营机构）；

（2）政策；

（3）市场—客户需求。

通过以上分析可知，当面向不同的企业开展流程再造研究时，得出的关键影响因素是有差异的。显然，流程再造的关键影响因素与企业自身属性或特点相关。

二、报业集团 BPR 影响因素

大卫·佩普（David Paper）和张瑞当（Ruey-Dang Chang）在总结大量的文献资料后，建立了一个 BPR 成功的理论透镜（Theoretical Len），认为 BPR 成功的因素由 5 个相互联系、相互依赖的要素组成，具体包括：环境（E）、人（P）、方法（M）、技术（I）和变革愿景（T），[①] 如图 2-1 所示。

---

① David Paper, Ruey-Dang Chang. The state of business process reengineering: A search for success factors[J]. Total Quality Management & Business Excellence, 2005, 16（1）：121-133.

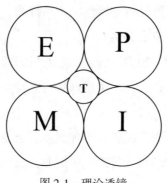

图 2-1　理论透镜

(一)环境因素(E 和 I)

在该理论透镜中，环境包括外部环境和内部环境。其中，企业外部环境是对企业外部的政治环境、社会环境、技术环境等的总称。[①] 而企业内部环境是指企业内部的物质、文化环境的总和。[②]

1. 外部环境

(1)政策环境

政治环境是指国家政治形势、政局情况、政治发展趋势，以及政府制定的方针政策、法令、法规，政府机构的组成，办事程序和办事效率等，[③] 还包括国内外政治形势的发展状况等。我国报业具有政治、经济和文化等多重属性。这种多重属性决定了报纸这种文化产品的社会效益和经济效益是一致的。[④] 报社的性质属于党和国家的新闻宣传事业单位。报纸的地位和作用决定了报社不能以盈利为目的，必须"坚持把社会效益放在首位，

[①]　王宇. 企业外部环境驱动下的战略变化及其绩效的关联性研究[D]. 成都：西南交通大学，2007.

[②]　姜文彬. 企业的内部环境分析[J]. 内蒙古科技与经济，2009(19)：33-34.

[③]　成栋，姚贤涛. 中小企业管理实务与案例[M]. 北京：中信出版社，2003：134.

[④]　参见李长春同志在 2003 年 6 月 27 日在文化体制改革试点工作会议上的讲话内容。

实现社会效益与经济效益的统一。社会效益第一、两个效益统一"。① 因此，根据国家相关政策规定，我国新闻单位实行"事业单位，企业化管理"。报业集团的事业属性决定着传媒业基本的存在形式、行为方式和根本的利益方向、工作原则，报社必须履行政府喉舌的职责，实现政策宣传、舆论引导的功能。即报业集团的管理需坚持"四个不变"的原则。"四个不变"原则是报社管理、发展的根本方针，是国家的传媒政策，也是传媒行业规范。

每个国家都有新闻政策或传媒政策，但是其功能存在不同。正是对新闻传媒事业性质的不同认定，导致了各国传媒政策管理功能的差异。概括而言，在我国，传媒政策和传媒行业性规范主要具有两点功能。首先是制约和指导功能，即制约、规范和指导传媒的传播内容和传媒经营活动。其次是调控和管理职能。所谓调控是指调整和控制。当报纸及其他传媒行业出现发展不正常的现象时，国家会出台一些政策进行调整以保证该行业规范发展。比如，国家广播电影电视总局出台的《广播影视技术科技"十五"计划和2010年远景规划》曾经硬性规定，我国电视传媒行业必须在2005年全部实现数字化。这正是国家通过政策手段调控行业发展，以适应数字化的发展潮流的具体举措。可见，传媒政策对传媒事业的发展起着"核心"作用，尤其对于中国传媒事业而言，国家出台的新闻政策对新闻事业的影响极为明显。② 进一步地，让我们来看看我国的新闻管理体系。③ 该体系由不同层级的管理机构组成。国务院是全国行政性事务的最高管理机构，其直属的新闻出版署和国家广电总局负责全国的出版行业、广电行业的宏观管理。然后，在全国各省又下设省级新闻出版局和广播电视局，地市、县级新闻出版和广播电视管理机构，构成从上至下的垂直领导关系。这样一方面可以依靠行政权力强力推行和落实国家政府的各项新闻传媒政策；另

---

①　参见2001年8月20日颁布的《中央宣传部、国家广电总局、新闻出版总署关于深化新闻出版广播影视业改革的若干意见》。

②　陈桂兰. 新闻职业道德教程[M]. 上海：复旦大学出版社，1999：144.

③　孙旭培. 当代中国新闻改革[M]. 北京：人民出版社，2004：46.

一方面也可以运用这种严密的、自上而下的垂直行政组织体系进行政策推行,该体系中下级必须无条件服从上级行政主体发出的规定、指示等,以确保新闻政策有效及时地得到贯彻和执行。①

传媒政策是政党、政府对所属传媒机构及其从业人员的态度和策略,具体体现在其有关传媒内容、内容传播、媒介经营管理等活动的一系列行为准则和规范中,它是政党和政府管理、调控传播领域的重要手段。② 也就是说,"传媒政策""行业性规范"成为规范报业集团发展方向、企业战略、流程再造的关键因素(我们将传媒政策、传媒行业性规范简称为政策)。

(2)社会环境

社会环境是指人口、居民的收入或购买力,居民的文化教育水平等。③从这个定义出发,我们可以将这里所讲的社会环境理解为传媒用户。

受众是传媒传播活动的接受者,具体包括报刊和书籍的读者、广播的听众、电影电视的观众,以及网络媒体信息的接受者等。伴随信息产品概念的出现,受众的角色逐步转变为用户。传媒是一个以生产内容产品和提供相关服务的行业,给用户提供令用户满意的内容产品和信息服务是传媒企业的目标,更是传媒的核心业务所在。正是由于传媒的这种行业特性,决定了用户在传媒中的重要地位和作用。

受众研究一直是传播学的研究热点之一,对受众的认识经历了从"被动的信息的接受者",④ 到传播的参与者,⑤ 再到传播的主导者的发展过程。尤其在数字媒介时代,信息技术为受众成为传播的主导者提供了诸多

① 何春雨.报业市场影响因素研究[D].兰州:兰州大学,2007.
② 王军,郎劲松,邓文卿.传媒政策与法规[M].北京:中国广播电视出版社,2008:8.
③ 张其洋.中国商业百科全书[M].北京:经济管理出版社,1991:391.
④ [美]威尔伯·施拉姆,威廉·波特.传播学概论[M].陈亮,周立方,李启,译.北京:新华出版社,1984.
⑤ 庹继光,吴定勇.从受者到传播参与者——略论信息传输相对人的嬗变[J].西南民族大学学报(人文社科版),2004(7):301-304.

条件。①由于信息的数字化，信息是以比特的方式存在的，为内容的细分、重组、拆分、打包提供了技术上的可行性。②其他数字技术的发展，如数据库技术、搜索技术等，进一步为信息服务提供聚合、推、拉等模式，使个人定制信息服务成为可能。③各种数据分析技术的发展，为用户分析数据提供了各种手段和工具。④网络技术也为用户深入参与传播过程提供了可能性和便利性。在这种技术背景下，受众毋庸置疑地成为传播中心，俨然成为用户。如何细分用户，理解用户的信息需求，给用户提供满意的个性化信息服务成为包括报纸在内的所有传媒的竞争焦点，也是报纸等传媒企业制定发展战略时必须关注的要素。从上面的分析可知，用户不仅是信息的接受者，也是信息的生产者和传递者。用户当之无愧地成为传媒产业链中的重要一环，成为影响传媒产业发展的关键因素。

产业链是产业经济学中的一个概念，是指在一种最终产品的生产加工过程中，从最初的自然资源到最终产品到达消费者手中，所包含的各个环节所构成的整个生产链条。① 产业链有很多种分类方法，从产业链构建角度看，产业链分为接通产业链和延伸产业链两种。② 其中接通产业链是指将一定地域空间范围内的断续的产业部门（通常是产业链的断环和孤环形式）借助某种产业合作形式串联起来。而延伸产业链则是将一条既已存在的产业链尽可能地向上下游拓深延展。向上游延伸一般使得产业链进入到基础产业环节和技术研发环节，向下游拓深则进入到市场拓展环节。将用户加入传媒产业链实质上就是传媒产业链向下游拓深。

（3）技术环境

乔治·弗里德曼（Georges Friedmann）认为技术是人们生活的一种新环境。③ 技术环境是指企业所处的社会环境中的科技要素及社会科学技术的

---

① 郁义鸿. 产业链类型与产业链效率基准[J]. 中国工业经济，2005（11）：25-30.

② 龚勤林. 论产业链构建与城乡统筹发展[J]. 经济学家，2004（3）：121-123.

③ Jacques Ellul. The Present and the Future [M]//Hickman L A. Technology as a Human Affair. New York：McGraw-Hill Publishing Company，1990：343.

总概况。① 我们认为，技术环境是指与本行业有关的科学技术水平和发展趋势。传媒是信息生产企业，以报业生产为例，从报纸内容采集中的录音笔、数码相机、数码摄像机等技术的使用，到编辑环节中方正的飞腾报纸版面编辑、Photoshop 图片和广告设计与制作等计算机技术及相关专业软件的使用，等等。我们可以看到信息技术已经渗透到传媒生产的各个环节。由此可见，信息技术能力已经覆盖了影响报业竞争能力的诸多方面，包括报业内容产品的质量管理、事件管理和绩效管理等。借助信息技术，报业集团可以获得内容产品的实时信息，帮助报业集团在必要的时候重新调整其产品，并且预测企业内需和外需。在报业集团 BPR 中，信息技术可以帮助企业对 BPR 的各个层次、各个环节的绩效数据进行量化和对绩效进行跟踪，同时寻找机会进行持续改善。因此，信息技术不仅是报业集团 BPR 的动因，也是报业集团 BPR 成功的关键影响因素。

2. 内部环境

此外，企业内部环境是指企业内部的物质、文化环境的总和，由企业家精神、企业物质基础、企业组织结构和企业文化构成，四者相互联系、相互影响、相互作用，形成一个有机整体。企业内部环境也称企业内部条件，是组织内部的一种共享价值体系，是有利于保证企业正常运行并实现企业利润目标的内部条件与内部氛围的总和。

（1）物质基础环境

企业的物质基础是一个很大的概念，此处的物质基础仅限于对报业集团 BPR 产生影响的物质条件。对报业集团而言，BPR 是由于技术的发展、用户需求的变化和市场竞争的加剧，报业为了面对这些挑战和出于对可持续发展的考虑，而作的必要的战略转型。显然，成功进行 BPR，从物质条件来讲，一是需要流程再造的启动资金；② 二是需要保证流程再造持续进

---

① 成栋，姚贤涛. 中小企业管理实务与案例［M］. 北京：中信出版社，2003：135.

② 华萌. 企业流程重建成功的先决条件［J］. 科学学与科学技术管理，1999，20（7）：37-40.

行的资金投入,① 包括薪酬等。我国报业集团实行"事业单位，企业化管理"，报业集团中经营的部分剥离出来实行企业化管理，用其赢利支持负责宣传任务的"事业"部分。报业在养活自身的同时，还肩负着党的宣传任务。从短期效应看，报业集团 BPR 似乎与宣传任务无关。因此，这样的企业行为难以得到上级主管部门的资金支持，只能依靠自身的资金积累，以及通过资本获得的资本价值增值和效益增值来支持 BPR 的启动和持续进行。资本运营是指企业将拥有的各种资源(包括相关生产要素和社会资源)视作价值资本，通过单独或综合运用流动、裂变、组合、优化、配置等途径，最大限度实现其价值增值的经营方式。② 由此可见，资金和资本运作，即资本是报业集团 BPR 的基础条件和持续进行的物质保障，它是制约报业集团 BPR 的关键因素。

（2）企业文化

企业内部环境的另外一个因素是企业文化。企业文化是企业长期经营过程中形成的文化氛围和价值理念，包括企业价值观、企业愿景、企业使命以及企业经营理念和员工行为准则等，其主要功能有导向、约束、激励与凝聚等。在整个战略管理过程中，企业文化都对企业战略产生相当的影响。③

实施 BPR 是报业集团的战略转型，是企业的一场变革，是企业愿景，也是企业家的愿景。这场改革涉及生产流程变革、组织改革、职工薪酬及绩效改革等，涉及企业内部每一个职工的切身利益。报业集团 BPR 战略能否得到广大职工的认同并成为自己的愿景，即将企业愿景、企业家愿景及员工愿景统一起来，在一定程度上影响了 BPR 的成败。以上分析基于两点考虑：①作为报业集团的一种变革，如果不能获得员工的认可，那么变革

---

① J·佩帕德，P·罗兰．业务流程再造[M]．高俊山，译．北京：中信出版社，2003：249-258.

② 彭永斌．传媒产业发展的系统理论分析[M]．成都：西南财经大学出版社，2004：42.

③ 吴芸．试论企业文化与企业战略的互动[J]．学海，2006(6)：199-201.

是很难实施的，也就注定了变革的失败。②BPR 是长期持续的过程，能否持续进行下去同样关乎 BPR 的成败。而 BPR 战略实施，不仅取决于最高决策层的决心、信心，持续的资金保障，还与员工的直接参与、持续支持、合理的薪酬制度、合理的绩效评价等存在必然关联。而所有这些因素都与企业文化相关，企业文化理所当然地成为影响 BPR 的关键因素之一。

另外，报业集团是内容生产企业，其核心业务流程是采编流程，从事采编工作的员工大多拥有本科及以上学历，属于知识型员工。报业集团敢于变革，敢于实施 BPR 是一种创造力和创新精神的体现，其变革过程本身就是一个动态学习的过程，因此，报业集团是一个学习型组织。学习型组织的构建和知识型员工的培养与激励将有助于企业核心竞争力的提升，而这本身就是一种企业文化。因此，在报业集团这一以"知识生产，创意为重"的企业中，企业文化建设显得比其他类型企业更为重要。

(二)人的因素(P)

这里的"人"指领导者(决策者)及各种团队(包括员工)。其中，领导者因素包括远见卓识、① 态度、洞察力、技能和知识、② 对 BPR 的认同和支持、期望、给员工的授权以及与员工的沟通协调、③ 亲自参与和直接领

---

① 参见 Hammer M, Champy J. The promise of reengineering[J]. Fortune, 1993, 127(9)：94-97.

② 参见 Champy J, Arnoudse D. The leadership challenge of reengineering[J]. Insights Quarterly：The Executive Journal of Business Reengineering, 1992, 4(2)：17-25.

③ 参见 Bashein B, Markus L, Riley P. Precondition for BPR success[J]. Information Systems Management, 1994, 11(2)：7-13；J·佩帕德，P·罗兰. 业务流程再造[M]. 高俊山，译. 北京：中信出版社，2003：249-258；Sung T K, Gibson D V. Critical success factors for business reengineering and corporate performance：The case of Korean corporations[J]. Technological Forecasting and Social Change, 1998(58)：297-311；Stanton T, Ammer M, Power B. From resistance to results：Mastering the organizational issues of reengineering[J]. Insights Quarterly：The Executive Journal of Business Reengineering, 1992, 4(2)：6-16.

导①等。领导的远见卓识、洞察力和知识，决定了他是否意识到 BPR 的重要性、必要性和紧迫性。领导对 BPR 的态度、认同、期望、支持决定了 BPR 是否能获得持续的资金支持。领导对职工的授权、沟通协调体现了领导的个人风格，更体现了一个企业的企业文化。需要强调的是，只有国内的研究在关于领导因素这一点上特别强调领导的亲自参与和直接领导是企业顺利实施 BPR 的关键影响因素，是流程再造取得成功的最根本、最关键的因素。② 高级管理层对流程再造坚定不移的信心是这些变革能够持续获得必要的资金、人力资源的基本保障，也是能够克服各种阻碍的必要条件等。

几乎所有关于 BPR 的研究都提到了人(员工)对 BPR 成功的影响，其显性表现包括对 BPR 的认同、③ 对绩效和薪酬的态度、④ 教育、培训和掌握新技巧、⑤ 职业规划、激励机制、晋升机制⑥等。

此外，团队因素也很关键，适当的、高效的核心团队保证了 BPR 的成

---

① 参见华萌. 企业流程重建成功的先决条件[J]. 科学学与科学技术管理，1999，20(7)：37-40.

② 参见黄秀侠. 业务流程再造的企业内部影响因素研究[D]. 重庆：重庆大学，2006.

③ 参见 Stanton T, Ammer M, Power B. From resistance to results：Mastering the organizational issues of reengineering [J]. Insights Quarterly：The Executive Journal of Business Reengineering，1992，4(2)：6-16；黄秀侠. 业务流程再造的企业内部影响因素研究[D]. 重庆：重庆大学，2006.

④ 参见 Hammer M, Champy J. The promise of reengineering[J]. Fortune，1993，127(9)：94-97.

⑤ 参见 Davenport T H. Need radical innovation and continuous improvement？Integrate process reengineering and TQM[J]. Planning Review，1993，21(3)：6-12.

⑥ 参见 Kanin-Lovers J, Keilty J. Designing incentives to support business reengineering [J]. Journal of Compensation and Benefits，1993，8(5)：55-58；Sung T K, Gibson D V. Critical success factors for business reengineering and corporate performance：The case of Korean corporations[J]. Technological Forecasting and Social Change，1998(58)：297-311；Bergey J, Smith D, Tiley S, Weiderman N, Woods S. Why reengineering projects fail[J]. Carnegie Mellon Software Engineering Institute—Product Line Practice Initiative，1999：1-30.

功实施。① 以往研究表明，团队因素包括：项目小组的成员应该来自不同的利益集团、② 跨功能、③ 相应的授权及协作工作模式、④ 聘请恰当的咨询顾问、专业的咨询公司、拥有柔性管理团队⑤等。

这里需要再次强调的是领导者(决策者)在我国报业集团 BPR 中的重要性，特别强调领导者的亲自参与和直接领导是企业顺利实施 BPR 的关键影响因素，是流程再造取得成功的最根本、最关键的因素。在我国，企业的组织结构、资金流动、企业文化及企业战略等充分体现了领导者意志。关于领导者(决策者)的划分很难清楚地归于某一个关键因素中，它既体现在企业文化中，又作用于人力资本。

(三)BPR 采用的方法因素(M)

方法是有效处理变革广度和复杂度的关键，⑥ 缺乏基本指导原则将不能完成变革。方法使人们将注意力集中在变革中特定的任务和行动上。它是一种帮助跨功能团队、促进者和管理者发现问题和解决问题的汇聚点。

---

① 参见 J·佩帕德，P·罗兰. 业务流程再造[M]. 高俊山，译. 北京：中信出版社，2003：249-258；Sung T K, Gibson D V. Critical success factors for business reengineering and corporate performance：The case of Korean corporations[J]. Technological Forecasting and Social Change，1998(58)：297-311.

② 参见 Katzenbach J R, Smith D K. The rules for managing cross-functional reengineering teams[J]. Planning Review，1993，21(2)：12-13.

③ 参见 Davenport T H. Need radical innovation and continuous improvement? Integrate process reengineering and TQM[J]. Planning Review，1993，21(3)：6-12.

④ 参见华萌. 企业流程重建成功的先决条件[J]. 科学学与科学技术管理，1999，20(7)：37-40.

⑤ 参见 Bergey J, Smith D, Tiley S, Weiderman N, Woods S. Why reengineering projects fail [J]. Carnegie Mellon Software Engineering Institute—Product Line Practice Initiative，1999：1-30；胡飞虎，张涛，孙林岩. 业务流程重组成功因素分析[J]. 工业工程，2000(3)：10-13；李敏. 业务流程重组成败的关键因素分析[J]. 现代情报，2003，23(10)：172-174.

⑥ David Paper, Ruey-Dang Chang. The state of business process reengineering：A search for success factors[J]. Total Quality Management & Business Excellence，2005，16(1)：121-133.

它允许人们挑战既有的假设、认识变革中的阻力以及完善计划。方法不仅提供行动和任务的"一步步"指示，而且包括资源、高水平支持及方向。

　　BPR 研究提出了许多流程再造的具体实施方法，但方法的侧重点不同。有的关注业务生产流程的重组，使之更配合新技术，提高效率。比如流程模型法①、层次分析法②等。其中流程模型法提供了一种目标流程的图形化表述以及可度量推论的方法。层次分析法采用层次分析的方法，逐步分析企业业务流程中的每一个环节，采用一定的方法诊断，每个环节存在的问题，如何解决等。有的方法关注如何保证流程再造的持续、成功实施。比如，如何建立合理的薪酬、奖赏制度等。

　　对我国报业集团而言，BPR 中再造方法的选择，在一定程度上是由决策层决定的，它体现为领导的洞察力、技能和知识等。因此，这个层面的"方法"与其放在这里讨论，远不如归于"决策者"的因素来讨论更为合理。对我国报业集团 BPR 方法的选择更主要的考量应该是采用何种方法能保证 BPR 的持续进行？答案是显然的：绩效评价。报业集团 BPR 绩效评价是指报业集团为实现 BPR 战略目标，运用既定的指标和标准，选用科学的评价方法，对报业集团 BPR 战略过程、阶段性结果及最终结果所做出的一种既包含经济效益又包含社会效益的价值判断。绩效评价影响 BPR 战略实施的有效性、战略行为能力的大小、BPR 战略的适应性和水平，并有助于报业集团企业文化的建设。

（四）变革愿景因素（T）

　　对愿景的理解是多层次的，愿景可以是企业愿景、领导层愿景及个人

　　① 参见 Jorma Papinniemi. Creating a model of process innovation for reengineering of business and manufacturing［J］. International Journal of Production Economics，1999（60-61）：95-101；Parker J. An ABC guide to business process reengineering［J］. Industrial Engineering，1993，25（5）：52-53；Craig A. Stevens，Karen Wright. Managing change with configuration management［J］. National Productivity Review，1991（4）：509-518.
　　② 陈国华，陶诏灵. 基于战略的流程选择层次分析法研究［J］. 运筹与管理，2003（2）：101-105.

愿景。企业愿景是由领导者倡导的，反映全体员工共同意愿的未来发展前景。企业愿景必须进行广泛的传播，并获得全体员工高度的组织承诺。领导者通过企业愿景带给人们一种期望，这种期望能够凝聚所有员工的工作热情，激励他们最大限度地发挥自己的聪明才智，创造性地实现共同确立的目标。用愿景影响员工的需求、态度、行为，可以使员工把个人目标与组织目标统一起来，达成高效的自我管理，从而极大地提高企业的业绩。企业家愿景也可称为最高决策层愿景，已经成为企业领导者必须的一种职业期许，最高决策层个人愿景的树立能让员工得到一种更好的发展设想与空间，有助于建立稳定的团队并使团队充满战斗力，从而在一定程度上延长团队寿命。从根本上而言，这就是企业文化。

（五）企业战略

从本质上来说，上面讨论的所有影响因素可以说都是企业战略中的一部分。亨利·明茨伯格（Henry Mintzberg）在其提出的著名的"企业战略 5P 模型"中认为，战略（strategy）是一种计划（plan），即解决一个企业如何从现在位置走向将来位置的问题；是一种计策（ploy），指战略不仅仅是行动之前的计划，还可以在特定的环境下成为行动过程中的手段和策略，一种在竞争博弈中威胁和战胜竞争对手的工具；是一种行为模式（pattern），在选择战略的时候应该充分考虑和尊重企业原有的行为模式，因为这在很大程度上决定了企业未来的战略选择和战略实施的有效性，因此在制定战略的过程中，必须了解企业的发展历史；是一种定位（position），应该充分预知外部环境对战略的影响；是一种对未来的预期和希望；是一种手腕（perspective），指战略表达了企业对客观世界固有的认知方式，体现了企业对环境的价值取向和组织中人们对客观世界固有的看法，进而反映了企业战略决策者的价值观念。但是，在微观层面上，又不能说企业战略就等同于上面讨论的因素的集合，它包含了更广泛的涵义，主要体现为企业战略管理。企业战略管理对 BPR 决策起支持作用，能使 BPR 更好地适应外部环境，有助于 BPR 过程中更合理配置资源，同时，企业战略管理还是合作交流工具，有助于树立 BPR 愿景。

　　因此，随着报业集团企业转型及改革的不断深化，报业集团的环境、人、技术、方法和愿景都发生了急剧的变化，报业集团 BPR 及其运作模式面临的很多问题都受到了这些变化的影响，集中体现在企业的环境、人、技术等构成要素之间的内在互动上。其中，政策、信息技术、资本、企业战略、人力资本、企业文化、产业价值链及绩效评价构成了报业集团 BPR 的关键影响因素。它们之间相互联系、相互作用，构成报业集团 BPR 的支撑体系。该体系由基础支撑体系、核心支撑体系和辅助支撑体系三个子系统构成。如图 2-2 所示，每个子系统中又包含若干相互关联的影响我国报

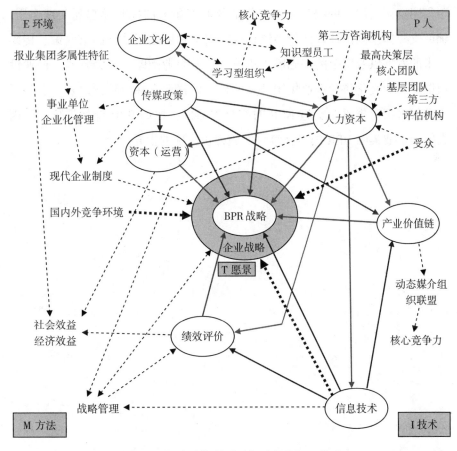

图 2-2　理论透镜观照下各要素的相互关系

业集团 BPR 的关键要素。其中，基础支撑体系包括政策、信息技术及资本三个要素。这些要素对所有的报业集团都会产生影响，是报业集团实施 BPR 战略的前提和基础。核心支撑体系包括企业战略、人力资本、产业价值链及企业文化。它们在整个 BPR 支撑体系中处于非常重要的核心地位。报业集团在 BPR 过程中，其 BPR 战略目标的制定必须和企业的整体战略目标相一致，这是保证 BPR 沿着正确方向实施的前提。人力资本是报业集团最重要的核心竞争力，每个报业集团对人力资源的运营都存在差异，而人力资本又关系到整个报业集团的企业文化建设。报业集团从价值链到产业价值链的"进化"所构筑的动态媒介组织联盟使报业价值链上下贯通，对于集团资源利用率的提升，对于报业核心竞争力的提升都起到关键作用。辅助支撑体系则由绩效评价系统构成。报业集团除了受到国家政策、传媒技术的发展以及资金的基础因素影响外，其企业战略、人力资本、产业价值链及企业文化作为报业集团独具的核心因素而存在。除此之外，有些因素是很多报业集团在实施 BPR 时容易忽略的，比如 BPR 绩效评价，该因素能为报业集团 BPR 的可持续性实施提供正确的指导。

第三章　报业集团 BPR 支撑体系

第一节　支撑体系

"支撑"的原意是指设置于某些主要承重结构之间的物件，以加强结构的整体作用。"物件"可以是可见的物质，也可以是不可见的思想、政策、方法或文化等。

"体系"指"若干有关事物或某些意识互相联系而构成的一个整体"。综合起来，支撑体系是指由支撑元素按照一定的秩序，通过彼此的关联所形成的一个完整整体，对所支撑对象的一种物质及非物质的支持。鉴于我们讨论的对象是报业集团 BPR 的影响因素，并强调各种因素在 BPR 中重要性的差异，我们将 BPR 支撑体系定义为基础支撑体系、核心支撑体系和辅助支撑体系。其中，基础支撑体系是 BPR 实施的基本条件，是 BPR 的前提；核心支撑体系是决定 BPR 成功实施的最为重要的影响因素，并呈现出一种企业组织间的差异性；辅助支撑体系则包括那些协助 BPR 成功实施的非主要因素，它不体现在所有的企业组织 BPR 中。

企业 BPR 跟组织、决策、物质流等多个因素相关，需要一系列相互关联且充满秩序的元素对其加以作用并推进。具体来说，BPR 支撑体系指在 BPR 整个战略实施过程中，多个关键支撑要素相互联系、相互作用、相互制约、相互影响而构成的多个具有特定功能、结构和作用的有机整体。BPR 支撑体系强调的是整体的作用，作用于元素之间的相互关联及支撑元素的主次关系。"学习型组织之父"彼得·圣吉(Peter M. Senge)在其著作《第五项修炼》中强调了"系统思考""团队"等要素的重要性。蔡莉认为，在当前国情和技术前提下，企业流程再造工程必须根本性地重新思考和设计业务流程及其支撑要素，在思考和设计的过程中，结合系统整合思想，只有这样，流程再造工程才能发挥作用。① 俞东慧认为，企业流程再造实施过程中五个关键变革要素，其关系可用"金字塔"表示，它们分别是战略、组织结构、流程、人员和信息技术。② 而这些要素共同形成一个体系。

BPR 支撑体系有助于企业化解 BPR 过程中的阻力，提升动力，最终促进 BPR 走向成功。因此，BPR 支撑体系是成功实施 BPR 的环境，是一个多元性、层次性、动态性和整体性的系统集。

第二节　报业集团 BPR 支撑体系框架

BPR 支撑体系的构建无论从 BPR 影响因素的内容还是形式，都为报业集团变革提供了良好的思路。报业集团 BPR 的支撑体系，可以从三个方面来细化关键要素的内容及对流程再造的具体影响效果。因此，我们将从支撑体系的三个子体系出发，从关键要素的理论探析、实践表现、作用机制这三个层面来阐述这些影响因素是相互促进、彼此联系的。其中，政策、信息技术、资本是流程再造得以启动和实施的基础。企业战略、人力资本、企业文化和产业价值链是 BPR 得以成功发展的前提。而绩效评价则是流程再造的辅助支撑。三个子体系统一在报业集团的 BPR 建设中，具有内在的关联性。

BPR 支撑体系的三个子系统来自报业集团的内外，但却是相互关联、相互作用的，最终以不可分割的一体化形态推进报业集团变革。

---

① 蔡莉. 知识经济与企业再造工程[J]. 情报科学, 1998(4)：284-287.
② 俞东慧. 企业流程变革管理影响因素及其动态机制研究[D]. 上海：复旦大学, 2004.

报业集团 BPR 支撑体系可以分为基础、核心及辅助三个部分，每个部分又分为多个子系统。支撑体系中的三个子体系是相互关联、相互作用的，子体系中的各个系统也存在这种相互关系，且系统之间的关系可以是跨子体系的，如图 3-1 所示。如基础支撑体系中的政策辅助系统和资本支撑系统都需要获得国家政策及产业发展规划的支持。而该子体系中的技术保障系统中信息技术的适当应用直接关系到核心支撑体系中的企业战略系统中战略的制定。从信息技术标准化到流程标准化的过渡则为产业协同发

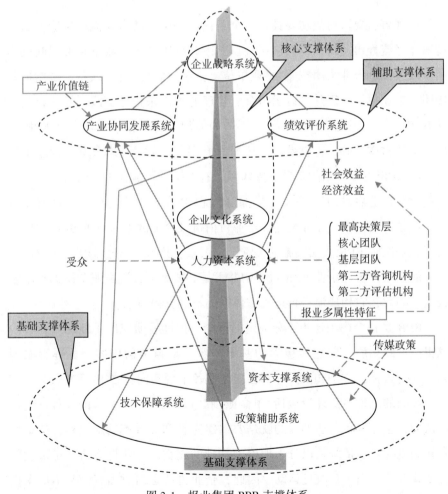

图 3-1　报业集团 BPR 支撑体系

展系统上下延伸的产业价值链提供了技术支持。除此之外，人力资本系统贯穿于报业集团 BPR 的全过程，对所有的系统都产生了影响，而其他系统同时又反作用于人力资本系统。如企业文化系统和人力资本系统存在很高的关联度。人力资本的运营作为企业文化建设的基础而存在，而和谐的企业文化环境又为更好的人力资本运营创造了条件。

具体而言，影响报业集团流程再造的关键因素有很多，主要包括：政策、技术、资本、人力资本、企业文化、企业战略、产业价值链和绩效评价等。

流程再造要取得成功要具备两个条件：一是成功启动流程再造；二是能够保障流程再造得以持续进行。在上述影响因素中，政策起宏观调控作用。政策推进报业集团按照"事业单位，企业化管理"开展改革，虽然报业集团是事业单位，还是可以运用企业管理的理论来指导实践，开展企业式的 BPR 改革。因此，政策是流程再造的前提条件。技术和资本是 BPR 得以启动的物质基础。也就是说，从理论上讲，政策、技术及资本构成了报业集团 BPR 支撑体系的基础支撑体系，有效推动了流程再造的启动。

流程再造启动以后的关键是保障流程再造的持续进行。综合前述讨论，正是人力资本、企业文化、产业价值链及企业战略保障了 BPR 的持续进行，是决定 BPR 成功实施的关键影响因素，构成了 BPR 核心支撑体系。

而绩效评价在企业 BPR 过程中并不是必要因素，受企业个体因素影响较大。因此，它构成流程再造支撑体系的辅助支撑体系。

BPR 是一个内涵还不十分确定的概念，但随着研究的不断深入，其内涵得以不断拓展，但它所包含的基本内容，如再造的内容、关键影响因素、评价指标、方法和工具等都会出现在各个现实内容之中。

经典的流程再造理论包括"革命派"和"改良派"。革命式的流程再造理论认为，企业流程再造的目的就是要重建完整和高效率的新流程，就是用崭新的流程替代传统的以分工理论为基础的流程。企业再造活动是重大的突变式改革，而不是改良运动。因此，企业再造必须对固有的基本信念提出挑战，对原有的事物进行彻底的改造，改革要在经营业绩上取得显著的改进。为此，为了适应企业流程再造，不仅要进行业务流程再造，还要进行组织再造、人的再造。企业的发展需要流程的相应发展变化，并且适应整个传媒市场的需要。对于有良好改革基础、外围文化环境、资金雄厚、信息技术应用较为成熟的企业，这种革命式的流程再造理论不仅具有理论上的合理性，而且在现实中也具有能够更好地提高流程再造实践绩效和实践的可行性。通过针对不同企业，把握关键影响因素，我们就可以实现流程再造的成功及发展，从而引导企业在竞争中成功转型，取得可持续发展的基础。

改良式的流程再造思想以"流程创新"为理念，认为业务流程是一系列结构化的可测量的活动集合，是为特定的市场和特定的顾客产生特定的输出的过程。业务流程的重新设计是对组织中及组织间的工作流程与程序进行分析和创新，以达到降低成本、提高质量和增加柔性的目的。这种流程再造是渐进性的，改良式的，它为改革基础较为薄弱、资金短缺、信息技术应用层次较低的企业的流程再造提供了理论上的合理性，也为现实中的类似实践提供了参考。这一概念让我们在注重完全流程再造研究的同时，也要注重针对某个具体的目标而对局部流程进行创新。

因此，流程再造可以是全面的、彻底的，也可以是碎片式的、局部的。报业集团在实施 BPR 战略时，可以根据现有条件进行选择。可见，流程再造适用于任何企业，是任何企业在竞争、变化的环境中迎接挑战的武器，但具体模式存在差异。

报业集团改革以来，发生变化的主要是思想观念、企业物质条件、企业文化和人等因素，这些都是流程再造的关键影响因素的题中之义。流程再造作为企业改革的产物，自然也包含着这些变化，在带来挑战的同时也必然有发展的机遇。近年来，报业集团 BPR 在实施的过程中除了受国家政策宏观调控外，还面临着(决策者、员工)思想观念落后、物质条件有限、人的因素及企业文化滞后等状况，所有这些都影响着报业集团 BPR 的成功进行。因此，必须对报业流程再造的影响因素进行现代性重建，以充分发挥其对流程再造的建构和支撑作用，推进报业集团企业改革的进程。报业集团是我国传媒事业的承载者，其绩效决定着传媒事业的建设与发展的绩效。报业集团 BPR 与和谐社会治理之间存在密切的关联性，调控关键影响因素是提高报业集团 BPR 绩效的前提条件。报业集团是在长期的历史过程中形成的，具有自身典型的领导风格、人力资本特征、企业文化、资本运作模式等。报业集团的发展与这些因素都有密切的关系。

　　报业集团 BPR 的实施是在多种因素的影响下开展的。这些因素包括报业集团外部环境，如国际传媒企业纷纷进入中国传媒市场、国内众多传媒集团的激烈竞争、传媒新技术的普遍应用等，也包含报业集团内部因素的影响，如报业集团转企改制的深入进行、内部优化资源配置、资本运营等。目前，国内很多报业集团都在积极实践流程改造、流程改进及更为彻底的 BPR，我们认为，政策因素、技术因素及资本因素是报业集团 BPR 支撑体系中对所有报业集团 BPR 产生影响的共性因素，是报业集团实施 BPR 战略的前提和基础。

第四章　基础支撑：政策辅助、
　　　技术保障和资本支撑

第一节　基础支撑体系概述

报业集团 BPR 基础支撑体系包括政策辅助系统、技术保障系统及资本支撑系统三个组成部分，其结构如图 4-1 所示。

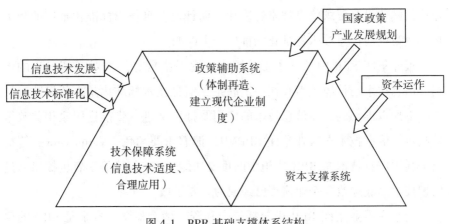

图 4-1　BPR 基础支撑体系结构

在基础支撑体系中，政策因素是体系中非物质的支撑因素，而技术和资本是一种物质的支撑因素。在我国，报业集团多属性中特别强调政治属性，政策在传媒领域体现为传媒政策，报业集团的政治属性通过传媒政策得以体现。因此，在报业集团 BPR 中，政策因素是相对比较特殊的一个影响因素。通过文献探析发现，信息技术和持续的资金支持都是 BPR 的关键成功因素。基础支撑体系中的技术即指信息技术。信息技术促进了媒介融合，是 BPR 的诱因和推动力。在报业集团 BPR 中，资本概念涵盖了资金和资本。资金作为报业集团 BPR 过程中的运行基础而存在。资本及资本运营则表现为对报业集团核心竞争力的提升、战略转型及盘活报业集团资产等方面。

作为报业集团 BPR 基础支撑体系的组成部分，政策、技术及资本相互联系、相互作用、相互制约及相互影响，形成完整的有机体。

政策在传媒领域体现为传媒政策，在基础支撑体系中，它对报业集团的资本运营和技术运用等产生影响。首先，传媒政策对报业资本运营具有制约作用。随着报业集团文化体制改革的深入及相关传媒政策的制定和引导，国家允许民营资本、外资进入传媒的部分领域，如印刷、发行等环节，使报业集团的资本运营更为灵活。其次，传媒政策还对报业集团信息技术标准化起到推进作用。报业集团信息技术应用及产业协同基础上的产业价值链建设都要求信息技术标准化，而针对信息技术标准化推广的相关传媒政策则对信息技术标准化的推广产生影响。

报业集团 BPR 中的技术影响因素主要是指信息技术对变革过程的影响。信息技术与传媒政策存在一定联系。信息技术标准化是在传媒政策的支持下加以推动的，而信息技术的应用及推广又进一步推进国家相关政策的制定。信息技术在报业集团 BPR 中扮演着重要角色。Varun Grover 等提出了利用信息技术在 BPR 实施中的重要功能。[①] 艾尔特等学者也提出通过信息技术彻底地改变企业流程已经成为主要手段。

资本在报业集团 BPR 中包括资金和资本两个概念。资金是 BPR 的启动基础，持续的资金支持则是 BPR 成功实施的关键。资本运营则有助于增

---

① Grover V, Fiedler K D. Exploring the success of information technology enabled business process reengineering[J]. Engineering Management IEEE Transaction on, 1994, 41 (3): 276-284.

强企业实力，提升报业集团的核心竞争力。资本因素与传媒政策相互关联、相互影响。报业集团的资本运营受到传媒政策的影响非常明显，如外资进入报业集团的资本运营受到传媒政策的严格控制等。

同时，作为报业集团 BPR 支撑体系的因素，政策、技术和资本又与其他支撑体系中的影响因素建立了联系，形成跨子体系的相互影响。

传媒政策对企业战略制定、人员配置、绩效评价及产业协同等产生影响。首先，传媒政策影响报业集团企业战略管理和人员配置。我国报业集团具有多重属性特征，并且强化了政治属性。因此，我国报业集团实行"事业单位、企业化管理"的运营方式，其事业属性决定了报业集团管理需坚持"四个不变"原则，"党和人民的喉舌性质不变""党管媒体不变""正确舆论导向不变"等原则，使报业在进行战略管理时，不仅要顾及舆论引导、思想宣传等作用，而"企业化管理"则要求报业集团善于经营管理。同时，"党管干部不变"原则要求使得报业集团在人员配置方面受到限制，特别是报业集团的最高决策层的任命和安排方面。可见，传媒政策对报业集团企业战略管理和人员配置都具有制约作用。其次，传媒政策还对 BPR 绩效评价体系产生影响。报业集团发展中要注重双效益增长，因此，传媒政策要求 BPR 的绩效评价应该按照社会效益和经济效益兼顾的原则去进行。再次，传媒政策还对产业之间的协同作用造成影响。产业协同很多情况下是一种跨区域、跨产业的协作，考虑到报业集团作为党的喉舌性质的特点，跨越性的发展必须获得国家制定的传媒政策的支持。

信息技术与绩效评价、企业战略及产业协同都存在联系，还对报业集团 BPR 方式的选择产生影响。首先，信息技术的应用有助于 BPR 绩效评价系统和企业战略信息系统及 BPR 战略信息系统的建设。其次，信息技术标准化向流程标准化的延伸为产业协同提供了技术基础，实现了企业间信息交互和共享，对于提高企业核心竞争力具有很好的推动作用。同时，各个报业集团信息技术应用的水平还影响到报业集团 BPR 形式的选择。如果信息技术应用水平高，则可以在全集团范围内构建统一的数字技术平台，并以此为基础，实行较为彻底的 BPR 战略。相反，则可以选择改良式的

BPR 方式。

资本因素与企业战略管理及人力资本等存在交集，对 BPR 形式的选择造成影响。首先，报业集团企业战略会受到资本的影响。报业集团 BPR 战略从属于企业战略，是企业战略的一部分，对于经济实力相对雄厚的报业集团，可实施全集团范围内的 BPR 战略，而实力较弱的报业集团则可以暂时选择局部范围作为尝试，在条件成熟后再实施范围更大的 BPR。其次，报业集团最高决策层的领导意识直接决定是否进行资本运营及采取的方式。富有创新精神、胆识的最高决策层敢于通过资本运营，积累资本，增强自我实力，从而在市场中立于不败之地。与信息技术一样，报业集团资本实力的不同会影响到 BPR 形式的选择。

因此，报业集团 BPR 基础支撑体系中政策、技术和资本因素之间是一种既相互联系又相互影响的关系，它们共同构成了一个多元化、整体性的体系结构，成为报业集团 BPR 的基础存在，并推动 BPR 的成功实施。

第二节　政策辅助系统

报业集团的文化体制改革是在国家相关政策和行业性规范的指导下进行的，国家政策是报业集团体制再造的前提。作为报业集团 BPR 基础支撑体系的重要部分，政策辅助系统是指在国家相关政策及产业发展规划的指导下，报业集团深化文化体制改革，改变原有的国家所有权体制，确立市场主体地位，建立办报和经营相分离的符合现代企业制度的现代报业集团，从而营造报业集团 BPR 支撑体系的政策环境。政策辅助系统是报业集团 BPR 重要的外部影响因素，与技术保障系统和资本支撑系统共同构筑BPR 基础支撑体系。

一、政策是报业集团体制再造的前提

政策是现代社会生活中运用非常广泛的一个概念。目前人们对政策概

念的界定并不一致，政策科学最早起源于西方，在其尚未形成一门完善的学科之前，学者们纷纷对它作出了概念界定的尝试。公共行政学的创始人之一，美国学者伍德罗·威尔逊（Woodrow Wilson）认为，政策是由政治家即具有立法权者制定而由行政人员执行的法律和法规。① 政策科学主要的倡导者和创立者哈罗德·拉斯韦尔（Harald D. Lasswell）与亚伯拉罕·卡普兰（A. Kaplan）认为：政策是一种含有目标、价值与策略的大型计划。② 詹姆斯·安德森（James R. Anderson）认为："政策是一个有目的的活动过程，而这些活动是由一个或一批行为者，为处理某一问题或有关事务而采取的。"③总体来说，西方学者对政策内涵的解释体现在以下几个方面。第一，政策作为一种具有强制性的计划或规划，其制定者是政府或者其他权威人士；第二，政策是由一系列活动组成的一个持续的过程；第三，政策具有明确的目的性和方向性，不是自发或者盲目的；第四，政策是对社会价值的一种权威性分配。

　　西方学者对于政策科学的研究成果，在我国学者形成"政策"定义的过程中，起到积极的影响。国内学者在结合我国具体国情的基础之上，对"政策"的涵义进行了本土化的重新表述。如，政策是党和政府用于规范、引导有关机构团体和个人行为的准则或指南。④ 其表现形式有法律、规章、行政命令、政府首脑的书面或者口头声明和指示以及行动计划和策略等。政策就是治党治国的规则和方略。⑤ 可以看出，国内学者在对政策定义的时候，比较强调党和政府在政策制定过程中的主导地位，强调政策鲜明的目的性。

　　政策的实质是统治阶级理念的观念化、主体化和实践化。政策集中体

① 参见伍启元. 公共政策［M］. 香港：商务印书馆，1989：4.

② 参见林水波，张世贤. 公共政策［M］. 台北：五南图书出版公司，1982：8.

③ ［美］詹姆斯·E. 安德森. 公共决策［M］. 唐亮，译. 北京：华夏出版社，1990：4.

④ 张金马. 政策科学导论［M］. 北京：中国人民大学出版社，1992：19-20.

⑤ 王福生. 政策学研究［M］. 成都：四川人民出版社，1991：12.

现了统治阶级的意志和愿望，是执政党、国家或政府进行政治控制和统治的手段；政策实施的目的在于服务社会经济的发展和文化的进步，同时对社会中各种利益关系进行合理分配和调整，以维护社会的和谐安定。政府实现其职能的基本手段是制定和执行政策，政府充分发挥政策的功能作用，在我国目前特殊的国情下，有非常重要的意义。政策的功能包括导向功能、控制功能、协调功能以及象征功能。① 政策的导向功能是政府发挥其引导作用的有效途径，目的是将整个社会中多样复杂甚至互相冲突的行为，有效地纳入既定的统一目标上来，并有序前进。同时政策主体对于要制约、禁止和强制的对象会发挥其控制的功能，这是由国家公共政策所具有的权威性决定的。整个国家的管理活动是一个极其复杂的系统，必然会出现众多利益关系的冲突，这就需要政策发挥其协调功能，以保证整个国家和社会生活的和谐。最后，政策作为一种阶级观念的体现，具有一种符号性的象征作用，对于普通公众的看法和思想意识会产生影响。

我国现存体制下，传媒政策在媒介体制再造过程中起到了基础支撑作用，有必要对传媒政策进行界定。由于我国媒体性质的特殊性，长期以来，新闻单位作为替代传媒的称谓，体现出一种过分强调媒体政治功能，重视宣传作用，但却忽视传媒的社会功能的现象，忽视了传媒的产业功能。直到 20 世纪 70 年代末，随着对媒体功能的重新认识，传媒这一概念才真正被重新提出，针对传媒管理的政策规范也随之出现。传媒政策很多情况下可以等同于新闻政策，作为新闻媒介行为的准则，是管理部门对新闻媒介实施管理的一种手段。传媒政策是政党、政府对所属传媒机构及其从业人员的态度和策略，具体体现在其有关传媒内容、内容传播、媒介经营管理等活动的一系列行为准则和规范中，它是政党和政府管理、调控传播领域的重要手段。②

————————————

① 王军，郎劲松，邓文卿. 传媒政策与法规[M]. 北京：中国广播电视出版社，2008：5.

② 王军，郎劲松，邓文卿. 传媒政策与法规[M]. 北京：中国广播电视出版社，2008：8.

在西方国家，传媒政策对传媒企业及其发展起着管理和调控作用，一般呈现方式为法律法规。有批评者指出，近三十年来美国的媒介集中是政府放松媒介管理所致。① 从卡特政府(1977—1981 年)开始，美国媒介所有权管理政策开始松动。而从里根政府(1981—1989 年)开始，自由至上主义者的经济自由观成为美国自由的核心理念，放松媒介所有权管制的政策更加明确而自觉。② 20 世纪 90 年代，在信息网络产业等新经济环境背景下，克林顿政府通过了 1996 年《联邦电信法》(Telecommunications Act)，更大地放松了媒介所有权管制。2003 年 7 月 2 日，联邦通信委员会公布了新的媒介所有权管理政策，试图进一步全面大幅放松媒介所有权管理。在这种政策背景下，大众媒介呈现出集中垄断的局面，媒介集团对新闻内容的统一定制和发布也使内容和观点趋于同质化。在意大利，当政府获悉默多克正虎视眈眈地盯着意大利广播电视产业时，考虑到默多克惯用的购买体育转播权的战略，于是政府制定了一项法律，禁止任何一家公司拥有足球转播权的 60%，以此来限制新闻集团在意大利的扩张。③ 可见，西方国家的政策呈现方式与我国是存在差异的，他们主要以法律法规的形式出现，而我国更多地以政策性文件和行业性规范呈现，但不论是哪种方式，传媒政策对媒介集团的影响是清晰可见的。

传媒政策在我国传媒体制变迁和改革的过程中起到十分关键的引导与控制作用。1978 年，财政部批准了以《人民日报》为首的 8 家全国性报纸实行"事业单位，企业化管理"的双轨经营管理体制。根据这一政策，这些单位可以从经营收入中提取一定比例用于增加员工收入和福利，改善媒介自身的条件。在这种模式下，新闻媒体就不仅仅是作为宣传引导舆论的工具，而是逐步成为文化产业和信息产业中的一部分，传媒的许多其他功能

---

① 刘学. 论公众传播权力：以美国公民媒介改革运动为例[D]. 武汉：武汉大学，2007.

② [美]埃里克·方纳. 美国自由的故事[M]. 王希，译. 北京：商务印书馆，2003：445-453.

③ 参见周鸿铎. 传媒产业机构模式[M]. 北京：经济管理出版社，2003：214.

得到恢复，渐渐开始适应市场化的需求。

长期以来，束缚我国报业发展的主要因素就是体制原因。原有的体制特征表现在报业集团不具备市场主体资格，很难通过市场的方式来配置自身所需资源。因此，报业集团文化体制改革的核心应是坚持办报与经营两分离，既要坚持正确的舆论导向，又要遵循报业的产业特性，按照现代企业制度的基本原则进行管理运作。对此报业集团应做到两点：①通过体制机制的转换，转变资源配置方式；②通过体制机制的建立和管理的加强，激励报业集团内部活力的迸发。目前，报业集团在转制转轨过程中，虽然在形式上完成了集团经营性业务和内容业务的分离，按照现代企业制度的模式组建了有限责任公司甚至股份公司，但报业集团的实质性"内涵"还有待改进。报业集团转制转轨的改革与国家在报业进行文化体制改革方面给予充分的政策和产业规划支持是分不开的。

传媒政策体系从四个方面对整个传媒机构的改革进行支持和协调。第一，任何政策都具有一定的政治内涵和政治目标，传媒政策更是直接关系到新闻舆论的导向，关系到新闻媒介和政府的关系，与国家利益紧密相关，因此传媒政策中必然体现了政治策略。政治所涉及的立场、观点、思想、大局等在新闻媒体中就体现为其对社会、对人民负责的政治属性。传媒机构在其体制再造的过程中要遵循国家政治策略，符合其政治属性。例如，2006年9月13日，根据《中华人民共和国国民经济和社会发展第十一个五年规划纲要》编制的《国家"十一五"时期文化发展规划纲要》(以下简称《纲要》)发布，对新闻事业提出了具体要求。《纲要》要求推进新闻媒体建设，推进体制机制创新。新闻媒体要坚持正确的舆论导向，确保党和人民喉舌的性质，按照增加投入、转换机制、增强活力、改善服务的要求，创新体制机制，推进内部人事、收入分配和社会保障制度改革。第二，传媒政策实施中的行政管理需要依靠行政组织，运用行政方法，比如行政命令、指示、规定和下达工作计划等，按照行政系统、行政层次、行政区划来促进政策的实施。如2004年在报业集团进行"剥离转制"试点中，深圳报业集团成立了深圳报业控股有限公司，由集团全资拥有。其思路是将集团内所有经营性文化产业部分逐渐注入其中，按现代企业制度要求打造经营性文化产业的运营体系，力争使深圳报业控股有限公司成为集团整个产业化运营的平台，统筹经营集团广告、发行、印务、网络等经营性资源及统筹集团的产业扩张和资本运营，而深圳报业集团不再扮演行政管理的角色，改为产权管理、投资管理、战略管理，围绕国有文化资产的保值增值来实施对其经营运作的监督管理。第三，利用经济手段根据客观经济规律和物质利益原则，遵循经济杠杆，以调节传媒政策执行过程中不同经济利益主体之间的关系。比如利用价格、利润、利息、税收等手段对新闻媒介进行间接控制。在市场经济条件下，我国当前许多经济手段作为整个媒介政策体系的重要组成部分，成为媒介内在的推动力，调动传媒政策客体的积极性和主动性，对政治策略进行有力地补充和支持。目前，已有多家报业集团成立了集团有限公司，报业集团市场主体的转变使报业集团成为"自主经营、自担风险、自负盈亏、自我约束"的现代企业制度下的公司。目前，国内大多数报业集团还处于"事转企"的层次。有党报党刊身份的报业集团主要还是采用"剥离转制"的方式，而科技、专业类的报刊等出版单位多采用"整体转制"。例如，北京青年报社控股的下属企业北青传媒就在香港成功挂牌上市，实现社会融资。最后，一些成熟、稳定且具有立法必要的传媒政策向法律法规转化，体现了政府对新闻媒介保护与制约、放松与管制并重的态度。一个成熟的现代法治国家，法律与政策是一种互动的关系，政府的传媒政策会更多地体现在具体的法律法规之中。

媒体融合不仅是传媒业向前发展的趋势，也是一种政策背景。2013年8月，习近平在全国宣传工作会议上首次提出"加快传统媒体与新兴媒体融合发展"。2014年8月，习近平主持召开中央全面深化改革领导小组第四次会议时又再次强调了媒体融合。同年4月，刘奇葆提出，推动媒体融合发展要以中央主要媒体为龙头，以重点项目为抓手，坚持传统媒体和新兴媒体优势互补、一体发展，坚持先进技术为支撑、内容建设为根本。可见，党和国家领导人都非常重视媒介改革，强调媒体融合。而政策层面，在逐步推进主流媒体深度融合中，国家在法律、法规层面需要对主流媒体与商业平台的职责、分工进一步明确和定位，并加强知识产权保护，发布在党报平台的原创内容，未经许可，商业平台不得擅自转载、引用或者洗稿等，剽窃党报知识产权。相关部门要加强监管和执法力度，商业平台上不得发布违背社会主义核心价值观的内容。① 也就是，营造一个良好的媒体融合环境是当前一项重要的政策举措。

目前，我国大多数的报业集团还没有建立起真正的现代企业制度，业务流程与管理流程也相当落后。因此，在对我国报业集团进行 BPR 设计时，必须充分考虑报业集团体制再造和流程再造的双重目标，进行体制再造与流程再造的有机结合，从而达到提高企业经济效益的目的。

二、建立现代企业制度是报业集团体制再造的直接体现

报业集团以建立现代企业制度为主体内容的体制再造是在国家政策和行业性规范的指导下进行的。以现代企业制度为主体的体制再造是报业集团 BPR 政策辅助系统的主要内容和形式，也是报业集团文化体制改革的重要内容。首先，按照现代企业制度理论，任何产业的企业化改造均需以制度结构建设做后盾。政策和行业性规范为报业集团体制再造提供了指导，是报业集团体制再造的前提。其次，报业集团经营机制的转化需要以建立现代企业制度作为前提条件。尹明华认为："转换媒介经营机制的首要前提是建立现代企业制度。"②最后，报业集团现代企业制度的建立还与其产业属性和发展取向有关。第一，报业集团的主营产品是报纸及其他媒体，其生产销售过程十分完整，符合产业的定义和要求。报业集团的产业属性使得报业发展主体的盈利模式主要通过经营传媒产品和传媒企业来创造净价值。报业集团盈利模式需要通过多种手段来得以实现。如运用资本手段，控制媒体的种类数量，确定主营业务的范围、规模和发展取向；建立

---

① 吴昌红．建设党报"四全"媒体，推动媒体融合向纵深发展［J］．传媒观察，2019（10）：89-95.

② 尹明华．资本经营，传媒发展的重要选择——科学发展观指导下的媒介运行思考［J］．传媒观察，2008（11）：15-17.

完善而灵便的市场反应机制，针对市场变化不断调整发展战略、推出传媒产品；不断开拓和占有市场，及时发现市场苗头，预测市场变化，引导新的需求等，这就需要建立现代企业制度规范经营机制。第二，报业集团的发展取向，是以资本为纽带，发展成跨媒体、跨地域的大型传媒集团。对于这些要求和能力，"事业"体制已经满足不了报业集团的进一步发展壮大，只有转企。同时，建立现代企业制度还是资本运营的基础。[①] 因此，在报业集团内建立现代企业制度，建设面向传媒产业的市场经营主体——即报业集团公司，对外在形态和内在组织形式进行深刻变革，是报业主体实现自我发展的内在要求和必然选择。目前，国内大部分报业集团已经建立起现代企业制度，进行企业法人注册登记，如南方报业传媒集团、新华日报报业集团、浙江日报报业集团、南京日报报业集团、哈尔滨日报报业集团等，这为报业集团 BPR 的推行创造了条件。

（一）现代企业制度概述

企业制度是企业产权制度、企业组织形式和经营管理制度的总和。企业制度的核心是产权制度，企业组织形式和经营管理制度是以产权制度为基础的，三者分别构成企业制度的不同层次。企业制度是一个动态的范畴，它是随着商品经济的发展而不断创新和演进的。现代企业制度（Modern Enterprise System）是指以市场经济为前提，以规范和完善的企业法人制度为主体，以公司治理结构为核心，适应社会化大生产要求的一整套科学的企业组织制度和管理制度。也有学者认为，现代企业制度是一个外延很广的概念，其内涵及表述可能不同。但现代企业制度强调的是各种生产要素的一种有效的组合机制，在这种组合中，资本、劳动、理论知识、土地资源等各种要素的背后，真正的所有者都会关心这些要素的盈亏得失，并能有效地维护自己的一份利益，从而在这种组合机制当中实现一种利益的均衡。

---

① 胡正荣. 媒介市场与资本运营[M]. 北京：北京广播学院出版社，2003：96.

　　除了对现代企业制度概念的讨论之外，还有一些学者从特征的角度对现代企业制度展开研究。陈朝阳等认为，现代企业制度具有三个特征："一是产权结构多元化、分散化，所有权与法人财产权分离；二是产权是可转让的；三是公司内部形成股东大会、董事会、监事会和经理阶层之间互相制衡、合理分工的关系。"[①]吴立新认为，现代企业制度具有产权清晰、权责明确、政企分开和管理科学四个特征。[②]

　　现代企业制度的核心是建立公司治理结构，它是现代企业制度的载体。公司治理结构从治理模式和内容来看包括两个层次：一是内部治理，指投资人通过设计合理的委托契约来明确经营者的责任、权利和义务，给予经营者以有效监督激励和约束，使其行为目标尽可能地接近委托人的要求；二是外部治理，指企业外部形成的激励监督约束机制，主要是由市场机制、法律制度、政府部门、中介机构、公众舆论、社会道德等构成。[③]公司治理结构确定了企业内部以及外部的权力责任的分配，制衡了多种内外部的关系，以经济目标为最大实现价值，激励各层级效益最大化，客观上，它鼓励企业的创建、发展和壮大，并且不回避企业的收购、合并，消灭现代企业制度的根本标志是通过董事会、监事会和经理层等治理机构，建立分权制衡机制。目前，大多数传媒集团都模拟建立了这种治理机构。

　　现代企业制度是在资本主义社会化大生产发展的过程中逐渐完善成熟的一种更为适应现代市场经济规律的企业管理方式，由于存在国家政治制度、社会经济发展条件、法律制度以及文化传统的差异，这种管理方式在具体表现形式上存在一定的差异性。我国"国有企业的产权属于公共产权，公共产权不同于私有企业的私有产权，这是分析国有企业治理结构的出发点。如果忽视了国有企业的公共产权属性，完全照搬西方以私有产权为基

---

　　① 陈朝阳，林玉姝．中国现代企业制度[M]．北京：中国发展出版社，2002：27.

　　② 关立新．现代企业制度：国有企业改革的既定方向——纪念改革开放 30 周年[J]．学术交流，2008(9)：82-86.

　　③ 周绍鹏，等．新世纪的国有企业改革与国有资产管理体制研究[M]．北京：中国人民大学出版社，2006：111.

础建立起来的企业治理结构，并不能解决国有企业在治理结构方面存在的问题"。① 另外，我国传媒集团在身份上又具有其他国有企业所不具有的特殊性，在建立现代企业制度时，一定要根据实际，选择适合于传媒集团管理的方式，并要遵守两个原则。

第一，报业集团在建立现代企业制度时要坚持"四不变"原则。② 报业集团在建立现代企业制度时既强调报业集团的意识形态属性，又强调其市场属性和产业属性。作为党和人民的耳目喉舌，报业集团在引入现代企业制度时必须遵循"四不变"原则，即喉舌性质不变、党管媒体不变、党管干部不变以及正确的舆论导向不变。

第二，报业集团在建立现代企业制度时，要坚持社会效益与经济效益相统一的原则。③ 报业集团转制后成为现代企业，作为企业，在趋利性特征的驱使下，在追求经济效益的同时，绝不能把新闻产品当做一般的商品，要始终把握经济效益和社会效益相统一的原则。绝不能搞"唯市场论"，为了经济效益最大化而抛弃社会效益，这是坚守报业舆论阵地的重要防线。党的十六届四中全会《中共中央关于加强党的执政能力建设的决定》明确指出："坚持把社会效益放在首位，实现社会效益和经济效益的统一，把文化发展的着力点放在满足人民群众精神文化需求和促进人的全面发展上。"这是党对文化工作的总体要求。报业集团正在深入开展文化体制改革，这一要求当然也是对报业的基本要求。因此，报业集团建立现代企业制度绝不能背弃其正确舆论导向的初衷，在"两分开"的前提下，做到经济效益和社会效益既分开又统一。同时，报业集团坚持社会效益和经济效益并重也是报业集团 BPR 绩效评价的两个方面。

---

① 陈朝阳，林玉姝. 中国现代企业制度[M]. 北京：中国发展出版社，2002：104.

② 郭晓建. 中国传媒体制改革述评[J]. 成都大学学报(社会科学版)，2005(3)：64-65.

③ 徐学庆. 建立符合现代企业制度的中国传媒体制[J]. 中州学刊，2005(3)：117-120.

（二）报业集团建立现代企业制度的有效措施

建立现代公司式的经营管理体制是媒体顺利发展的保障。[①] 目前，随着文化体制改革在报业的深入，部分报业集团通过多种途径进行以建立现代企业制度为主体的体制再造的尝试，遇到了一些困难。主要表现为：① 不能保证所有权和经营权的真正分离。报业集团所有权国有，一般由地方政府代表国家行使所有权。要保证报业集团所有权和经营权真正分离存在一定的困难。②企业内部治理结构难以健全。部分报业集团进行股份制改革后，虽然已经上市运营，但是企业内部的治理结构未变，沿袭了旧有的管理体制。新建的股东大会、董事会、监事会等机构更多只是一种形式，监督权无法得到落实。

面对这些困难，学界和业界纷纷献计献策。他们认为要解决所有权和经营权分离的问题，思路在于确立报业集团的市场主体地位，使其具有独立法人资格，使报业集团"产权明晰"，即"绝不是要把国有资产量化到自然人头上，而是要有能够行使国有资产产权约束的代表机构或出资人"。而报业企业内部治理结构的问题，主要是由于报业企业传统观念束缚、外部监督不到位、经营状况不透明导致的。文化事业单位"可以探索由出资人代表、业内专家、消费者代表、事业单位职工代表等组成的理事会，作为文化事业单位的决策机构，理事会向社会公开选聘执行人，负责文化事业单位的日常管理，并建立由有关部门、消费者代表、职工代表组成的监事会，形成理事会、监事会和执行人之间相互制衡的机制"。[②] 因此，确立报业集团具有独立法人资格，确立市场主体地位，成立理事会、监事会及执行人相互制衡的内部治理结构是解决目前困难的主要途径。

在具体操作层面上，报业集团在建立现代企业制度时，可以采取以下

---

① 范以锦，张天赦．传媒做强做大冲动呼唤体制创新［J］．编辑之友，2012（8）：6-8，16.

② 杨驰原，查国伟．解析改革政策 把脉传媒走势 传媒业改革与发展走势研讨会在京召开［J］．传媒，2005（4）：12-13.

几种措施。①

1. 进行股份制改造，引入投资主体多元化的社会资金

报业集团在改制之前，存在报业集团资金需求和社会资金难以进入的供需矛盾。在资金需求方面，报业集团在实施文化体制改革之前是党和政府的喉舌，是机关事业单位。报业集团正常运行的基本资金来源单一，主要依靠政府投入或是自身的积累。由于发展资金不到位，导致报业集团发展迟缓。在外资进入报业集团方面，报业集团在改革之前是以政府为主体，所有权归政府所有，其身份的特殊性限制了社会资金的进入。虽然，很多社会资金看好具有文化产业属性的媒体产业，但碍于国家相关政策壁垒，社会资金无法进入媒体产业。从而使得报业集团迫切的资金需求和社会资金的进入壁垒形成了一对供需矛盾。而随着报业集团改制建立了现代企业制度，报业集团成为独立的市场主体，经营者与投资者分离，报业集团具有了独立的经营决策权。报业集团在管理体制上则实行采编业务和经营管理两分离原则，明确社会资本只负责经营业务，对内容采编不具有管辖权。这种管理体制确保了报业集团依然能保证正确的舆论导向。因此，报业集团进行股份制改造，吸纳各种社会资本进入传媒行业，不仅不会影响报业作为党和政府耳目喉舌的性质，反而能通过增强我国报业集团的经济实力达到扩大舆论影响的目的，是一个一举多得的举措。

目前，传媒业出资人安排可以考虑以下4种方案：①由当地政府担当出资人，授权给传媒集团相关机构履行出资人职责。如南方报业传媒集团，出资人为广东省政府，授权给南方报业集团管委会经营其所拥有的国有资产并履行出资人职责，集团资产则在广东省财政厅名下。②由当地国资委履行出资人职责。如浙江日报报业集团、杭州日报报业集团和宁波日报报业集团等。这些报业集团的资产由当地国资委履行出资人职责。2016年年底，本溪日报社和本溪广播电视台在经过充分论证的基础上，快速推

① 徐学庆. 建立符合现代企业制度的中国传媒体制[J]. 中州学刊, 2005(3): 117-120.

进文化体制改革，平稳有序地将经营资产和企业身份人员从媒体剥离，成立本溪新时代传媒（集团）有限公司。产权归地方国资委，继续由本溪广播电视台负责管理，实现真正意义上的宣传与经营两分开、事业与企业相分离。① ③由财政部门履行出资人职责。如中央级报刊单位转企改制之后，其资产由财政部履行出资人职责。④由宣传部门履行出资人职责。上海市传媒单位多采取这种方式，如新华传媒在其招股说明书中显示的实际控制人是上海市委宣传部。从上述出资人的几种方式来看，方式林林总总，尚未形成统一明确的出资人制度。②

2. 建立"机构分离、权力制衡、精干效能"的法人治理结构

报业集团在建立现代企业制度时，要遵循权力、经营、监督各机构相互分离、相互制衡和精干效能的原则，建立公司法人治理结构。

根据我国《公司法》，在报业集团中设立股东（大）会、董事会、监事会和经理层，经理人员经董事会选聘，接受董事会的委托，行使对公司内部事务的管理权和对外代理权，由经理层来聘用下面的管理层和职工。在报业集团中，可分设负责广告、发行、印刷以及其他产业的经理。同时，报业集团中的监督机构即监事会，除了行使审查公司财务状况、监督公司业务活动的合法性、保障公司的利益等方面的职权外，还应承担坚持报业集团正确舆论导向的责任。在人事管理方面，由于国家是报业集团最大的股东，因此，根据产权关系，按照管资产与管人、管事相结合的原则，国家有权推荐它的出资人代表，有权推荐董事会成员，这样就能通过合法的程序实现党管干部的原则，使党的领导通过合法渠道进入董事会并参与决策。这样的领导管理机制，既可保证报业集团坚持党管媒体原则，坚持政治家办报，把握正确的舆论导向，又可促使报业集团的经营机构建立完善的现代企业制度，发挥现代企业制度的制度优势。

羊城晚报社是国内较早进行企业化改制的报业组织。早在1994年，羊

---

① 顾成清. 地方媒体跨界融合如何找准切入点——本溪日报社和广播电视台融合实践解析[J]. 中国报业，2019（15）：72-73.

② 郭全中. 非时政类报刊转企改制的九大问题[J]. 传媒，2011（12）：32.

城晚报社就开始进行领导体制改革，废除原有的编委会领导下的总编辑负责制，率先在国内报业中实行社长领导下的总编辑、总经理分工负责制，初步形成采编和经营活动相对独立但又协调发展的管理模式。总经理成为报社三把手，权力和责任大大加强，大幅提升了报业经营活动的地位。社长、总编辑和总经理"三驾马车"式的领导体制后来被许多报社采用。这一组织架构使编辑业务和经营业务分离，责任明确。社长是报社的最高行政长官，负责宣传导向，把握经营方向。总编辑只负责具体采编业务的组织实施，而总经理负责经营管理部门。

20世纪90年代，国内报业集团逐步出现，开始积极探索社会主义传媒集团的新体制及相关的内容运行机制。报业集团化是从组织结构上进行变革，相对于单体报社，报业集团在组织形态、领导架构与管理形式等方面都有很大变化。1996年，广州日报率先成立报业集团，对内部组织进行较大的调整。在领导架构方面，广州日报社将编委会领导下的总编辑负责制改为社委会领导下的社长负责制，在领导层中增加了负责经营业务的副社长岗位。在领导成员中主管经营业务与负责编辑业务的力量基本实现平衡。

随后，在相关政策激励下，国内部分报业集团相继建立了法人治理结构，开始积极探索新的组织和机制，形成多元化组织结构形式，主要包括4种。①

①成立"有限公司"或"控股公司"。公司接受授权，负责报业集团经营性资产的经营。公司不介入采编业务，实现事企、编营分开。如南方日报报业集团、重庆日报报业集团、深圳报业集团等。南方日报报业集团"转轨改制"后的法人治理结构的架构，比较符合当前报业集团公司法人治理结构的需求。南方日报报业集团更名为南方报业传媒集团后，保留省委机关报原有的南方日报社社委会，并新组建南方报业传媒集团党委会、管委会、编辑委员会；新组建的南方报业传媒集团公司，设董事会及经理班

---

①　刘年辉. 中国报业组织结构演进轨迹考察[J]. 编辑之友，2010(3)：62-66.

子，最终形成"四合一"的领导班子结构。集团党委会和管委会作为集团的最高领导机构，总体把握集团报刊的舆论导向和集团资产的保值、增值。南方日报社社委会和新组建的编辑委员会负责新闻采编业务，具体把握集团报刊的舆论导向。南方报业传媒集团公司由其董事会和经理班子负责经营。南方日报报业集团的改革尝试表明，党委会、内容编委会可以保证"四不变"，此外，国家的绝对控股也可保证"四不变"。目前，根据采编与经营"两分开"的原则，南方报业传媒集团已分别成立了事业单位的南方日报社和企业单位的南方报业传媒集团公司，后者完全按现代企业的规范来运作。南方日报报业集团实行的是"双轨制"，即社委会和董事会两条轨。社委会管内容业务，董事会管经营业务。

②事业集团和集团有限公司。以"两块牌子，一套班子"的方式运转，报业集团与集团公司作为一个整体，统一管理和配置资源。这与传统的报业集团组织结构区别不大。

③在事业集团框架内接受授权，负责监督管理经营性资产，但不直接从事经营，而是通过授权委托经营公司，或是通过投资方式建立国有控股公司进行经营活动，如宁波日报报业集团。

④直接转制。将集团改为规范的国有独资有限责任公司，注销事业单位法人资格，成为公司制企业法人。集团下面再区分事业单位和企业单位，实施分类管理。这在意识形态属性相对较弱的出版集团中有不少成功的实践，如广东省出版集团、辽宁出版集团等。中国证券报自成立起就施行自负盈亏、全员聘用的企业化制度，并最早成为报业组织转企改制试点。2009 年 3 月，中国证券报的转企改制工作正式启动。同年 4 月，报社职代会审议通过了《改制方案》和《公司章程》。同年 5 月，中瑞岳华会计师事务所进驻报社，陆续启动改制审计、资产评估、清产核资、验资等工作，直至 2011 年 1 月提交最后一份《验资报告》，前后历时 21 个月。2010 年 5 月，新华社人事局批复同意组建公司董事会。按照新华社总社党组的统一部署，2011 年，中国证券报报社完成了由全民所有制企业向有限责任公司转变的改制工作。中国证券报有限责任公司于 2011

年 4 月 18 日在国家工商总局换领了新的营业执照，并在之后召开了第一届董事会第一次会议，开始按现代企业法人治理结构运作。①

当然，报业集团在选择法人治理结构时要根据本身实际情况，建立适合于自身发展需要的法人治理结构。

3. 建立充分保障包括投资者、经营者和劳动者在内各方面利益的分配机制

媒体企业在进行资本运营时，要受到出资人所有权的制约，企业不仅要维护出资人的权益，承担保值的义务，同时，由于企业法人的财产由出资人投资形成，因此所得利润必须与出资人分享，即承担使投资者资产增值的义务。在我国的媒体企业中，也可以让职工通过产权参与的方式，推行分享式职工持股，建立包括年薪制、期权制度等多种形式的激励机制，使职工与媒体企业成为一个利益共同体，体现人力资本在媒体生产经营要素中的主导地位。

在分配机制建设方面，国内部分报业集团也在不断尝试。烟台日报传媒集团所实行的"统分结合"的经营管理体系值得推敲。烟台日报传媒集团转变了集团办报思路，由过去的报办集团转变为集团办报。在分配机制方面，传媒集团内部所有媒体不分大小，所有媒体的员工都纳入一个岗位绩效考核体系。烟台日报传媒集团实行的是采编和经营"两分离"，但不"两分开"，考核上建立利益联结和传导机制，即"两分离，共考核"。绩效考核结果逐级"关联"，最终"关联"集团整体利益。烟台日报传媒集团最终实现了"采编"与"经营"的"考核关联"，"事业部、公司"与"集团"的"层级关联"，形成"统分结合"的经营管理体系。2001 年 12 月，上海 SMG 成立了第一个专门从事数字电视业务的公司——上海文广互动电视有限公司。该公司由 SMG 和上海汽车工业 (集团) 公司共同投资，承担着上海数字付费电视内容的规划、集成、播出和推广职能。2003 年 8 月，文广互动公司

---

① 新华社新闻研究所课题组．中国传媒全媒体发展研究报告 [J]．科技传播，2010(4)：147-150.

作为信息传媒服务业的公司主体，还通过了 ISO 9001 质量管理体系认证，意在彻底改造传统媒体的事业单位的文化基因，建立以用户为关注焦点的核心价值观和质量管理标准。孟建等基于 SMG 成立后至 2005 年的数年改革实践，针对广电集团如何打造核心竞争力、实现集团转型和跨越式发展等方面进行专题研究，认为 SMG 的体制机制创新，最突出、最重要的就在于 2003 年采取了现代企业制度，通过公司化运作实施内外部资源的整合，达到不但"人为"做大，而且"自然"做强的效果。① 不管是烟台日报传媒集团还是 SMG，其在经营管理体制的变革是一种有益尝试，但按照现代企业制度理论，由于存在内外部环境的差异，各个报业集团在选择具体形式时必然存在不同，报业集团应根据自身条件、外在改革环境等因素，确立适合自身发展的现代企业制度具体形式。

第三节　技术保障系统

霍华德·芬博格(Howard Finberg)等认为，互联网技术的运用可以改善业务流程，并且利用互联网技术能使流程再造项目的团队提高工作的效率、缩短流程再造项目完成的时间，以及取得较好的流程再造效果。② 信息技术的发展推动了整个社会的进步，也对传媒产业形成了巨大的影响。信息技术促进了传统媒体的发展、催生了新媒体并促使媒体生产流程发生变革。报业集团 BPR 基础支撑体系中的技术保障系统，指在信息技术发展促使媒介融合的背景下，报业集团面对集团内外的现实需求，遵循合理、适度应用信息技术的原则，构筑的报业 BPR 的技术支撑外部环境。在报业产业信息技术标准化及报业与其他产业间跨产业的流程标准化上，技术保

---

① 孟建，刘成付. 构建中国广电集团发展的新模式——关于上海文广新闻传媒集团发展战略的若干思考[J]. 广播电视大学学报(哲学社会科学版)，2005(2)：16.

② 霍华德·芬博格，劳瑞恩·克林格，张建中. 未来新闻业的核心技能[J]. 新闻记者，2014(11)：22-28.

障系统发挥了重要的推动作用，保证了产业间的协同发展。信息技术在此处并不仅仅指向某一具体技术，而是指报业集团 BPR 的整个外部信息技术发展环境。该系统包括两个关键因素，其一是信息技术的适度合理应用；其二是信息技术的标准化及其应用。信息技术在报业集团 BPR 中的作用非常显著，它是 BPR 的诱因，技术的发展改变了媒介介质，使报业资源共享成为可能，提升了报业管理能力，改变了报业盈利模式。而信息技术标准化也使报业与其他产业的协同成为可能，能够催生整个产业价值链。但报业集团在信息技术应用时应当遵循适度性原则，选择适合于本报业集团的信息技术及合理应用信息技术，过分依赖或忽视信息技术的观点都是不可取的。信息技术的标准化不仅作用于报业集团内部，也作用于报业与其他产业之间。信息技术标准化使报业集团内部资源得以共享，构建起完整的产品生产链，提升了报业集团的管理效率。同时，信息技术标准化使报业集团和其他行业能够形成相互协同的完整产业价值链，实现资源共享，提高资源利用率，提升整个产业链中报业集团的核心竞争力。

一、信息技术是报业集团 BPR 的诱因及发展推动力

我国报业从传统战略性转型成为报业集团的过程中，信息技术发挥了重要作用，而在报业集团 BPR 过程中，信息技术同样成为决定 BPR 成功的关键因素之一。以 3C（即通信 Communication、计算机 Computer、控制 Control）为核心的现代信息技术的发展极大地改进了人类信息处理与应用的方式。[①] 信息技术对国内外传媒企业的发展都起着推动作用。新技术能够改变现有的传播模式，在欧洲，挑战欧洲传媒模式现状的不是欧洲制定的规章制度，而是数字媒体技术。它能够重组媒体，切分传播频道，细分受众群体，从而对市场结构产生重大影响。[②] 信息技术不仅改变了人类工作、生活的方式，提高了效率与效果，同时也改变了企业管理的效率与效益。

---

① 朱险峰. 数字经济中的企业流程再造[D]. 上海：复旦大学，2001.
② 胡正荣. 媒介市场与资本运营[M]. 北京：北京广播学院出版社，2003：64.

信息技术改变工作、影响工作流程。同时，信息技术的应用也为 BPR 的实现提供了可能。

信息技术（Information Technology，IT）简单地说就是那些外部设备和程序，它们被用于帮助我们制作、组织、传送、存储和恢复信息。① 信息技术包括硬件部分和软件部分。首先是硬件部分，这是与技术有关的物理装置，是有形的技术。新技术的诞生都是从硬件开发与发展开始的。其次，除了硬件部分，还需要对技术的系统信息即软件有一定的了解。除硬件和软件外，还包含与硬件和软件发展有关的诸多方面，因此可以将媒介技术定义为：硬件设备、组织结构、社会价值、处理过程及信息交流。

（一）信息技术是报业集团 BPR 的诱因和成功前提

伊契尔·索勒·普尔提出："数码电子科技的发展是导致历来泾渭分明的传播形态聚合的原因。"媒介融合的根本和直接诱因是信息技术的成熟。② 可以说，信息技术是企业流程再造的诱因。③ 2005 年，哈默就指出信息技术在 BPR 中的催化剂作用，同时也指出企业在进行 BPR 活动时，利用先进信息技术的重要性。信息技术不仅影响着人类工作和生活的方式，还影响到效率与效果。企业管理追求的是效率与效益，如果一种手段能使原先的工作任务更为有效地完成，企业没有理由也不会拒绝这种手段的应用。而信息技术正是一种能够改变工作、影响工作流程的手段。因此，我们就不难理解信息技术的发展和应用是催发报业集团流程再造的诱因了。

同时，信息技术又是成功实施 BPR 的前提条件。如果企业没有信息技

---

① ［美］戴维·阿什德. 传播生态学——控制的文化范式［M］. 北京：华夏出版社，2003：10.

② ［美］道格拉斯·麦格雷戈. 企业的人性面［M］. 李宙，章雅倩，译. 北京：中国人民大学出版社，2008：9-10.

③ 王曙光. 信息技术环境下的企业业务流程再造［J］. 经济师，2002（8）：12-14.

术手段，它就无法进入业务流程再造的真实过程。① 文卡特拉曼把信息技术促成的企业转变分为五个层次，即局部利用、内部集成、业务流程再设计、企业网络再设计和业务范围再定义。② 信息技术不仅是企业 BPR 的诱因，还是成功实施 BPR 的前提，信息技术不是用来帮助企业原有流程更好运行的改进工具，而是用来摧毁原有流程的重磅武器。达文波特指出，BPR 是运用信息技术和人力资源管理手段大幅度改善业务流程绩效的革命性方法。③ 没有信息技术的应用，企业 BPR 的效率将会非常低。因此，信息技术是企业成功实施 BPR 的前提，信息技术在企业 BPR 中所被运用的层次越高，企业的改造就越彻底，流程的效率就会越高。

信息技术在报业集团 BPR 过程中的作用主要表现在以下几个层面。

首先，信息技术是报业集团信息资源共享及与新媒介融合的前提。通过计算机网络、综合数据库和多媒体等 Intranet 和 Internet 等技术手段，报业集团可将报业产业链各个环节的信息资源汇集起来，实现信息的及时传递与共享，并支持并行工作方式。约翰·帕夫利克(John V. Pavlik)认为，"第二种发展新媒体的可能性来自于扩展现存的信息服务，尤其是创造出尝试以新的模式包装现存信息形式出现的电子服务"。④ 信息技术促进了传统媒介和新媒介的跨媒介整合，整合的结果既推动了技术的进步，又实现了媒介资源的进一步优化组合。新媒介技术的发展一旦使新技术平台与传统媒介的内容制作平台能进行优势互补，在集成共享理论的框架下，就能最大限度地实现各种媒介资源的互相转换和增值服务，促进经济繁荣与人

---

① Ing-Long Wu. A Model for Implementing BPR Based on Strategic Perspectives：An Empirical Study[J]. Information and Management，2002，39(4)：313-324.

② Venkatraman N. Information Technology-induced Business Reconfiguration：The New Strategic Management Challenge [M]//Scott-Morton M S. The Corporation of the 1990s. Oxford：Oxford University Press，1991.

③ Thomas H. Davenport. Process Innovation：Reengineering Work Through Information Technology[M]. Boston，MA：Harvard Business School Press，1993：71-116.

④ [美]约翰·帕夫利克. 新媒体技术——文化和商业前景[M].周勇，等，译. 北京：清华大学出版社，2005：65.

们文化生活质量的同步发展。所谓集成共享理论，就是将原本分散的信息资源进行整合和集中，并使之在不同的信息发布平台上根据不同的媒介形式和特点，合理充分地开发、使用信息资源。① 国内报业集团 BPR 实践一般以构建集团范围内的数字技术平台作为起点。

宁波日报报业集团将数字技术平台的建设作为报业发展的基础之一，认为建立报业集团新型商业模式的前提，是建立以数据库为核心，贯通整个集团的新闻生产、分发、经营、管理、决策等系统的数字化平台。在此基础上实现多媒介多终端的融化传播，提升信息增值服务能力。2008 年 12 月，该报业集团投资 3000 多万元的数字技术平台全面建设成功并试运行。2009 年 6 月 12 日，该报业集团技术平台正式发布。目前，该平台已经成为支撑集团实行数字化的内容生产、业务运营、决策管理等各方面的系统平台。

其次，基于信息技术构建的报业集团信息系统，解决了报业集团组织结构扁平化带来的信息沟通和员工自我管理、决策问题。信息技术使报业集团最高决策管理层可与报业集团不同层次的员工直接进行信息传递、信息沟通，避免传统垂直式沟通带来的信息传递延滞和信息失真、过滤问题；同时，也大大提高了员工获取和处理信息的能力，进一步促进报业集团知识型员工的塑造。

烟台日报传媒集团在利用信息技术建立良好的信息沟通机制方面方法独到。该集团积极推行"开门政策"，通过内部的论坛、邮箱、即时通信工具、网上意见箱等多种沟通平台，实现集团内部所有人之间的直接、即时沟通和交流。这种做法使员工参与 BPR 的积极性得到很大提升，充分体现出"对事业的热忱和追求，对员工的理解和尊重"的企业文化内涵。见表 4-1。

---

① 朱强，等. 新传媒技术概论［M］. 杭州：浙江大学出版社，2008：25.

表 4-1   信息技术对企业组织模式的影响①

	运用信息技术前的企业组织模式	运用信息技术后的企业组织模式
名称	金字塔型	创新型
产生背景	社会化大生产	买方市场，信息网络化，顾客需求的多样化与个性化
具体内容	对企业中不同工作目标的人员进行划分，使每个人只关注与自己相关的工作内容，然后通过既定的规则相互联系，完成任务	以客户需求为导向，以现代信息技术和柔性制造技术②为技术支撑，以模块化设计和零部件标准化为基础；以敏捷为标志；以竞争合作的供应链为合作手段
特点	以职能部门划分工作任务；实行集权式决策，控制跨度狭窄；通过命令链进行经营决策，来维持和保证日常业务顺利进行	组织结构形态扁平化；组织结构分权化；组织结构性质柔性化；③ 组织结构形式网络化；组织管理方式的虚拟化
优点	分工明确，可以发挥专业化的优势	以较低的成本，快速交货满足客户的各种需求
缺点	各职能部门缺乏及时有效的沟通；等级制度抑制了员工的创新积极性；信息沟通渠道过长造成信息失真；无法对顾客的需求做出快速反应	对组织成员的要求较高；企业的信息技术投资成本较大

---

① 夏立容. 信息时代的标志及基本特征[J]. 自然辩证法研究，1996；42-45，63.

② 柔性制造技术(Flexible Manufacturing Technology，FMT)也称"柔性集成制造技术"，是现代先进制造技术的统称。柔性制造技术集自动化技术、信息技术和制作加工技术于一体，把以往工厂企业中相互孤立的工程设计、制造、经营管理等过程，在计算机及其软件和数据库的支持下，构成一个覆盖整个企业的有机系统。

③ 组织结构柔性化是以创新能力为宗旨，通过分工合作、共担风险，以及适当的权限结构调整，向基层员工授权，并满足员工的高层次需要，增强员工的主人翁责任感，使其不仅自觉提高各自的工作标准，而且把组织意志变为个人的自觉行动。组织结构柔性化的特点就在于结构简洁，反应灵敏、迅速，灵活多变，以达到快速适应现代市场需求。

第三，报业集团 BPR 是个长期过程，信息技术的应用有助于流程协同和评估，并提供进一步的决策。通过信息网络，报业集团能同时持续地对各部门串行、并行的各项业务活动进行协调，及时对各项业务活动进行评价和修改，从而避免传统组织要到最后阶段才对各项活动成果进行综合、评价的弊端，节省了成本与时间。

报业集团中相应的管理信息系统可为报业集团提供辅助决策服务。随着信息技术的发展，信息化成为企业管理的平台。借助于统计分析和预测、运筹学模型及方法等来辅助决策，能够更好地满足用户的需求。莫顿·斯科特（M. S. Morton Scott）认为，信息化给企业管理带来的变化是革命性的。[①] 他的相关研究表明，这种变化至少可以归纳为六个方面：①信息化给企业生产、管理活动的方式带来了根本性的变革；②信息技术将企业组织内外的各种经营管理职能、机制有机地结合起来；③信息化将在许多方面改变产业竞争格局和态势；④信息化给企业带来了新的战略性机遇，促使企业对其使命和活动进行反思；⑤为了成功地运用信息技术，必须进行组织结构和管理方法的变革；⑥对企业管理的重大挑战是如何改造企业，使其有效地运用信息技术，适应信息社会，在全球竞争中立于不败之地。

第四，信息技术的应用，拓展了报业集团的流程产业链。技术变革带来的不仅仅是单纯的传媒产业技术升级，更是传媒产业价值链的再塑造。[②] 乔治·F. 克鲁尼（George F. Colony）认为："今后技术就是业务，业务就是技术。"[③]在这种融合的趋势下，报业集团不仅要有 CIO，[④] 且将不再只专注

---

① Michael Scott Morton, Lester C. Thurow, Corporation of the 1990s: Information Technology and Organizational Transformation[M]. Oxford: Oxford University Press, 1990.

② 刘茜. 动态竞争环境下传媒战略管理新视角[J]. 成都大学学报(社会科学版), 2009(5): 32-34.

③ George F. Colony. My View: IT to BT[M/OL]. [2006-08-18]. http://blogs. forrester. com/colony/it-to-bt. html.

④ CIO 的英文全称是 Chief Information Officer, 即首席信息官或信息主管。在国外某些公司企业中是一种与公司其他的最高层管理人, 如首席行政官(CEO)、首席财务官(CFO)这一类职务相对应, 而权力比 CEO 小的职务。有些国家(如美国)的政府机构内或非商业性机构也设有这种职务。

于单纯的技术创新和应用，而更关注如何通过技术实现业务流程的改善、客户关系的提升、业务绩效的提高、管理运营成本的降低，或者发现新的业务收入来源。在业务发展的推动下，技术不再只是业务的支持要素，而是更积极的业务运营的伙伴，是推动业务发展的动力。信息技术使报业集团流程再造的范围不再局限于报业集团内部组织，借助于信息标准化进程，通过流程产业链的上下延伸，可扩展到顾客、供应商及合作伙伴。

2006年5月，由新华通讯社提出，会同国务院新闻办、新闻出版总署、国家广播电影电视总局、人民日报和北大方正等国内重要新闻单位、研究机构和企业联合攻关的"中文新闻信息技术标准"正式发布，并在全国范围内推广应用。该标准是一套用于新闻信息组织、管理、存储和发布，与国际接轨又有中国特色的多媒体新闻信息技术规范。该标准规范了在新闻信息稿的创建、采集、加工、发布、评估和反馈等过程中使用的多媒体新闻信息元数据，可用于多媒体新闻信息在通讯社、报业、广播、电视台、网站以及新闻信息用户之间进行交换和共享。该技术标准的制定为媒介向上下游延伸产业链创造了条件，为建立起以利益共享为目标的动态媒介组织联盟提供了外部环境。

信息技术在报业集团 BPR 中的作用除了表现在以上四个方面外，它还是一种作用于全流程的推动 BPR 实施的重要因素，主要表现在 BPR 设计前、设计中及设计后三个阶段。

表 4-2　　　　　　　　　　　流程再造过程中 IT 的作用①

流程再造设计前	流程再造设计中	流程再造设计后
产生支持组织结构和管理的信息	将大量信息引入流程	创建一数字反馈系统

---

① Mohsen Attaran. Exploring the relationship between information technology and business process reengineering[J]. Information & Management，2004，41(5)：585-596.

续表

流程再造设计前	流程再造设计中	流程再造设计后
培养组织中的流程思想	在流程中引入复杂的分析方法	制定流程再造的决定性评估策略
选择并确定再造的流程	加强工作人员较少地依赖垂直信息来制定更有远见的决策能力	改进 IT 流程，以满足流程再造中各个模块不断增长的需要
选择并确定再造的流程	确定流程设计的可实施策略	为防止失败建立一个复原和损失控制方案
参与对改革的性质以及变革所需信息的预测和准备	捕捉目标改革的特点，为其制定合适的 IT 策略	在 BPR 工作中不断产生并更新结果
培训非技术方面的 IT 人员，如营销、客户关系等	吸取并传播流程改进的知识和经验	帮助明确 BPR 的职责
参与了成功/失败的再造方法的设计	在 BPR 工作进行中不断产生并更新结果，将未成型的流程转变为常规贸易，减少和取代流程中的劳动力，确定明确的项目目标来引导 BPR 实施，明确流程的障碍和范围	估计潜在的投资和再造的回报

（二）信息技术是报业集团 BPR 的推动力

哈默和钱皮指出，信息技术不仅是报业集团进行 BPR 的诱因，是 BPR 的使能器，[①] 也是促使 BPR 顺利实施的推动力，这主要表现在以下三个方面。

第一，信息技术可以推动报业集团参与市场竞争并不断提高竞争能

---

① Hammer M，Champy J. Reengineering the corporation：A manifesto for business revolution[J]. Business Horizons，1993，36(5)：90-91.

力。企业之间建立的"虚拟企业"是信息技术推动企业走向市场、参与竞争并不断提升自身能力的一种表现。虚拟企业是动态组织联盟的一种形式，是一种由多家独立企业通过信息技术联系起来的临时性企业联盟。在组织联盟内各个成员充分信任和相互合作，发挥各自的核心优势，迅速将共同开发与制造的产品推向市场。首先，虚拟企业通过企业之间的动态组合，不仅能迅速抓住市场机遇，提供差异化的产品和服务，而且能够充分利用成员企业现有的资金、技术、设备、人力及信息资源，节约产品开发费用，降低生产成本，促进企业共同发展。其次，虚拟企业改变了企业间原有的竞争关系，是一种双赢的合作关系。虚拟企业的形成是以信息技术作为纽带的，信息技术的应用和信息技术标准化使企业内部流程更为顺畅，也使企业间建立了一种良好合作、互生互赢的关系，整体竞争能力得以提升，自身核心竞争力也得以彰显。2006年8月，在《全国报纸出版业"十一五"发展纲要（2006—2010）》中提出了"报业实验室计划"。该计划对于报业集团构建基于信息技术标准的全媒体产业链，实现跨媒体、跨地域的新闻信息传播以及实现新闻信息的增值具有战略意义。目前，加盟该计划的媒体机构包括22家报社或报业集团，8家软件开发商、电子显示终端设备制造商、电信运营商。

第二，信息技术可以推动报业集团组织结构和经营运作机制的转变。信息技术在企业中的应用，促进了企业各个部门之间的联系，使企业的组织管理体系更加灵活，提高了企业管理效率、灵敏度以及组织学习能力，加速了企业组织结构的变化。早期，企业实际上已经应用了计算机作为工具，并部分应用了信息系统，其重点在于业务处理的自动化，但是经营机制并没有发生根本变化，制约了企业的发展。随着信息技术在企业中的应用，企业经营机制发生了变革，打破了传统的工作规则，创造了新的工作方式。这实际上也是BPR的核心内容。

第三，信息技术可以推动报业集团适应市场需求，不断缩短产品周期，提高市场反应能力。信息技术缩短了企业与消费者之间的距离，提高了企业把握市场和消费者了解市场的能力，使企业能够迅速将消费者的需求变化及时反映到决策层，为企业提供更多开拓市场的机会，同时也促使企业及时改变和调整经营战略，不断向市场提供差异化的产品和服务，形成独特竞争优势。信息技术的应用使企业"个性化、多品种、小批量"的生产和服务成为可能。不仅满足了客户个性化的需求，而且创造了这种大规模生产的个性化需求市场，反过来又促进企业更高层次上的产品和技术创新。羊城晚报较早开始融媒体流程再造实践，在两会报道中，充分利用信息技术，突破性地将人工智能运用到新闻生产的全流程，利用视频自动生成技术推出"AI+短视频"专栏产品"两会快视频"，基本实现依靠文图素材几秒钟生成短视频。① 这种有效利用信息技术的能力促使报业集团快速适应市场，满足了用户的个性化信息需求。

表 4-3　　　　　　　信息技术对组织管理系统的影响②

信息技术种类	组织效率	组织灵敏度	组织学习
电子数据交换（EDI）	*	*	
组织间系统（Interorganizational Systems，IOS）	*	*	
互联网电子商务（Electronic Commerce Using Internet）	*	*	*
翻译软件（Language Translation Software）		*	
大批量定制技术（Mass Customization Technology）		*	
外部网（Extranet）		*	*
群件（Groupware）	*		*
企业内部网（Intranet）	*		*
组织记忆系统（Organizational Memory Systems，OMS）		*	*

---

① 刘海陵，林洁，冷爽. 3 亿+流量如何炼成？——羊城晚报融媒体流程再造的范本分析［J］. 新闻战线，2019（4）：17-19.

② Marie-Claude Boudreau, Karen D. Loch, Daniel Robey, Detmar Straub. Going global：Using information technology to advance the competitiveness of the virtual transnational organization［J］. Academy of Management Executive，1998，12（4）：120-128.

因此，信息技术不仅是报业集团实施 BPR 的诱因，在诸多方面推动 BPR 走向成功，是报业集团 BPR 成功的关键因素之一。同时，报业集团 BPR 和信息技术之间还是一种互为关系。BPR 离不开信息技术的支持，而信息技术效能的充分发挥又依赖于管理模式和业务流程的再造。报业集团在实施 BPR 过程中，信息技术的应用必不可少，但在应用中，还需要遵循适度、合理应用信息技术优势的原则，不断推进信息技术标准化进程及其应用，这样才能构建促使 BPR 成功的技术保障系统。

二、信息技术保障作用体现在适度、合理应用信息技术

媒介融合的根本和直接诱因是数字技术的成熟。① 技术的力量是媒介变革的巨大推动力，技术的不断变革与进步为媒介融合提供了重要的技术支持。"从长远看，媒介的融合，也不止于内容的融合，更应是从媒介形态、结构、技术、功能、流程乃至传播方式的融合。在数字技术与网络传播推动下，在不改变介质属性的前提下，在保持原有介质优势的同时，媒介之间互相借鉴传播方式，从而实现媒介功能的融合和相互渗透。"②信息技术的成熟直接导致了媒介融合，同时，信息技术又是 BPR 的推动力。就传统报业而言，一方面，通过新技术改变媒介介质，发展电子报纸、手机报纸等。另一方面，利用报纸内容优势和新技术开发衍生产品的优势，寻找盈利新模式。

但如何合理利用信息技术，最好地发挥信息技术优势，则是报业集团 BPR 在利用信息技术时要充分考虑的问题。在正确认识 IT 和 BPR 的关系时，哈默认为，认识 BPR 的本质是合理利用信息技术的关键所在。企业必须根据自身的特点和需求，正确定位 IT 在企业再造中的功能和作用，只有这样才能做到有的放矢地将 IT 成功运用到企业业务流程的再造中。在信息技术在 BPR 中的作用方面，一些专家学者持有不同的观点。有学者认为，

① 王菲．媒介大融合[M]．广州：南方日报出版社，2007：7.
② 郑瑜．媒介融合：新媒体时代的发展观[J]．当代传播，2007(3)：1.

忽视或过于高估信息技术、技术专家或外部咨询顾问在 BPR 中的作用将导致 BPR 的失败。① 针对信息技术在企业中应用价值的问题，甚至有人提出对信息技术的质疑。尼古拉斯·G. 卡尔（Nicholas G. Carr）认为，"IT doesn't matter（IT 并不重要）"。② 他认为，随着 IT 的发展，IT 在不断的商品化、标准化和开放化；IT 本身已经不再是稀缺资源，任何企业，包括竞争对手之间，都可以通过搭建一套复杂的 IT 系统来支撑企业的核心业务，因而 IT 无法带来企业独特的竞争优势。卡尔的言语传递给我们两个讯息，一是 IT 的标准化已经是必然的趋势；二是不能过分夸大 IT 在企业中的应用价值。目前，IT 在中国发展非常快，但对于转型期的中国报业集团而言，要谋求变革和快速发展，IT 应用的深入依然是深具价值的。卡尔的观点受到认同是因为信息技术在报业集团 BPR 过程中的作用是明显的，但作为一种外部环境，信息技术的发展水平和应用具有了一种普适性，这也是将其作为基础支撑体系一部分的原因。

信息技术在报业集团 BPR 中的应用要坚持两个原则，即重视原则和合理适度原则。

首先，重视信息技术在报业集团 BPR 中的应用。报业集团的最高决策层及其管理团队应充分认识到应用信息技术的重要性，促进 BPR 的深入发展。目前，国内报业对信息技术的影响和作用的关注程度越来越高。2009 年 8 月 28 日，中国报业协会第四次会员代表大会修改并审议通过了《中国报业协会章程》。考虑到新技术和新媒体对报业的影响越来越大，在新修订《中国报业协会章程》的业务范围部分增加了"推动报业技术进步，关注以互联网为代表的新兴媒体的发展，加快与新媒体的融合，促进报业向数字化转型，建设现代化报业"一项。国内报业对信息技术的重视是值得肯定的，但对信息技术应用的认识也应该逐步深入。

---

① 华萌. 企业流程重建成功的先决条件[J]. 科学学与科学技术管理, 1999, 20(7)：37-40.

② 参见 Carr N G. IT doesn't matter[J]. Harvard Business Review, 2003, 81(5)：41-49, 128.

其次，报业集团还应考虑如何适度地应用信息技术。主要表现在三个方面。

第一，对于具有不同经济实力的报业集团，信息技术的选择应遵循合理利用原则。解放日报报业集团的信息化建设就是该原则实践的一个很好范例。该集团在选择软件平台时，进行了多种方案的比较，最终选择了最适合本集团的方案。他们"量身定做"的新闻采编系统，舍弃了业界主流开发商提供的现有采编软件，而采用量身定制的方法，研发适合集团实际需求的采编软件，并及时升级。该系统的许多功能是根据集团报纸新的实际需求定制开发的，这就为集团节省了一笔可观的费用。上海证券报全媒体生产管理平台的设计和应用也是根据报社需要量身打造的。平台按照全媒体采编流程以及新媒体产品的采编特点，结合采编人员的使用习惯进行设计。编辑在使用平台时可以自由采集本报记者发稿、系统采集分析过的网络新闻，也可用内置浏览器抓取网页内容和个人订阅抓取网络稿件。此外，该平台还根据报社需要，定制了用户及权限管理、网站广告订单及发布管理、稿费管理、网站发布管理和远程客户端等。

第二，过剩的信息技术和过时的信息技术都不能满足报业信息化的需要。报业集团信息技术应用的程度对 BPR 的方式、方向以及力度等都会产生影响。信息化水平高的报业集团，进行相对彻底的 BPR 可能性大。相反，信息化水平较低的报业集团，实施彻底的 BPR 难度也相对较大，只能进行流程局部优化。目前，云存储、数据爬虫、数据挖掘、云计算等都是可用的先进技术，能提升新闻信息的时效性、客观性、针对性。其中，云存储能使新闻信息被长期、安全保存，并可被各类群体以网络查询的方式得到或引用。数据爬虫、数据挖掘、云计算则能使新闻信息的客观性得到增强，同时可以主动推动的方式将不同信息发送给不同需求的民众。①

第三，信息技术的应用关键不在于技术的先进性，而在于适用性，这种适用性需要关注人的因素。报业集团是学习型企业，对信息技术的认识

---

① 刘福贞．融媒体下新闻采编流程再造分析［J］．新媒体研究，2018，4(19)：87-88.

不能过于片面，既不能过分依赖，也不能完全摒弃。对于知识型员工，加强自身学习不仅表现在业务素质上，还表现在对信息技术的接受和应用上，培养全媒体的意识才是报业集团人才战略的根本。如人民日报"中央厨房"建设。"中央厨房"是一种高水平的技术设备改造工程，具有强大的传媒效果，能够最大化提升采编工作的效率。"中央厨房"是一种能够实现多种功能的集成化平台，如内容整合、信息发放、全面管控和统一指挥等。"中央厨房"的投入使用变革了运行机制，强化了互联网思维，再造了新闻生产流程，建立起适应融合传播的策、采、编、发网络和流程，使整个人民日报体系形成"一个旗舰+三大平台+一个新平台"的技术布局。

目前，国内外很多报业集团都已经建设了全媒体流程平台。如BBC全平台的360度采编系统、纽约时报全媒体平台、人民日报社综合业务信息化平台等。构建具有信息技术优势的全媒体流程平台成为报业发展的趋势，不仅是报业集团BPR的技术支撑，同时也是遵循适度、合理应用信息技术优势原则的直接体现。

三、信息技术标准化与应用并行

媒介融合的发展趋势促使报业集团不断延展产业链，增强和受众、供应商的联系，构建起相互协作的新型企业关系。在此过程中，流程产业链的构建需要得到技术标准的支持。孙宝传认为，标准化是实现新闻信息化的战略措施。① 早在2003年，第33届世界标准日的主题就定为"为全球信息社会制定全球标准"（Global Standard for the Global Information Society）。标准化也是我国发展战略的重要内容。2002年，国家科技部把实施人才、专利、技术标准三大战略作为应对入世的重要举措。随着现代高新技术的飞速发展，标准化工作的重点已逐步从传统工业转向高新技术及其产业；而在高新技术标准化中，又以信息技术标准化为重要内容。报业集团BPR

①　孙宝传. 新闻信息资源的整合、共享与标准化——"中国新闻技联"三届三次理事会暨学术年会主题报告[J]. 中国传媒科技，2003(12)：4-6.

的实施需要信息技术的支持，适度、合理地应用信息技术将推动 BPR 走向成功。因此，信息技术标准化也是规范新闻信息化建设、提升新闻核心竞争力、确保新闻信息事业持续发展的战略措施。

信息技术标准化包含了两层含义。

首先，信息技术标准化要求在媒介融合背景下，报业要制定相关的技术标准，提高自身的竞争力。报业集团"做大做强"的发展战略，"对外"要求延展企业的产业链，增强和顾客、供应商的联系，加强企业间的合作，充分利用外部协作，构建新型的企业关系。"对内"则要求报业集团将传统纸媒、网媒及移动媒体等新媒体融合为一体，构建全媒体内容生产平台、全媒体发布平台等。这种"既对内又对外"的全媒体流程再造迫切要求解决跨平台信息传播问题，也就是需要解决技术标准化。在这种背景下，2008年8月26日，在报业全媒体数字采编发布系统项目发布暨中国报业全媒体流程再造和技术支撑研讨会上，广州日报报业集团、解放日报报业集团、宁波日报报业集团、南方日报传媒集团、烟台日报传媒集团5家报业组织倡议建立报业技术标准。希望在国家相关主管部门的指导下，建立能满足全国报业需求的报业集团信息化技术标准并加以推广。与会各报业集团一致认为，一旦建立适合报业发展的信息技术标准，不仅可以消除信息和技术孤岛，还可以实现新闻信息的"一次生成，多次发布"。① 可见，当时报业业界对信息技术标准化的需求是非常迫切的。

其次，信息技术标准化表现为从"技术标准化"到"流程标准化"的转化，这是构建产业协同的产业价值链的前提。流程标准化方便员工就业务运营方式进行沟通，使流程与流程之间的衔接更为顺畅，并使绩效的比较成为可能。在报业组织之间，标准化流程让业务往来更为便捷，能有效解决报业集团"信息孤岛"的问题。

信息技术标准化是解决报业集团"信息孤岛"问题的有效举措。当前，

---

① 5家集团倡议建报业技术标准［M/OL］. 中国新闻出版网［2008-08-27］. http：//www. chinaxwcb. com/xwcbpaper/html/2008-08/27/content_38264. htm.

报业集团在应用信息技术时，存在不平衡的问题，导致报业组织之间不能形成有效沟通，单一报业组织成为信息孤岛。这种不平衡现象来自两个方面原因。其一，信息技术自身发展不平衡；其二，不同媒介组织在应用过程中由于自身情况不同，系统选用平台和软件也不相同。而标准不统一、数据结构不统一、网络协议不统一的系统之间存在信息不能有效共享和利用的问题，导致了不平衡现象。要实现异构平台、跨平台的信息共享和利用，就必须先实现信息资源的整合。要解决"信息孤岛"的问题，就要求支撑技术符合各种标准和规范。

中国证券报社在流程再造之初也遇到了"信息孤岛"的问题。首先，报社大部分技术业务系统是根据具体需求部署的，各个系统之间信息缺乏统一标准，存在原始数据不完整，稿件、图片、视频的信息源格式不一致、属性不对称的情况，最终使得各业务系统数据无法直接交换，严重影响了信息传输、共享的实现和效率。其中，"方正飞腾"采编系统仅为纸报记者和编辑配发了发稿和审核权限，而网络版和手机报编辑却不能直接通过系统进行采编，影响了网络版和手机报发稿的效率。另外，由于网络编辑分工分散，经常出现网络稿件漏发、漏报的情况。其次，最初的信息策划还是以纸报为主展开，对于以网络为平台的策划前移还不到位。由于数据信息的分散，信息存储的分散，造成了数据共享、数据挖掘的困难，对数据的利用率大打折扣，对数据安全也存在着隐患。针对以上问题，中国证券报社启动采编网系统全面虚拟化项目，制定了技术规划和实施方案，并通过了专家论证。依据该项目规划，报社将进一步完善采编网系统的基础架构建设，建立内网数据的统一存储和备份系统、数据库集群系统，构建集服务器、存储、网络于一体的资源池，实现内网资源的复用和动态分配，为内网业务应用系统提供统一、高效、易扩展的安全平台，形成完整的服务器和桌面虚拟化基础体系，为采编网系统步入"云计算"时代打下基础。中国证券报社的设想是从技术方面考虑，整合各个业务系统资源，实现新闻稿件的最大化利用，为报社向全媒体转型搭建一个坚实的稿源平台。经过一期、二期建设，最终搭建成一个统一、开放、标准的全媒体信息平台，真正实现信息全媒化、发布多元化、标准统一化、功能智能化、资源共享化、安全可靠化的目标。中国证券报社的技术解决方案和"中央厨房"的信息处理流程是一致的，很好地解决了信息标准化处理、存储、共享、复用等问题。

可见，建立新闻信息领域"技术标准"的概念是当务之急。劳伦特·勒·梅尔(Laurent Le Meur)提出了适用于新闻信息领域的"标准学"概念。①他认为，不同于传统观念对标准的理解，数字和互联网时代为新闻技术标准赋予了新的内涵，标准学是一门集新闻业务学、计算机科学、建模学、语义网等多门学科的交叉学科，为了支持受众多元化需求，新闻技术标准具备一定的复杂性是很正常的，为了促进标准推广，降低标准推广成本，应该开发标准工具供标准用户使用，降低标准推广实施难度。新闻信息领域"技术标准"的研究率先体现在新闻标识语言的研发上面。

目前，国内外有关新闻信息技术标准的研究较多。全球范围内，应用较为广泛的是"新闻标识语言 NewsML"。2000 年 10 月，国际新闻电信理事会 IPTC(International Press Telecommunication Council)公布了"新闻标识语言"(NewsML)，成为新闻行业的国际标准。该标准目前已应用于路透社、美联社、法新社、日本新闻协会等世界知名新闻机构。2008 年 1 月，IPTC发布了 NewsML G2。它不是一个简单的技术标准，而是一个支持现代新闻报道业务的标准体系。该标准体系由 NewsML G2 标准、EventsML G2 标准以及 SportsML G2 标准组成。梅尔认为，这种标准体系的应用，让复杂世界变得更加简单，让人工智能和自动化技术成为可能。但 NewsML 这一标准在许多方面与我国新闻的实际情况不相符，因此要将该标准作为国内新闻技术标准的可行性不大。

在国内，我国新闻界标准化工作相对滞后，所形成的"信息孤岛"一直以来都是困扰中国传媒业发展的巨大障碍之一。目前，我国很多媒体单位

---

① Laurent Le Meur. 法新社：NewsML 标准的同路人[J]. 中国传媒科技，2008(4)：51.

使用不同的新闻信息分类标准，呈现高度离散状态。2004 年 9 月中旬，在中国新闻技联新闻资料专业委员会年会暨中文新闻信息分类标准化研讨会上做的一个问卷调查充分说明了这一点。在此次调查中发现，在 23 家主流新闻媒体中至少使用了 7 种新闻分类标准。孙宝传认为，"现有的标准，已不能适应新闻媒体的信息化深入发展的需要，已经成为制约新闻信息化进程的瓶颈；现有的标准，在各个新闻单位之间互不统一，严重影响了新闻信息的传送、交流和共享；现有的标准，疏于对新闻内容语义的描述，给新闻信息的准确查询和深度挖掘造成困难；现有的标准，不支持多媒体新闻，使得文字、图片、图表、音频、视频新闻无法统一描述、管理、包装、传输和显示；现有的标准，不支持'一次生成，任意发布'，使得目前的新闻信息发布手段时效慢、效率低，不适应发布渠道多元化的趋势；现有的标准，全国不统一，抑制了开发商的技术投入，也影响新技术的推广应用，从而制约了传媒技术的创新和发展"。① 考虑到国外标准体系在我国"水土不服"的现实，我国应从国情实际出发，借鉴国际通用标准，制订既能与国际标准接轨，又独具中国特色且适用于我国新闻行业的中文新闻标识语言。

表 4-4　　　　　　　　　　　　　　　调查问卷②

类别	自定义	中图法	中国新闻资料分类法	录像节目资料分类表	光明索引分类表	人民日报分类法	拼音字母分类法
数量	13	4	1	1	1	2	1
比例	约57%	约17%	约4%	约4%	约4%	约9%	约4%

2002 年 1 月，香港中文大学在香港特区政府创新科技基金资助下，成

---

① 孙宝传. 新闻信息资源的整合、共享与标准化——"中国新闻技联"三届三次理事会暨学术年会主题报告[J]. 中国传媒科技，2003(12)：4-6.

② 吕安妮. 23 家主流媒体分类标准大调查[J]. 中国传媒科技，2004(10)：19-23.

立中文新闻标示语言协会，开展 NewsML 的研究，成为 IPTC 唯一华文地区成员。协会分别于 2002 年 12 月和 2004 年 5 月举办了两届中文新闻标识语言国际研讨会，翻译了 IPTC 制定的新闻标题分编系统，并成立技术小组专门开发了针对 NewsML 的新闻软件工具：新闻分类管理系统、新闻资料管理系统、新闻稿件出版精灵、网上新闻文档处理器等。

2003 年 3 月，新华社将新华标示语言(XinhuaML) 作为新华社业务的内部数据交换标准。XinhuaML 基于 XML 技术，借鉴 NewsML 等国内外相关技术标准的先进经验，在设计时考虑国内媒介的普遍情况，并结合新华社的具体业务要求和实际情况。其独特性表现在支持基于相同主题的多媒体互动稿件描述、支持多种不同角度的主题分类体系及提供受控词表的下发机制等方面。XinhuaML 解决了多媒体信息数据在新华社多个系统之间的交换问题。为新闻信息的传送、存储、分类、共享、使用提供了方便、快捷、灵活的技术手段。为了建立适合中文世界的新闻标识语言，"中国新闻技术工作者联合会"在征求各地媒介同行意见的同时，正着手制定以 XinhuaML 为基础的适合全球中文媒介的中文新闻标示语言标准。

2003 年 11 月，由新华通讯社提出，会同国务院新闻办、新闻出版总署、国家广播电影电视总局、人民日报社、光明日报社、经济日报社、解放军报社、中国新闻技术工作者联合会、北大方正电子有限公司、清华大学等国内重要新闻单位、研究机构和企业联合攻关的"中文新闻信息技术标准"课题获科技部批准立项，并被列入国家"十五"重大科技专项。2005 年 11 月 7 日，"中文新闻信息技术标准"通过了科技部和国家标准化管理委员会组织的验收，标志着我国新闻行业第一部国家级分类标准的正式诞生。2006 年 5 月 25 日，"中文新闻信息技术标准"正式发布，并在全国范围内推广应用。它是一套用于新闻信息组织、管理、存储和发布使用的，与国际接轨又有中国特色的多媒体新闻信息技术规范。

国家除了制定针对全媒体的中文新闻信息技术标准外，在报业领域也开展了适合于中国报业集团发展的技术标准研究。

2006 年 8 月 5 日，在国家新闻出版总署发布的《全国报纸出版业"十一五"发展纲要(2006—2010)》中，提出"积极探索适应报业集团发展需要的新型内容显示技术和传播技术，实现传统纸介质出版向数字网络出版的平滑过渡。广泛利用各种数字内容显示终端和传播技术，发展'网络报''手机报''电子报纸'等多种数字网络出版形式。实施'报业集团实验室'计划，探索数字化、网络化的新型报纸出版形态、运营环境和监管方式"。至此，"报业集团实验室计划"正式启动。随后，在2007年1月中国报业集团实验室秘书处制定的《中国报业集团实验室章程(试行版)》中对报业集团实验室的任务做了界定，其中将"建构统一开放的报业集团技术标准、运营环境和准入规则"作为其主要任务。同时，在该章程中还对加入该计划的成员单位提出了"及时获得实验室公布的技术标准和规范"及"参与报业集团有关标准的起草并提交文稿，积极宣传、贯彻和实施标准"的权利和义务约定。可见，"报业集团实验室计划"旨在开展适合中国报业集团发展的数字传播技术研究、报业集团技术标准的制定。除此之外，其所提出的成员单位的权利和义务对所制定的技术标准的应用和推广具有推动作用。目前，加盟该计划的媒体机构包括天津日报报业集团、广州日报报业集团、浙江日报报业集团等在内的22家报社或报业集团，[1] 北大方正、诺基亚(中国)、中国网通在内的8家软件开发商、电子显示终端设备制造商、电信运营商。[2] 加盟该计划的媒体及其他相关机构越多，意味着该技术标准的应用范围越广，对于报业集团构建基于信息技术标准的全媒体产业链，实现跨媒体、跨地域的新闻信息传播以及实现新闻信息的增值都具

----

[1]　第一批17家：广州日报报业集团、河南日报报业集团、黑龙江日报报业集团、华商报社、解放日报报业集团、精品购物指南报社、辽宁日报传媒集团、宁波日报报业集团、深圳报业集团、四川日报报业集团、天津日报报业集团、新民晚报社、烟台日报传媒集团、浙江日报报业集团、中国黄金报社、中国计算机报社、重庆日报报业集团。第二批5家：河北日报报业集团、新华日报报业集团、新疆日报社、中国石化报社、宁夏日报报业集团。

[2]　第一批3家：北大方正、诺基亚(中国)、中国网通。第二批5家：重庆电脑报经营有限公司、爱瑞斯科技有限公司、深圳点通有限公司、北京紫光新华科技发展有限公司、天津津科电子有限公司。

有战略意义。

2008 年 8 月，广州日报报业集团等 5 家报业集团或传媒集团倡议建立报业技术标准。这 5 家报业集团或传媒集团中，除南方日报传媒集团外，其他 4 家均是"报业集团实验室"成员单位，解放日报报业集团、宁波日报报业集团、烟台日报报业集团还是"报业集团实验室"计划的常务理事单位。其时"报业集团实验室"计划已经启动，报业集团对于建立报业技术标准的迫切需求可见一斑。

报业集团在建立信息技术标准后，当务之急是对技术标准进行推广，为全行业信息产业链的构建创造条件。对报业信息技术标准的推广主要有三种途径：其一，由国家相关部门组织专业信息技术标准研究机构制定行业技术标准，并制定相关的行业指导性政策在全国报业集团内强制推广。这种方法是最理想的方法，但实施起来却存在一定的困难。我国幅员辽阔，地区经济发展差异明显，报业集团信息化程度也存在南北、西东的差异。不顾及这种差异性强推统一的技术标准，可能对一些报业集团的信息生成流程造成危害，所起作用适得其反。其二，建立报业集团技术标准联盟，实现区域性或行业性技术标准的推广。5 家报业集团倡导的报业技术标准联盟即属于这种。这种推广方式的优势在于加入该联盟的报业组织均是自愿、主动的姿态，敢于面对信息技术标准应用对报业组织流程带来的挑战，适合于经济实力、经济效益较好的报业组织。这种推广方法可作为第一种方法的"前传"，当作实验来进行。其三，充分借助报业集团决策者和领导人的力量，在单一报业集团内部各子媒体之间完成推广。报业集团的流程再造属于"一把手"工程。最高决策层的决策能力、决心和信心对于信息技术标准的应用能起到很好的推广作用。IPTC 董事局主席斯蒂芬·格里特（Stephen Gerrit）在谈到技术标准推广时说，"我们还要对 NewsML 客户提出的要求做出快速的反应，要使那些媒体的决策者意识到，用这个 NewsML 对他们处理多媒体新闻是非常有效率的。我们新闻电信理事会准备把每天组织的决策者和领导者汇集到一起开个国际会议，让他们成为推广标准的先锋者"。① 因此，三种推广途径是同时进行的，从"宏中微"三个层面同时推进，比较符合现阶段我国报业集团信息技术标准化进程。上海证券报在技术标准应用上走在前列，其推出的全媒体生产管理平台采用国际通用的新媒体技术标准，实现可靠性与开放性的统一。该系统对外接口遵从网页服务（Web Service）标准，用户认证遵从轻量目录访问协议（LDAP）标准，应用开发遵从 J2EE 标准，稿件数据交换遵从中文新闻信息置标语言（CNML）、新闻用组版语言（NewsML）、国际新闻通信委员会标准（IPTC）等标准。

在中文新闻信息技术标准化建立和推广过程中，中国新闻技术工作者联合会、全国中文新闻信息技术标准化技术委员会等机构发挥了重要作用。他们通过一系列培训和推广宣贯会形式，对报道策划及新闻事件置标语言、中文新闻图片内容描述元数据规范、统一内容标签格式规范等进行介绍和宣传。2019 年 8 月 30 日，国家市场监督管理总局、国家标准化管理委员会联合发布了由新华通讯社、中国传媒大学、中国电子技术标准化研究院联合起草的《中文新闻信息标准体系建设指南》（*Construction Guide for Standard System of Chinese News Information*）。该标准给出了中文新闻信息标准体系参考模型和中文新闻信息标准体系框架，适用于通讯社、报社、广播电台、电视台、杂志社、网络媒体等多种媒体机构进行新闻信息标准化建设。该标准于 2019 年 12 月 1 日开始执行。

信息技术促成了报业集团实施 BPR，也是报业集团成功实施 BPR 的重要推动力和保障。作为报业集团 BPR 基础支撑体系的一部分，技术保障系统和资本支撑系统、政策辅助系统一起促成了报业集团 BPR 的实施。如何正确、合理及适度地应用信息技术，推动信息技术标准化及应用是彰显信息技术作为 BPR 基础支撑体系的有效手段。

---

① 佚名. 要让媒体的决策者成为推广标准的先锋者[J]. 中国传媒科技，2008（4）：62-63.

四、信息技术革新

新闻传播的发展史，就是一部媒介技术发展史。每一次技术变革的同时，都会有新型的传播媒介出现，并带来信息传播的革命。克莱瓦尔（Clerwall）和克里斯特（Christer）认为，媒介技术的发展总会对新闻生产方式、新闻生产内容等产生变革作用，引发人们对当下新闻行业现状产生质疑，提出疑问。[①] 媒介技术的发展或者说信息技术的发展，对于正在进行的媒介融合来讲，不仅是一种契机，更是一股不可忽视的推动力。目前，越来越多的信息技术出现在传媒变革之中，有些已经获得广泛应用，如人工智能、大数据、5G 等。2019 年，人民日报社、中央广播电视总台、新华社等相继推出了基于人工智能的相关项目。9 月 19 日，人民日报社联合百度成立人工智能媒体实验室，通过人工智能构建媒体新生态；11 月 20 日，中央广播电视总台推出综合移动客户端"央视频"；11 月 26 日，新华社联合蚂蚁区块链发布"媒体大脑 3.0 融媒中心智能化解决方案"，赋能策采编发多个新闻生产流程。此外，有些技术应用还处于不断地摸索阶段，如 VR、AR 等技术的应用。当然，不管这些技术应用的程度如何，都会带来媒介融合的进一步革新，且依然是推动传媒组织流程再造的最基础的支撑要素。

（一）人工智能技术（Artificial Intelligence）

人工智能技术目前已经普遍应用于各个领域，包括新闻传播业。人工智能技术的应用使传媒行业从信息获取、处理到分发的整个流程变得更为智能，更基于用户思维进行设计，更具有人性化特征。保罗·莱文森（Paul Levinson）认为，媒介发展的动力源于补偿性和人性化两个方面。新的媒介

---

① Clerwall C. Enter the robot journalist[J]. Journalism Practice, 2014, 8(5): 519-531.

技术总是要弥补旧的媒介技术的不足，并向人性化这个终极方向前进。①传媒改革其实并不仅仅是生产流程的再造，还包括组织再造、人力再造等，这其中还有多种信息技术的融合。彭兰认为，人工智能技术和物联网、虚拟现实等技术的发展相得益彰，将在新闻的生产、分发等环节引发变革，并带来挑战。②

1956年，在达特茅斯会议上"人工智能"这一表述被首次提出，意指"使一部机器的反应方式像一个人在行动时所依据的智能"。60多年的发展过程，其概念在不断演化和丰富，其内容和要义也在更迭。人工智能事实上是一种综合技术集，其核心技术主要有数据挖掘与学习、知识和数据智能处理以及人机交互等。人工智能带来的新闻传播业的变革也是人工智能技术与大数据、云存储、智能搜索等新兴科技一起作用的结果。目前，人工智能技术及其新闻业应用的主要场景有：机器学习技术应用于采访对象的情绪判断以及从海量数据中发现新闻线索；自然语言技术应用于结构化消息的自动写作、从非结构化消息中提取摘要；语音处理技术应用于新闻消费的语音交互界面、自动听写采访录音、自动抓取视频引用制作标题等；视觉信息技术应用于面部微表情识别、卫星高清图像辨认等场景；机器人应用于自动化写作、无人机非常规角度拍摄、传感器数据收集等场景。可见，人工智能技术已经深度介入新闻生产、新闻分发、新闻监测的全流程。在新闻的生产系统、新闻分发平台和用户平台以及新闻终端这几个关键维度上，产生了广泛而深入的影响。③

伴随着移动互联网时代的到来，5G技术的普遍应用，以人工智能算法技术为核心的算法新闻时代已经到来。传统的新闻业必然会受到严重冲

---

① [美]保罗·莱文森. 软利器：信息革命的历史与未来[M]. 何道宽，译. 上海：复旦大学出版社，2011：90-98.

② 彭兰. 变革与挑战：智能化技术对传媒业的影响[J]. 信息安全研究，2019，5（11）：966-974.

③ 胡尊栊. 人工智能在新闻传播中的应用研究[D]. 成都：四川社会科学院，2020.

击，而且是全流程的冲击。人工智能技术在新闻业的大规模运用，某种程度上也是机器对人力的大范围替代，机器入场人力退场的大幕拉开，传统意义上的新闻业正在消融。① 人工智能虽然已经有了一定程度的应用，但目前还处于弱人工智能时代，人工智能能够进行机器学习，但并不具备人类真正的智慧，要真正替代人类还为时尚早。

彭兰等认为，算法与新闻的结合，是人工智能技术进入传媒业的主要方式，并集中体现在算法写作和算法分发上。②

机器人写作是具有代表性的人工智能技术在新闻传播业中的应用。人工智能技术带来了新闻生产方式的变革，不需要人类参与的新闻生产在某些领域已经成为现实，越来越多的传媒组织尝试运用人工智能技术开发各具特色的机器人写作产品。可以说，人工智能技术将新闻业从手工时代推进到智能流水线工业时代。这样的产品包括，《洛杉矶时报》的 Quake bot，美联社的 Word smith，腾讯的 Dream writer，还有新华社的快笔小新。目前，这类写作机器人生产的新闻产品主要集中于体育类、经济类新闻。

智能分发也是人工智能技术对新闻传播业最大的改变之一。如今，算法分发已经成为互联网新闻分发的主要方式。智能分发新闻平台首先对用户个人数据进行获取和积累，然后对用户转发、评论、点赞、收藏等直接行为数据以及在某类新闻停留时长、兴趣、地理位置、性别、职业等相关行为数据进行分析，在此基础上，向用户个性化推荐为其定制的内容。智能分发系统改变了编辑主导的单向度的新闻分发流程，而是基于用户的行为数据等，人工智能技术将新闻的分发权让渡给算法，使得新闻分发的速率和效率都得到了指数级提升，真正实现了新闻的时效性。当然，基于算法的新闻智能分发系统也会产生一些问题，如信息茧房、算法偏见以及算

① 解梦茹. 人工智能技术与新闻生产嬗变的媒介环境学解读及反思[D]. 太原：山西大学，2019.

② 苏涛，彭兰. 反思与展望：赛博格时代的传播图景——2018 年新媒体研究综述[J]. 国际新闻界，2019，41(1)：41-57.

法对人的无形操纵。① 合理地对待人工智能技术和人类自身的关系，有助于更为合理地应用这项技术。人类对技术的让渡不是无限的，而是有一定限度的。

此外，人工智能技术在新闻传播领域中的另一个应用就是智能语音技术。智能语音技术包括语音合成、语音识别、口语评测、语义理解、自然语言处理等多项技术，是物联网的核心技术。智能语音技术在新闻传播业中的应用有效提升了新闻采编的效率，打破了传统采编流程的禁锢，极大地缩短了文本录入时间，还可利用 VAD 端点检测、分段、语音理解等技术自动生成字幕，大幅提高字幕制作的效率等。此外，智能语音技术还有助于录音资源的存档及检索，还可通过对视频直播内容进行语音识别，提取敏感词汇，从而促进对直播媒介的监管。

人工智能技术已经在国内一些主要新闻传播机构得到应用。2017 年 12 月 26 日，新华社在成都发布"媒体大脑"，具有基于人工智能、大数据、物联网等技术的八大功能；2018 年 12 月 27 日，新华社发布第一个短视频平台，2019 年 11 月 26 日，发布"媒体大脑 3.0·融媒中心智能化解决方案"。2019 年 9 月 19 日，人民日报智慧媒体研究院宣布成立，同时也发布了人民日报客户端 7.0 版、"人民日报+"短视频客户端、融媒体创新产品研发和孵化项目、人工智能媒体实验室以及全媒体智慧云。

彭兰认为，未来的人机关系是人机共生，此长彼不消，人的判断和机器的判断相互结合，人与机器相互矫正。② 人和智能机器相处的过程中，特别要强调人的主体性地位，智能机器为人类所用才能体现其真正价值，也只有在这种情况下，传媒改革才能安全、稳妥地开展。

（二）大数据技术（Big Data）

人工智能技术最为核心的单元是大数据和机器学习。大数据作为人工

---

① 彭兰. 智能时代的新内容革命[J]. 国际新闻界，2018，40(6)：88-109.
② 彭兰. 增强与克制：智媒时代的新生产力[J]. 湖南师范大学社会科学学报，2019，48(4)：132-142.

智能技术得以运转的基础，成为信息技术发展中不可或缺的部分。20 世纪 80 年代，阿尔文·托夫勒(Alvin Toffler)第一次盛赞大数据是"第三次浪潮的华彩乐章"。① 21 世纪第一个 10 年，麦肯锡研究院(McKinsey Gloal Institute，MGI)提出"大数据时代已经到来。数据，已经渗透到当今每一个行业和业务职能领域，成为重要的生产因素"。② 如今，传媒变革的事实印证了维克托·迈尔-舍恩伯格(Viktor Mayer-Schonberger)的观点，"大数据带来的信息风暴正在变革我们的生活、工作和思维，大数据开启了一次重大的时代转型"。③ 大数据已经渗透进新闻传播业，基于大数据的数字传播成为未来媒体与科技融合发展绕不开的主题。

以人民日报社"中央厨房"为例。"中央厨房"拥有庞大的数据中心，已经成为"中央厨房"实施数字传播策略的基础。在数据中心，依靠强大数据资源支持的新闻热点系统，数据记者不仅可以全面、及时地了解每日新闻线索和互联网热点，还可以通过系统提供的互联网相关内容聚合分析、同行业报道、已有传播情况分析、相关素材分析、网民观点分析等辅助分析工具，收集资料，确定选题。在此基础上，完成新闻内容的生产全流程。2017 年全国"两会"期间，"国策说"工作室旗下的"数据社"成为"中央厨房"首个推出数据服务的部门。人民日报社"中央厨房"的数据不仅来自数据中心"自采"，还有"外采"。这些"外采"数据公司包括以整合政府数据见长的贵阳大数据交易所、以舆情分析闻名的清博大数据、在数据解读上颇有建树的拓尔思、深耕传统媒体分析的凡闻科技、基于 5 亿网民的搜狗大数据中心以及掌管微博、微信的新浪和腾讯等。独有的数据源加上强大的数据新闻处理队伍，使"中央厨房"的数据新闻能第一时间在人民日报社落地。在 2017 年 3 月 3 日和 3 月 6 日的人民日报"两会"特刊上，分别刊登

---

① Alvin Toffler. The Third Wave[M]. Bantam Books, 1980: 61.

② MGI. Big Data: The Next Frontier for Innovation, Competition, and Productivity [M]. McKinsey Gloal Institute, 2011: 102.

③ Viktor Mayer-Schonberger, Kennet Cukier. Big Data: A Revolution that Will Transform How We Live, Work and Think[M]. Hodder Export, 2013: 74.

了由"数据社"和贵阳大数据交易所、清博大数据公司联合发布的《数读：绿色发展》及《两会舆情排行榜》，给后续媒体确定"两会"报道的"发力点"及数据呈现形式指明方向。"两会"期间，"数据社"第一次实现了媒体领域数据产品的"全渠道覆盖"，数字传播增强了新闻产品的精准性。"数据社"生产的内容通过多家电视、网络、报纸、手机客户端等多媒体渠道，将全媒体产品精确地送达不同的受众群。丰富的数据源与开放的合作模式，也吸引了近20家媒体在"两会"期间入驻"中央厨房"。2017年年初，人民日报社在"中央厨房"建设取得阶段性成果的基础上，提出建设"中央厨房"的升级工程——"全国党媒公共平台"，并准备打造大数据媒体云服务平台，加强对网络数据的管理，为全国主流媒体提供数据服务。2017年8月19日，人民日报社在"中央厨房"基础上，建成了"全国党媒信息公共平台"。[1]

利用大数据可以进行精确的用户定位，能够为用户提供更为个性化的信息产品。国外很多传媒公司很早就开展了大数据的实践。CNN提出"科技先导、数字优先"理念，与微软、苹果公司合作发布新软件产品，进驻Facebook、Twitter平台；与纽约启动公司Dataminr达成合作，着重分析社交平台上庞大的数据；与英国卫报、FT和路透社合作成立"Pangaea"广告联盟，都是旨在更精准地研究用户、创新营销。[2]

IBM提出大数据应具有5V特点，即volume（大量）、velocity（高速）、variety（多样）、value（低价值密度）和veracity（真实性）。随着移动互联网的快速发展，数据的体量在急剧膨胀，如何遵循大数据的特征，如何借助人工智能技术合理运用大数据为传媒服务，可能是未来传媒组织在开展流程再造时的趋势。

---

[1] 人民日报社．深度融合：中国媒体融合发展年度报告（2017—2018）[M]．北京：人民日报出版社，2018：10．

[2] 张腾之．中国广电媒体融合的驱动路径与未来思考[J]．现代传播，2016，38(5)：8-13．

（三）虚拟现实技术（Virtual Reality）

20 世纪六七十年代，虚拟现实技术（Virtual Reality，VR）即已出现。VR 是以现实物理世界为基础创建的计算机模拟三维环境，其重要特征是沉浸与交互。VR 用户不再是接受者，而是虚拟场景的参与者。1985 年，贾伦·拉尼尔（Jaron Lanier）最先提出"虚拟现实"这一术语，并将其定义为"利用电脑模拟产生一个三维虚拟世界，为使用者提供关于视觉、听觉、触觉等感官的模拟"。① 虚拟现实将调动人体的多种感官，营造虚拟的多维场景，为用户提供非真实的感官体验。虽然虚拟现实技术出现的时间较早，但因为设备昂贵、便携性差等因素，至今在各个领域虽有应用，但并未真正达到普及的程度。目前，虚拟现实应用于电子游戏、影音娱乐、艺术设计、电子商务、医疗、教育、建筑和军事等领域。在新闻传播领域，虚拟现实技术的应用产生了沉浸式新闻或虚拟现实新闻等新闻信息呈现形式。

2010 年，德拉佩纳（Nonny de la Peña）团队首次使用了沉浸式新闻（Immersive Journalism）的概念来定义使用虚拟现实技术制作的新闻。沉浸式新闻是"一种使观众能够对新闻中的故事或者场景获得第一人称视角体验的新闻生产方式"。② 虚拟现实系统为受众提供第一视角或主观视角，模拟受众对现实世界的观察和感受，借助外部设备获得沉浸感。虚拟现实技术应用到新闻传播领域制造出沉浸式新闻，场景幻象、合理性和虚拟躯体的所有者是制造沉浸式新闻的重要元素。③ 与沉浸式新闻类似的概念是虚拟现实新闻。沉浸感是虚拟现实新闻最重要的特点。虚拟现实新闻（VR

---

① 才华有限实验室. VR 来了! 重塑社交、颠覆产业的下一个技术平台［M］. 北京：中信出版社，2016.

② De la Peña N, et al. Immersive journalism：Immersive virtual reality for the first-person experience of news［J］. Presence：Teleoperators & Virtual Environments，2010，19（4）：295.

③ 严艺文. 虚拟现实技术在新闻传播中的应用及影响研究［D］. 广州：暨南大学，2018.

Journalism）是指使用虚拟现实技术来制作、报道新闻，是一种利用游戏平台和虚拟环境来传递新闻、纪录片和非虚构故事的新方法。

虚拟现实新闻作品虽然具有较好的沉浸感，但相对比较庞大，时效性较差。当前较为知名的虚拟现实新闻是《纽约时报》推出的《流离失所》。2015 年 11 月，《纽约时报》与谷歌正式开启关于虚拟现实内容制作的项目，推出虚拟现实产品——NYT VR。首次推出了长达 11 分钟的虚拟现实作品《流离失所》。该作品通过虚拟现实的镜头，还原了 3 个在叙利亚战争中流离失所的儿童。此外，《Vigils 巴黎》也是《纽约时报》具有影响力的作品之一。除了《纽约时报》，《今日美国》、BBC、ABC News 在虚拟现实新闻领域也有不错的尝试。

国内新闻传播机构也有虚拟现实新闻的尝试。2015 年 9 月，财新传媒在世界经济论坛新领军者年会（夏季达沃斯）及第四届"全球反贫困与儿童发展"国际会议期间，发布了中国首部虚拟现实纪录片《山村里的幼儿园》。2016 年，新浪新闻对"两会"进行了全景新闻报道。

虚拟现实新闻是一种新型信息技术应用于新闻生产的尝试，促进了传媒组织在流程再造过程中对产业链的延展。VR 新闻将使媒介融合从技术应用走向深化转型，VR 新闻推动媒体与科技公司深度跨界合作，VR 新闻倒逼媒体加速步入"受众为王"时代。[①]

（四）其他技术

此外，5G 技术、区块链技术、无人机等信息技术的应用也助推了传媒组织的流程再造。

5G 是指第五代移动通信技术（5th Generation），具有大容量、高速率、低时延和多连接等特征。5G 对于促进 VR、AR 产业提升用户体验，推动工业互联网等产业优化升级都有益处。5G 还通过医疗、金融、教育和电商

---

① 徐皞亮. 媒介技术视野下 VR 新闻生产与传播的实践探究［D］. 武汉：湖北大学，2017.

物流等产业持续赋能"智能+"，推动提速降费进程，从而持续惠民。5G 为媒体行业发展提供技术支持，从内容生产、传播渠道等方面推动行业革新，在加快广播电视媒体优化升级，加速台网融合和智慧广电建设等方面都具有助推作用。2019 年 1 月 31 日，中共中央宣传部提出"发展广电 5G"的重点工作目标；6 月 6 日，工业和信息部向中国广电等四家运营商发放了 5G 牌照，自此我国广电网络进入"有线+无线"时代；12 月 18 日，国家广电总局提出积极推进、培育和研发 5G 高新视频模式及产品，从而深度赋能广电 5G。2019 年上半年，贵州作为首批 5G 广电建设试点与 63 个市县签订协议开展"雪亮工程"；1 月 29 日，山东广电与华为建立"5G 联合创新应用实验室"；2 月 27 日，四川广电与华为签署 5G、超高清产业等领域战略合作协议；5 月 17 日，河南广电与华为联合建立"5G+4K"全媒体生态格局；11 月 19 日，安徽整合有线电视网络，逐步布局超高清视频产业和信息产业；11 月 20 日，中央广播电视总台借助 5G、4K/8K 等新兴技术，遵循移动优先的战略，推出我国首个 5G 新媒体平台"央视频"，进而发挥总台作为国家级主流媒体的优势，推动主流价值观的传递。华数传媒也加快向智慧广电运营产业转型，并与华为、阿里云、当虹科技等签署 5G、4K、VR 直播战略协议，通过布局超高清产业链增强行业竞争力。[1]

区块链新闻是随着区块链技术的出现而诞生的概念。区块链新闻可表述为基于区块链技术呈现的更为客观的、透明的、不可篡改的数字化新闻。它以区块链技术为基础，所有的新闻生产、制作、传播等皆发生在"区块链"技术场域，所有的过程皆在区块链程序代码当中留下痕迹，具有透明可查且不可篡改等显著特征。目前，区块链新闻媒体大致可分为五个类别：区块链新闻网站、区块链社交网站、浏览器插件、区块链搜索引擎、其他类型媒体与区块链媒体合作生产区块链新闻。[2] 整体来看，区块

---

[1]　黄楚新 . 2019—2020 中国媒体融合的新特点与新趋势［J］. 传媒，2020（8）：13-15.

[2]　赵云泽，赵国宁 . 区块链新闻的概念、原理和价值［J］. 当代传播，2019，206（3）：49-50，55-56.

链新闻实践依然尚未脱离当下媒体新闻实践框架，但区块链被用于修补互联网技术缺陷给新闻业带来的种种问题已显示出巨大的潜力。

无人机以低廉的新闻采集成本、能克服恶劣现场环境的强大能力，有效地克服了人类自身的局限性，正在成为新闻生产重要的新工具。无人机既能非常轻松地以高空航拍的视角呈现巨大的信息量，直观、真实地再现新闻现场，又能在短时间内完成录制与传输的流程，极大地满足了受众对信息即时获取的需求，尤其在报道灾难新闻和突发新闻时起到越来越重要的作用。目前，传统媒体的无人机应用主要表现在三个方面：① 一是突发性事件的新闻报道，如天津港爆炸事故、东方之星沉船等突发性事件；二是直播类新闻或媒体产品，如武汉沌阳高架桥爆破直播、湖南卫视《爸爸去哪儿》系列、体育赛事直播等；三是纪实性新闻报道或纪实性媒体产品，如人民网《启航：新棋局·瞰长江》系列、《援藏：科技改变西藏》及《舌尖上的中国》系列等。

在传媒组织流程再造过程中，在信息技术应用问题上，最为重要的是技术的适用性问题。每项技术都有优缺点，适合自身发展需要的才是最好的。

信息技术为现代报业集团流程再造提供了技术支撑，也对报业集团的人才储备提出新的要求。报业集团对信息技术的应用，不仅表现在自身对信息技术的理解和应用，还体现为与互联网商业平台的竞合。报业集团与互联网商业平台的竞合，不仅有信息技术的输入输出，也有信息技术的合作、信息产品的研发。以人民日报社"全国党媒信息平台"为例。该平台采用人工智能技术，对每日超过 5 万条的信息内容进行数据化、标签化等程序的处理，提升主流媒体对互联网平台分发技术系统的适应能力。2018 年6 月以来，人民日报"全国党媒信息平台"已经和"今日头条"客户端、"一点资讯"客户端、"搜狗搜索"和"今日十大热点"等客户端实现信息对接，

---

① 王朝阳，麦圈. 无人机技术在我国传统媒体中的应用现状[J]. 中国媒体发展研究报告，2017(1)：224-236.

依托互联网平台在内容处理、分发等技术领域的优势，应用个性化推荐机制，为用户提供全国各大主流媒体的优质信息。人民日报社还和中国联通达成战略合作，联合建设 5G 媒体应用实验室，探索 5G 环境下媒体应用和产品创新。2018 年以来，新华社与互联网商业平台的合作包括"AI 合成主播""媒体大脑·Magic 短视频智能生产平台"和"DN. A（Digital Natives Action，即数字原住民行动）新腾行动"，这三项合作是媒体专业生产能力与商业平台技术优势，以及人工智能产业发展趋势的结合。①

第四节　资本支撑系统

作为一种战略，报业集团 BPR 是一个长期持续的过程。在报业集团 BPR 实施过程中，充裕的资金是保证 BPR 顺利实施的基础，而对资本的运营则是报业集团扩大企业规模、提高市场占有率的助推器。报业集团 BPR 基础支撑体系中的资本支撑系统，是指在国家相关政策及行业指导规范的支持和指引下，报业集团通过自身积累及多种引资方式，实现从产品运作到资本运营的过渡，从而实现报业集团做大做强的一种资本的外部支撑环境。报业企业的发展需要大量的资金支持，报业集团 BPR 也需要强有力的资金作为后盾。政策支持成为报业集团资本运营的前提，多种引资（外资）方式为报业集团 BPR 提供了殷实的变革基础。

一、报业集团 BPR 中资本的基础与助推作用

在我国报业集团 BPR 中，资本是一个非常重要的因素，它包含两层含义，一个是资金（funds），它是报业集团 BPR 的基础；另一个是资本（capital）运营，它是报业集团 BPR 的助推器。资金概念在不同学科领域有

---

① 人民日报社. 融合体系——中国媒体融合发展年度报告（2018—2019）［M］. 北京：人民日报出版社，2020：53-54，65.

不同定义。会计上称资金是流动资产，包括现金、短期债券等，其目的是为了支付，或是一种价值的储存和中介方式。《现代汉语词典》中对资金的解释是："经营工商业的本钱。"①经济学上的资金是处于扩大再生产过程中运动着的物资价值的货币表现，是反映生产关系的本质的、客观存在的经济范畴，资金具有其固有的特征，即物质性、周转性、增值性和社会性。资金必须处于再生产过程中，是在运动中的一种货币表现，与货币、钱等概念存在一定的差异。在西方经济学里，资本是生产出来的生产要素。资本是"由经济制度本身生产出来并被用作投入要素以便进一步生产更多的商品和劳务的物品"。②约翰·斯图尔特·穆勒（John Stuart Mill）说："除了劳动和自然力这两种基本的和普遍的生产要素外，还有另一种生产要素，若没有它，工业便只能处于最初的原始而简陋的状态，而不可能进行任何其他生产活动。这就是以前劳动产物的积累。这种劳动产物的积累称为资本。"③胡正荣认为，"资本不只是货币的概念，除了资金以外，还有与之相互关联的技术、管理、信息以及理念等一系列因素"。④可见，资金和资本的概念是不同的。资金作为社会财富总量衡量的功能，与经济学中货币资本的内涵具有一致性，前者强调货币资本的预付功能，后者强调货币资本的财富评价功能。

资本运营是指企业将拥有的各种资源（包括相关生产要素和社会资源）视作价值资本，通过单独或综合运用流动、裂变、组合、优化、配置等途径，最大限度实现其价值增值的经营方式。⑤企业的资本运营包括资本扩张与资本收缩两种运营模式。资本扩张是指在现有的资本结构下，通过内

① 中国社会科学院语言研究所词典编辑室．现代汉语大词典（修订版）［M］．北京：商务印书馆，2000.

② 高鸿业．西方经济学［M］．北京：中国人民大学出版社，2000：338.

③ ［英］约翰·穆勒．政治经济学原理［M］．赵荣潜，译．香港：商务印书馆，1997：53.

④ 胡正荣．媒介市场与资本运营［M］．北京：北京广播学院出版社，2003：93.

⑤ 彭永斌．传媒产业发展的系统理论分析［M］．成都：西南财经大学出版社，2004：42.

部积累、追加投资、吸纳外部资源即兼并和收购等方式，使企业实现资本规模的扩大。根据产权流动的不同轨道可以将资本扩张分为三种类型，即横向型资本扩张、纵向型资本扩张及混合型资本扩张。收缩性资本运营是指企业把自己拥有的一部分资产、子公司、内部某一部门或分支机构转移到公司之外，从而缩小公司的规模。它是对公司总规模或主营业务范围进行的重组，其做法是放弃规模小且贡献小的业务，放弃与公司核心业务没有协同或很少协同的业务，其根本目的是为了追求企业价值最大以及提高企业的运行效率。收缩性资本运营是扩张性资本运营的逆操作，其主要实现形式有资产剥离、公司分立、分拆上市及股份回购。除了以上两种资本运营模式外，还出现了一些新型的资本运营类型，如整体上市模式、行业整合模式及产融资本结合模式等。资本经营是企业发展的一种外部交易扩张型发展战略，即通过兼并与收购、股权资本运营等方式、方法和手段来改变企业的资本结构，吸引外部资源，面向外部要素市场打破现有资源配置格局以增加企业的竞争优势。① 资本运作实际上是企业产权主体为适应变化着的市场环境而采取的一个持续的动态的调整过程。有效率的资本运作要求整个经济体制形成一种动态调整机制，包括实体资本或资产配置结构的重新调整、产权改革与产权交易、现代企业制度的普遍建立、金融投资及其衍生工具的创新、无形资本价值的增值，以及一个竞争性市场环境的确立等。

在分析资本及资本运营在报业集团 BPR 过程中起到基础支撑作用前，有必要先对传媒资本和传媒资本运营做个简要界定。按照西方经济学对资本的定义，传媒资本可以理解为传媒企业本身生产出来并被用作进一步生产的生产要素，它是用于生产商品和劳务的物品。媒体的资本运作就是把媒体所拥有的可经营性资产，包括和新闻业相关的广告、发行、印刷、节目制作、出版、信息等产业，通过流动、兼并、重组、参股、控股、交

---

① 匡导球. 报业资本运营的内在逻辑与现实路径[J]. 南京社会科学, 2008(8): 100-106.

易、转让、租赁等途径进行优化配置，扩张资本规模，实现最大限度增值的一种经营管理方式。① 20 世纪 90 年代中期，美国及欧洲各国纷纷修改媒体法和电信法，推动电信产业与媒介产业的重组和融合，掀起了又一次全球范围内的媒体并购浪潮。在我国，由于某种社会政治与历史的传承，传媒业在相当长的一段时期内被视作纯粹的上层建筑意识形态的设施之一，其宣传教化作用被强调到近乎唯一的程度，而其产业化功能却被有意无意地置于被压抑和被忽略的地步。然而，随着我国市场经济体制的建立和发展，媒介的资本运作也随之启动。

资本支撑系统中的资本涉及资金和资本两个概念。资金作为报业集团BPR 过程中的运行基础存在。资本及资本运营则表现在对报业集团核心竞争力的提升、战略转型及盘活报业集团资产等方面。

资金投入是报业集团 BPR 实施的基础。报业集团 BPR 是企业战略的一种表现形式，是一个长期过程，充足的资金保证是 BPR 项目顺利运行的基础。这种作用主要表现在以下三个方面。

第一，构建学习型组织和企业文化需要大量资金支持。例如，对员工的继续教育和培训需要资金。

第二，构建 BPR 管理团队及评估团队需要资金支持。这部分费用由两部分组成，一部分为支付给外聘专家和机构的费用，BPR 过程中的人力资本是指团队，包括外聘专家。这部分专家拥有丰富的专业知识和经验，有助于推动 BPR 的实施。聘请这部分专家需要资金支持。聘请专业的第三方评估机构也需要相关费用。另一部分费用为支付给内部直接参与 BPR 人员的劳务费，作为一种物质奖励，有助于提高参与人员的积极性和主动性。

第三，配置 BPR 基础设施时需要资金支持。当报业集团在 BPR 过程中需要获得信息技术支持时，资金的支持格外重要。这部分费用主要用于购买计算机硬件、软件和有关物资等。很多关于企业 BPR 关键成功因素研

---

① 段永刚. 我国媒介产业的资本运作[J]. 新闻与传播研究, 2001(2)：12-18.

究表明，"过于强调削减成本或缺乏财务计划（资金）支持"①②是导致 BPR 失败的重要原因之一。

因此，要想使 BPR 顺利实施并取得突破性的进展，报业集团需要对 BPR 项目有足够的资金投入以保证企业文化、企业团队及基础设施等的建设。

资本运营是报业集团成功实施 BPR 的助推器。报业集团对资金的利用不仅表现为货币资金，更多地体现为对报业资本的运作。报业集团通过资本市场的资金融通、体制培育和资产重组三大功能，借助资本运营的手段，可以使我国传媒业尽快实现市场化和规模化经营。同时也可以使我国传媒企业的经营运作逐步摆脱旧体制，完善自身的治理结构，并借鉴国际模式不断探索经营管理体制的创新。其作用主要表现在以下四个方面。

第一，资本运营有助于提升报业集团传媒核心竞争力。传媒企业发展战略主要有两类：一类是内部积累型发展战略，也就是在传媒现有资本结构下通过整合媒介的内部资源，维持并发展企业的竞争优势来延续传媒企业的生命周期。另一类是外部交易扩张型的发展战略，即传媒企业通过兼并与收购，股权资本运营等方法和手段来改变企业的资本结构，面向外部要素市场，吸引外部资源，打破现有资源配置格局，以增加企业的竞争优势。③ 2007 年，党的十七大报告明确提出，我国要"大力发展文化产业，繁荣文化市场、增强国际竞争力"，指出应充分利用资本市场这一融资渠道，支持文化传媒企业通过公开发行上市做大做强。2008 年，国家新闻出版总署署长柳斌杰在接受《光明日报》、英国《金融时报》等媒体采访时表示：中国政府将支持出版机构、报业企业和官方骨干新闻类网站上市，并不再要

---

① 华萌 . 企业流程重建成功的先决条件[J]. 科学学与科学技术管理，1999，20（7）：37-40.

② 张鹤达 . 企业 BPR 影响因素分析及效果综合评价研究[D]. 长春：吉林大学，2005.

③ 罗珉 . 资本运作模式、案例与分析[M]. 成都：西南财经大学出版社，2004.

求它们将编辑业务与经营业务拆分，而是鼓励整体上市。① 目前，外部交易扩张型所运用的资本运作已经成为报业集团确立市场竞争优势的有效手段。广州日报报业集团在"重组改制初步方案"中清晰表明其实现战略转型的目的："希望通过上市，从国内领先的报业集团发展成为国内领先的传媒集团，在中国的文化市场对外开放时，发展成为具有国际竞争力的文化事业集团。"中国证券报是较早开展资本运营的报业。自 2008 年起，中国证券报开始与海外投资者接洽，先后与日本 SBI 控股株式会社成立合资公司，与美国纳斯达克交易所签订战略合作协议。2010 年 10 月，中国证券报与日本 SBI 控股株式会社签署《合作框架协议》。根据协议，中国证券报在上海成立了独资上海新证财经信息咨询有限公司（以下简称新证财经公司）并开始相关人员和资产的划转工作。2011 年 1 月，新证财经公司正式运营。在此期间，中国证券报对原有独资的新证广告公司完成改制，并将新证广告公司和中证投资公司以股权增资方式注入新证财经公司。同时，中国证券报与新证财经公司签署协议，将自采信息使用权等资产以授权或转让的形式注入该公司。到 2011 年 3 月初，资产注入工作全部完成。随后，2011 年 4 月，新华社批复同意日本 SBI 集团向新证财经公司增资。之后，中国证券报向上海市商委提出了与日本 SBI 集团成立合资公司的申请。上海市商委批复同意日本 SBI 集团向新证财经公司溢价增资 1.25 亿元人民币的等值日元，并取得 43%股权。5 月，日方将上述资金汇入合资公司资本金账户。在完成外汇登记、验资和工商登记等手续后，中国证券报与 SBI 集团的合资公司于 6 月 10 日正式获准成立。至此，合资公司在中国证券报不出一分钱的前提下，成功获得来自日本 SBI 集团 1.25 亿元人民币的资金注入，中国证券报以 57%的股权实现了绝对控股。2011 年，合资公司实现销售额 5156 万元，净利润 373 万元，完成了"当年组建、当年运营、当年盈利"的既定目标。

第二，资本运营是报业集团可持续发展的重要保障。传媒企业仅仅通

---

① 2008 年中国传媒业步入"大传媒时代"［N］. 中华新闻报，2008-01-23.

过生产经营战略的调整，很难使企业获得突飞猛进的发展。相反，如果传媒企业能够转变思路，作出从产品运作战略向资本运营战略的转变，就可以突破传媒产品所占的特定的市场份额限制线、传媒产品特定的生存周期限制线和传媒企业特定的资本结构限制线这三条阻碍传媒企业持续发展的限制线，为媒介企业的发展创造新的空间，从根本上扩张传媒企业的生存周期。喻国明认为，"跑马圈地"式的高速成长期已成过去，报业已经步入以规模竞争为特点的市场阶段，其实质就是资本竞争，由资本决定的规模大小已经是决定媒介生存废退的一个基本标志。① 报业集团 BPR 和报业可持续发展的目标是一致的，借助于良好的资本运营，可为报业集团积累更多的资本，使报业集团能面对来自国际、国内的竞争，实现可持续发展。

第三，资本运营可促进报业集团战略转型。战略转型必然要匹配相应的资源和能力，目前虽然成立报业集团或传媒集团已经成为报业发展的主要模式，但仅仅依靠集团自身积累，既要做大又要做强，成为一个跨国传媒集团，是非常困难的。因此，对于报业集团而言，除了继续不断积累自身内部资源，争取政府支持和税收优惠外，还应进入资本市场，运用资本运营等手段来筹集资本。"那些超级媒体跨国公司的成功就充分地说明了这一点。自 20 世纪以来这些跨国公司向全球的成功扩张，始终同雄厚的资本积累联系在一起。……传播权利的获得建立在充足资金的基础上，这一基本规律在全世界似乎是放之四海而皆准的。"②因此，报业集团要成功实现转型需要大量的资本积累，而最佳途径就是进入市场，实施资本运作。

第四，资本运营有助于盘活报业集团传媒资产。传媒资本运营是盘活传媒资产的重要手段。首先，通过设立、重组、兼并、联合等方式将报业集团创造利润的主营业务同非主营业务的资产有效结合起来，盘活不良资产，从整体上提升集团资产的运作效率；其次，通过股票上市、溢价发行等方式，不但能够募集大量资金，而且还可以使集团的资产增值；再次，

①　喻国明 . 略论资本市场与传媒产业结缘的机遇、操作方式与风险规避[J]. 新闻与传播研究, 1999, 6(4)：23-27.

②　段京肃 . 定位・重组：媒体应对 WTO[J]. 国际新闻界, 2001(5)：68-74.

通过无形资产证券化，可以把传媒集团重要的无形资产变成有形的资源，实现价值增值。2007 年 4 月，赛迪传媒以其所拥有的部分长期股权投资和部分债权等资产，与关联方赛迪集团受让取得的"中国计算机报"注册商标进行置换，置入"中国计算机报"注册商标，资产价值 1.025 亿元。目前，越来越多的人意识到，无形资产作为传媒核心资源之一，不但能带来巨大的经济收入，而且还是资产经营、资本运营的重要内容。在资本市场上，资金在利益的引导下流向效益好的行业、企业。通过资本市场上大规模的兼并收购、资产重组和产权交易运作，对大批陷入困境的报业中小企业进行资产改造，盘活存量资产，不仅能促进资源的合理流动，提高资源的配置效率，而且还能促进优势企业在短期内实现低成本扩张，提高组织规模，扩大市场占有率，增强抵御各种风险的能力。

由此可见，报业集团由生产经营阶段发展到资本运营阶段是对传统经营方式的革命性变革，它适应了经济全球化发展的需要，增强了报业传媒的市场竞争力，更合理地配置了社会资源，成为报业传媒企业发展的必然趋势。而这种良好的发展趋势不仅表现为经营方式的变革，也为报业集团实施 BPR 战略提供了充裕而持续的资金，通过合理的资本运营，使报业集团不断提升核心竞争力、盘活资产，为实现成功转型和可持续发展奠定了基础，并推动 BPR 成功实施。

二、资本支撑中资本运营的主要形式

国际传媒产业呈现出两个特点。① 一是为适应国际产业演变与替代加速的竞争，国际各大传媒企业纷纷采取多层次发展战略，通过收购、兼并等资本运作构筑综合性传媒集团，加速资本的积累与集中，迅速扩大资产规模。如，美国在线并购时代华纳，法国维旺集团 103 亿美元收购巴瑞·迪勒的电视资产。二是国际传媒业与电信业等相关产业在资本市场层面日趋融合，从最初主要集中在平面媒体领域的竞争逐渐延伸到广播电视电影

---

① 胡正荣．媒介市场与资本运营［M］．北京：北京广播学院出版社，2003：105.

等视听媒体领域的竞争。如，隶属于新闻集团的福克斯广播公司以 30 亿美元收购新世纪通信集团公司的全部股权。国际传媒企业的资本运营基本还是通过收购和兼并等手段来实现资本积累，并且呈现出一种跨产业的融合趋势。

在我国，虽然国家在政策层面已经对传媒企业资本运营在很大程度上放开，很多传媒企业也通过各种方式尝试经营模式的转变，但总体上还是表现出资金来源渠道比较单一、资本结构不匹配及资本运营意识淡薄等特点。① 首先，国内报业集团的主要资金来源还是国家财政和银行贷款，资金来源渠道单一。报业集团缺乏追求利润最大化、资本保值增值和自我积累的内在动力和外在压力，高成本、低效益的现象普遍存在。而发达国家报业资本来源渠道则相对较广，包括自有资本、银行贷款、股票融资、债券融资、基金资助等，多元化是其资本结构的基本特征。其次，在资本结构上，呈现出"四高四低一不分"的现状，即外部融资比例高，自我积累融资比例低；间接融资比例高，直接融资比例低；债务性融资比例高，资本性融资比例低；实物形态的有形资产比例高，无形资本比例低；经营性资本与非经营性资本不分。最后，部分报业集团不是缺少资本运营的资金，而是缺乏资本经营的意识。虽然他们有大量闲置资金，向银行贷款融资也并不困难，但他们似乎不需要融资，反映出新闻出版单位的融资意识薄弱，资本经营意识淡薄。②

面对报业集团资本运营的现状，报业集团需要对现有资本结构进行优化，这是报业集团融资决策中的一个核心问题。企业的融资决策主要是指企业在有融资需求时对融资工具和融资方式的选择。③④ 报业集团在实施

---

① 姚德权，王蕊. 中国新闻出版业资本结构考量与优化[J]. 现代传播，2007(6)：5-9.

② 伍传平，张春瑾. 新闻出版业资本运作及其效应分析[J]. 出版发行研究，2003(3)：31-34.

③ 方晓霞. 中国企业融资制度变迁与行为分析[M]. 北京：北京大学出版社，1999：49.

④ 李朝霞. 中国公司资本结构与融资工具[M]. 北京：中国经济出版社，2003：92.

多元化融资时需要提高内源融资水平和加大外源融资力度。① 其一，提高内源融资水平，主要途径是提高报业集团融资意识、增加自身积累及提高折旧和摊销比率等。其二，加大外源融资力度，主要表现为允许报业集团之外的资本进入报业资本运营范围，特别是在外资引入方面，通过股权融资、债务融资、外资引入及风险投资②③等形式实现资本运营。外源融资是在国家相关政策及行业性规范的正确指引下逐步实施的一种多元化融资途径。可见，报业集团 BPR 基础支撑体系中的政策辅助系统在报业集团资本运营中起到很大的支持作用，是外源融资特别是引入外资的前提。我们主要讨论外源资本中外资的引入方式。目前，报业集团可以采用的外源引资(筹资)形式包括股权融资、债务融资、外资引入及风险投资等。

(一)股权融资

股权融资也称为上市融资，是西方报业集团普遍采用的一种资本引入方式。在我国，随着报业集团转制成功，报业集团成为现代企业制度中市场经济下的独立法人，可以"通过发行公司股票、企业债券在资本市场直接融资"。目前，利用股权融资的方式主要有两种：直接上市融资和间接上市融资。直接上市融资是指符合条件的新闻出版单位依据法定程序向投资者募集股份的行为。其优点在于成本较低且收益较高，适合于大型传媒集团，如美国很多报业集团很早就实现了上市举措。④ 在国内，由于报业集团属性的特殊性，暂时还不能以整体的名义上市融资，而是间接上市。间接上市有两种方式：借壳上市和造壳上市。其优点是快速、便捷。目前，我国报业集团以自身名义整体上市的案例还没有，一般选择的上市形

---

① 姚德权，王蕊．中国新闻出版业资本结构考量与优化[J]．现代传播，2007(6)：5-9.

② 周绍鹏，等．新世纪的国有企业改革与国有资产管理体制研究[M]．北京：中国人民大学出版社，2006：154.

③ 陈艳．报业集团的筹资管理[J]．河南科技，2007(12)：21-22.

④ Picard R G. The Economics and Financing of Media Companies[M]. NY：Fordham University Press，2002.

式是借壳上市。

国内报业最早实现上市融资的是成都商报社。1999 年 7 月，成都商报社绝对控股的成都博瑞投资有限公司以每股 2.68 元的价格接受成都市国资局持有的四川电器 2000 万股国家股转让，以 27.65%的股份，成为四川电器的第一大股东。成都商报社间接控股上市公司，实现"借壳上市"。在收购四川电器后，博瑞投资把成都商报发行投递公司 93%的股权转让给四川电器，从而实现"买壳上市"的目的，四川电器也被称为"中国报业第一股"。成都商报社的借壳上市对于中国报业集团的资本运营发展来说具有重要的意义，拉开了报刊业全面进入资本市场的序幕。

随后，国内一些报业集团陆续通过参股上市公司的方式间接上市。2000 年 4 月 8 日，人民日报社创办的全资子公司中国华闻实业发展总公司协议收购上市公司燃气股份除第一股东外其余 7 家股东 6502.1982 万股法人股，占 25.6%的股权，成为第一大股东。2001 年，信息产业部计算机与微电子发展研究中心(CCID)所拥有的北京中国计算机报投资有限公司与海南港澳实业股份有限公司实现股权置换，完成了间接上市。2004 年 12 月，北京青年报社控股的下属企业北青传媒股份有限公司在香港通过 IPO 成功挂牌上市，成为内地第一家获准在海外上市的媒体，被称为"中国海外上市第一股"。2006 年，上海新华发行集团通过股权收购、资产置换和现金对价的组合式股改方案借壳华联超市在沪市上市。2007 年 3 月，解放日报报业集团将旗下的解放—中润广告公司、申江服务导报、新闻晨刊、风火龙发行公司四部分资产注入新华传媒公司，实现了借壳上市的目标，成为我国省级党报集团中第一家拥有上市公司的集团。

在股权融资方面，浙江日报报业集团一系列举措充分展示了该报业集团领导层的决心和魄力，也取得了丰硕的成果。2003 年 10 月，浙江日报报业集团出资近 2000 万元，收购了杭州市化工研究所超过 1/3 的股权，成为其第一大股东。浙江日报报业集团发挥战略投资者的优势，对其财务管理、战略规划和资产重组等方面的情况进行了梳理。2008 年 9 月，根据集团投资转型的需要，将杭州市化工研究所通过浙江省产权交易所挂牌出让，最终成交价为7050万元，加上历年来累计分红所得，这个项目的年回报率接近80%。2004年，浙江日报报业集团向浙江大立科技有限公司投资2300万元，次年主导股改，2007年启动上市申请，2008年2月18日正式在深交所挂牌，仅以2009年的市值计算，投资回报率达到八倍。2007年8月3日和8月29日，集团公司董事会已先后决策：以每股8.3元价格，受让900万股华泰保险；以每股7元价格，认购浙江华康药业350万股股份。大立科技和华康药业两个项目，浙江日报报业集团共投入1个亿资金作为中长期战略投资。截至2007年，通过新干线公司和绿城投资公司的资本经营和房地产投资，已累计为集团创造利润近4亿元。到2008年年底，浙江日报报业集团实现到账资本经营收益逾3.5亿元(不含房地产投资收益和上市股票市值)。到2009年年初，浙江日报报业集团在金融和高新技术领域已陆续投资了五个项目。

组建媒体融合产业基金，是人民日报"中央厨房"和浙江日报报业集团资金来源与新媒体业务拓展的另一种方式。

人民日报媒体技术股份有限公司财务总监于猛表示，媒体技术公司将通过设立股权投资基金，参股、控股国内外优秀媒体机构或技术企业，增强业务协同性，增强全媒体行业影响力，提高人民日报的技术掌控能力和全球传播能力。① 在具体的操作中，以推动媒体加快融合发展为重要着力点，对基金采取市场化方式进行管理，募集渠道市场化、投资项目市场化、运营流程市场化。基金既可协助传统媒体间的并购重组，也可协助传统媒体和新媒体、媒体技术企业之间，实现跨地区、跨行业、跨所有制的并购重组，提升主流媒体传播力、公信力、影响力及舆论引导能力。

2016年8月21—22日，由人民日报社、招商局集团、深圳市三方共同组建的"深圳市伊敦传媒投资基金"正式上线，这是全国首家媒体投资基金。

伊敦传媒投资基金具体由人民日报媒体技术股份有限公司联合招商局

---

① 于猛. 释放资本活力助推融合发展[J]. 新闻与写作，2016(9)：16-17.

资本投资有限责任公司、招商蛇口工业区控股股份有限公司、深圳市引导基金投资有限公司共同设立。基金设立的具体流程为：先由人民日报媒体技术股份有限公司出资 501 万元，招商局资本投资有限责任公司出资 499 万元，联合成立深圳市招商金台资本管理有限责任公司，再由深圳市招商金台资本管理有限责任公司与深圳市引导基金投资有限公司、招商蛇口工业区控股股份有限公司共同设立基金。伊敦传媒投资基金遵循业内成熟的管理规则，采取市场化方式管理，主要以股权的方式投资于媒体、互联网、科技等相关领域，以及与前述领域相关的新兴领域和交叉领域。

2012 年起，浙江日报报业集团开始发展伞形基金的运营模式，发起设立大数据产业基金、产业并购基金、新三板基金等多家文化产业投资基金。目前，浙报集团旗下管理的基金规模超过 20 亿元。在综合性投资机构转型过程中，浙报集团已从浙江省内走向省外，进行跨区域合作尝试。集团通过新媒体创业大赛，以投资"布局"，与阿里集团等共同设立新媒体创投基金，先后投资、孵化 30 多个新媒体项目，加快了集团新媒体业务的拓展布局，取得了很不错的效果。

（二）债务融资

2006 年 9 月，在中共中央办公厅、国务院办公厅印发的《国家"十一五"时期文化发展规划纲要》提出，要通过创新信贷担保手段和担保办法，为文化企业向金融机构借款提供便利条件。这一政策出台，为报业集团选择债务融资提供了政策支持。债务融资是有偿使用企业外部资金的一种融资方式，主要包括银行融资（银行信贷）和债券融资（发行债券）两种。目前，债务融资和风险投资已成为我国传媒企业最主要的融资渠道之一。

银行融资是目前中国传媒产业领域筹集外部资金的一种主要方式。由于传媒产业属于文化产业范畴，受国家政策及当地政府的保护与支持。而传媒产业主要产品是文化产品，生产受经济环境变化及经济周期影响小，投资回报率高，因此更容易受到银行的青睐，获得银行借款。目前，报业集团主要是向各商业银行借款。这种债务融资方式具有融资手续简单、迅速、费率低等优点。同时，这种融资方式的门槛也较高，银行要求借款的报业集团具有相当的银行资信等级或相应的资产抵押，无形之中增加了报业集团经营风险。但由于我国报业集团所特有的双重属性，以及较强的经济实力、偿债能力和经营获利能力等，普遍具有较高的银行信誉。因此，银行融资成为现阶段报业集团较好的融资方式。

债券融资是指企业按法定程序发行的、承诺按期向债券持有者支付利息和偿还本金的一种融资行为。与其他融资方式相比，具有节税、成本低、稳定公司控制权等优势。报业集团应在对自身资金需求状况、获利能力、发展周期等因素进行综合考虑的基础上，保持债券发行规模的适度性和发行期限结构的合理性。目前，这种融资渠道门槛较高，主要针对实力雄厚、收入稳定且具有很高市场声誉的传媒企业。国外很多传媒企业由于受到资金充裕和业绩增长压力的影响，往往采用债券融资的方式完成收购扩张。2009 年 8 月，包括新闻集团、Discovery 传播公司在内的多家美国媒体公司通过发行债券融资近 40 亿美元。新闻集团营收虽然下降 11%，但其持有的现金从 2007 年 12 月以来却翻了一番，达到了 65.4 亿美元。近期，新闻集团正拟收购沙特阿拉伯广播公司 Rotana Media 20% 的股份。截至该月，美国媒体公司通过发行债券在 2009 年已经融资 183 亿美元，超过了 2008 年全年的额度。[①] 随着中国债券市场的蓬勃发展，越来越多的新闻出版单位将青睐于债券融资的方式。

(三)外资并购

外资并购是吸收其他法人资金，即通过吸收国家、企业法人或自然人直接投资筹集资金的方式。其资金形成报业集团的所有者权益，属于权益筹资，该方式不形成集团的债务，不对集团造成直接的支付压力，但是接受其他法人投资，筹资手续复杂，同时分散了集团的控制权，而且权益人

---

① 霍珊. 新闻集团等媒体公司发行数十亿债券融资 [EB/OL]. [2009-09-12]. http://tech.163.com/09/0912/00/5IVJHKRP000915BF.html.

要求的投资报酬率也比较高。

迅速发展的中国传媒市场，吸引了境内外诸多的投资者，外资传媒企业纷纷设法以多媒体、多元化经营模式进入中国市场。目前，外资进入中国传媒市场的途径主要包括：投资控股方式、参股式、兼并收购式、品牌合作式、节目交换模式及直接进入式等。① 在允许外资进入的新闻媒体领域方面，我国有严格界定。"印刷业是全部开放的，外国的传媒集团、资本都可以进行合作；出版产品的分销服务市场是开放的，外资可以独资、合资、股份制等形式进入；游戏动漫软件的开发研究是开放的，外国的相关公司可以参与开发研究；新闻媒体的技术领域，包括网络、数字、出版是对外开放的，外国公司完全可以参与合作。"对于以党报为核心的报业集团而言，外资融资的领域也主要集中于报业集团信息化建设、集团下属网站及相关发行领域，还未涉及根本的内容层面。综上所述，目前比较适合报业集团外资引入的方式有投资控股式、参股式、品牌合作式等。

投资（合资）控股式即外商通过投资控股（股份占合资公司 50% 以上），与国内外合作伙伴成立出版公司等形式投资媒体。这种运营方式主要集中在专业媒体，比较适合报业集团旗下子媒体的外资引入。美国出版商国际数据集团（IDG）是第一家进入中国的美国技术信息服务公司。1980 年，IDG 获得中国政府的批准，合资出版《计算机世界》。目前，IDG 公司在中国合资与合作出版的与计算机、电子、通信有关的报纸与杂志达 30 余种，如《IT 经理世界》《网络世界》《微电脑世界》等。②

参股式（股份占合资公司 50% 以下）是境外媒体公司迂回进入中国传媒市场的一种方式。由于受政策方面的限制，境外传媒集团无法直接涉足中国新闻传播事业。2001 年，杰拉尔德·列文（Gerald Levin）说："我们现在要让更多的中国人看到我们的《时代周刊》《财富》和 CNN 及其他新闻报道。我计划让我们的记者与管理人员走遍全中国，因为终有一天我们会来到中

---

①　丁明锐．中国传媒业外资准入监管研究［D］．长沙：湖南大学，2009.

②　钱晓文．外资传媒在华经营模式及其影响［J］．新闻记者，2001（8）：12-14.

国市场。"列文这一席话充分说明了外资进入中国传媒市场的决心和信心。一旦政策方面获得许可，境外传媒集团凭借参股中国市场的措施可以迅速直接涉足传媒领域。

在参股式的外资并购方面，我国一些报业集团也做过尝试，并取得不错效果。2007 年，安徽日报报业集团与南非 MIH 集团合资成立新安传媒有限公司，成为我国党报引进外资的第一个案例，目前也是唯一一个案例。在此次引资中，安徽报业以印刷，新安晚报的广告、发行、经营权等资产、业务出资；MIH 以现金出资。其中，安徽报业占 63% 的股权，MIH 占 37% 的股权。公司董事长、总经理由安徽报业委派，公司经营主要由安徽报业负责，MIH 主要委派了财务总监，以及广告专家，主要提供人员培训、市场策划，以及国际广告的拓展。2008 年 12 月，公司正式开始运作。参股式融资形式在监管相对宽松的互联网领域同样适用。几年前，美国新闻集团与人民日报社合资成立北京笔电新人信息技术公司，从事信息技术咨询服务并合作推出了 Chinabyte. com 和门户网站搜索客（cseek. com）。① 虽然，Chinabyte. com 已与人民日报脱钩，② 但这种融资渠道却是一种不错的尝试。

品牌合作是许可经营的商务模式，不涉及任何资本与股权交易。当前，国内报业集团的品牌意识逐渐加强，一些报业集团纷纷开始实施独具特色的品牌战略，如南方报业传媒集团"南方报业"品牌战略，解放日报"文化讲坛"品牌战略等。原南方报业传媒集团董事长范以锦说，南方报业"正尝试加强在资本运营和其他项目的强强联合，提升'南方报业'的品牌价值"，"面对逐渐开放的国内传媒市场，'南方报业'在寻找战略合作伙伴的同时，将选择在其他区域或行业知名度较高的国际品牌进行合作"。③ 借鉴美国迪斯尼公司与中国海虹控股合作的方式，国内报业集团以品牌合作

---

① 叶盈. 新闻集团：磨练 20 年[J]. 今传媒，2006(6).

② 刘建明."传媒入世"的杜撰[J]. 新闻记者，2002(2)：4-6.

③ 范以锦. 南方报业品牌管理发展为三级管理模式[C]. 2005 年中国品牌价值管理论坛，2005.

吸引外资的方式，就是国内报业集团以品牌和技术作为资本，外资提供资金支持，形成一种策略联盟。

当然，我国报业集团不管通过哪种方式引入外资，都需要进行有效的监管，遵循"安全、有效、提高效率"的方针和原则，始终以保障中国的文化安全和政治安全为前提。因此，一方面，我国应制定报业集团外资引入的政策和行业性规范，对报业集团外资运营行为进行指导和约束；另一方面，报业集团作为外资引入的主体，要严格遵守国家相关政策，确保报业集团"四不变"，确保正确的舆论引导，确保社会效益和经济效益并重，这样才能促进我国报业集团可持续发展。

（四）风险投资

风险投资又称"创业投资"，是市场经济高度发展的产物，它是指向极具发展潜力但暂时缺乏资金，不具备上市资格的新兴产业做长期股权投资，目的不是通过其所投资从事实体经济活动的赢利取得回报，而是通过资本增值来实现回报的投资行为。[①] 传媒领域的风险投资一般都为股权投资，投资方可以获得一定期限的经营权与收益权，却无法获得实际控制权及国家认可的媒介产权。因此，风险投资模式与我国目前对新闻媒体的监管政策非常切合，是一种有效的资本扩张路径。

目前，我国风险投资市场呈现出蓬勃发展的势头。中国风险投资研究院发布了《2007 年中国风险投资行业调研报告》，指出 2007 年中国风险投资总额近 400 亿元，投资项目数也高达 741 个项目。[②] 但在中国传统媒介市场获得风险投资的比例却较小。如何使风险投资更加青睐于传媒市场呢？有学者认为，设置专门面向报业产业的投资基金是非常有必要的。[③]

---

① 钱水土．中国风险投资的发展模式与运行机制研究[M]．北京：社会科学出版社，2002：23．

② 吴铭．2007 年中国风险投资行业调研报告[N]．中国证券报，2008-01-10．

③ 刘琴．中国报业数字化转型中风险投资的方式考量[J]．新闻界，2008(4)：18-20．

报业产业投资基金将专门致力于报业传媒的融资建设，借鉴美国传媒产业风险投资的基金模式，在国家主导下，以外资疏导和民间资本的积聚为主的两个取向的风险投资模式的建构，在专业领域缔造由传媒融资家、传媒投资家与传媒项目的管理者构成的投资体系，大力发展业外资本进入报业传媒的改革市场。在这种风险投资模式下，应始终坚持国家主导，坚持在国家的控制、指导、调节或准许下，使市场机制的作用集中于报业传媒领域，并得到逐步发挥和全面贯彻。目前，风险投资和债务融资已成为我国传媒企业最主要的融资渠道之一。

目前，国内一些报业集团也越发注重更新经营理念，吸引更多的风险投资。解放日报报业集团采用独特的"轻资产撬动重资产"的融资理念就是较为典型的范例。其基本模式是设想出具有成长性的新媒体产品概念或创意，为投资者创造一种收益预期，从国际风险投资市场吸引资金，用对方的资金为集团开发项目，从而共享收益。这种融资方式的核心理念是"让创意产生价值，让无形资产转化为有形资产，用轻资产撬动重资产"。其中的轻资产是指报业集团的品牌、创意、思想、文化等，轻资产具有无限、非稀缺的特点，而重资产是厂房、设备等资源，具有有限、稀缺的特点。尹明华认为，在传统有形资源紧缺的时代，我们以巨大的成本投资、以消耗稀缺资源为特点的增长方式已很难成就可持续的发展。解放日报报业集团将更多地依赖品牌、创意、思想、文化等轻资产的相互链接，通过整合资源创造生产力，以可复制的非稀缺资源作为投入，实现报业经济、实业经济和新媒体经济的迅速扩张。2006 年，在新媒体项目、实业项目和对外合作中，没有动用银行存款，投入最多的是轻资产，使用的是可以无限复制的非稀缺资源。解放日报报业集团用创意及概念吸引风险投资的创举值得业界学习。

风险投资更青睐于传媒领域中的高新技术企业或项目。据《传媒》杂志与复旦大学进行的传媒企业创新能力调查显示：我国传媒企业特别是传统媒体创新融资非常困难。40 家传统媒体中，创新资金 92.5%依靠企业自身筹集，15%靠银行贷款。而 35 家新媒体资金来源较为丰富，68%靠自有资金，45%靠国外风险投资，22%靠国内风险投资，14%靠股市筹资。[①] 通过该调查不难发现，对于传统报业来讲，因其缺少信息技术优势，很难获得风险投资，更多是依靠内资。而具有信息技术优势的新媒体企业，除了依靠内资外，国内外的风险投资所占比例都较大。

在对外传播中有"造船出海""借船出海"方式，在传媒投资方式中，也有与"船"相关的，那就是"买船"模式。[②] 浙江日报报业集团向来注重用户资源。其子公司浙报传媒集团斥资 32 亿元收购盛大旗下的游戏对战平台边锋和浩方。半年后，浙报传媒从边锋、浩方两个游戏平台获得的纯利润已超过了浙江日报报业集团传媒主业的利润收入。但这背后最重要的是，浙江日报报业集团传媒获得了对浩方、边锋两个平台的用户的舆论影响力——边锋、浩方平台目前的 3 亿注册用户（其中 2000 万活跃用户）会成为报业集团信息传播、舆论影响的基础和目标。

当然，引入外资并不是报业集团资本运营的唯一途径，吸引民营资本等集团外资本的介入也是一种不错的方式。浙江日报报业集团下属钱江晚报有限公司不仅与国外资本合资，而且与民营资本合资。钱江晚报有限公司通过与民营资本合资，组建新民生报有限公司，经营新创刊的新民生报；通过新民生报有限公司，与国外资本合作，创办并经营国际时尚报。钱江晚报利用民营资本作为吸引外资的桥梁，其理念非常独特，钱江晚报有限公司作为出资主体，链接外部资本的方式已经成为钱江晚报实现跨越式发展的重要平台。

随着国家政策在外资准入传媒市场的放开，报业产业的当务之急是如何转变经营思路，从产品经营的模式转化为资本运营模式，提高外资引入水平，推进产业改革和快速发展。报业集团资本经营的目的与其他行业一样，就是对集团公司所拥有的一切有形与无形的存量资产，通过流动、裂变、组合、优化配置等方式进行有效运营，以最大限度地实现增值。资本

---

① 谢耘耕，周志懿. 中国传媒创新能力调查报告[J]. 传媒，2008(3)：6-10.
② 马利. 不变革，媒体就真老了！[N]. 组织人事报，2014-09-25.

运营的多元化一定要审慎，要选择合适的项目。目前，国内报业集团多元化投资的主体在房地产，这就要注意控制投资风险，认清国内房地产投资的"泡沫"，切勿跟风而上，选择适合的投资对象才能实现资本良性运营，为报业集团可持续发展提供更充裕的资金支持。

随着我国市场经济逐步发展完善，互联网市场也从初创走向成熟，卢新宁认为，统筹体制与市场两种力量，形成融合发展合力，最主要的是创新政策和资金支持方式。一是以"补助+债权+股权"的形式优化政府资金使用效率。二是采取"引导+补偿"的模式，对主流媒体符合未来发展方向的新媒体业务，建立投资风险补偿机制，鼓励其发展。三是不断推出制度创新，通过各种方式支持传统媒体企业上市，通过资本市场进行融资。① 传媒组织在资本运营中，最重要的是吃透政策，因地制宜，依据实际情况选择适合自己的资本运作形式，切不可贸然进入自己不熟悉的领域，造成整个支撑链条的断裂，影响媒介融合的进程。

---

① 胡怀福，周劲. 王者融归：媒体深度融合 56 个实战案例［M］. 北京：人民日报出版社，2019：13.

第五章　核心支撑：企业战略、人力资本和企业文化

我国部分报业集团 BPR 的实践说明，报业集团由于受发展历程、所处地理位置、最高决策层及管理团队、企业文化等因素的影响，在 BPR 形式的选择、BPR 的范围等方面存在差异。企业战略、人力资本、企业文化及产业价值链四种因素作为报业集团 BPR 核心支撑体系的主要组成部分而存在，其中人力资本是 BPR 核心支撑体系中的核，"以人为本"的企业文化是 BPR 的个性基石。

第一节　核心支撑体系概述

报业集团 BPR 核心支撑体系包括企业战略系统、人力资本系统和企业文化系统，如图 5-1 所示。

在核心支撑体系中，企业战略、企业文化和人力资本均是非物质支撑因素。在企业战略方面，企业的战略引导、可以量度的再造目标、BPR 战略目标与企业目标的一致、完善的愿景规划等都是 BPR 的关键成功因素。在人力资本方面，注重人的因素、最高层远见卓识的领导力、高层管理人员的认同和支持以及跨功能的团队合作、高效的核心团队、专业的咨询公司参与等因素也是企业 BPR 的关键成功因素。在企业文化中，员工的士气和创新、组织沟通是 BPR 的关键成功因素。这三个要素共同构建了报业集团 BPR 核心支撑体系。其中，BPR 战略目标的制定必须和企业的整体战略

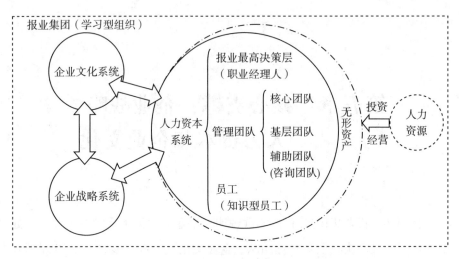

图 5-1　BPR 核心支撑体系结构

目标相一致，这是保证 BPR 沿着正确方向实施的前提。人力资本是报业集团最重要的核心竞争力，每个报业集团对人力资源的运营都存在差异，而人力资本又关系到整个报业集团的企业文化建设，对提升报业集团核心竞争力具有较大影响。

作为 BPR 核心支撑体系的组成部分，企业战略、人力资本和企业文化三个因素存在一定的联系，且以人力资本作为核心，形成相互影响和作用的体系结构。

不管是企业战略还是 BPR 战略，其主体是人。企业战略与其他两个因素的相互作用主要表现为：①企业战略管理的决策、实施及控制全过程均由报业集团的员工参与完成。这里的员工不仅包括最高决策层的董事长、总经理，还包括中层管理团队及一般的普通员工。②企业愿景、最高决策层愿景及员工愿景要保持一致，这是确保员工积极参与企业变革的前提。③人才战略是企业战略的一个分支，是企业战略的重要组成部分。报业集团的企业战略确立了企业的定位，如学习型组织，当确立了企业定位后，在人才战略设定上就要以企业战略为指导，设定人才培养方案、激励方案等，对人力资源进行开发和利用，形成一种企业无形资产。可见，人力资本的运营是实现企业战略的有效途径，而企业战略又对人力资本进行有效指导。

人力资本与核心支撑体系中的企业战略和企业文化都有必然联系。人力资本的运营是企业战略目标实现的有效途径。企业文化理论和实践的核心和主旋律是人，是"以人为本"的一种报业文化。报业集团企业文化的构建要体现人本思想，"以人为本"的传媒企业文化才是适合我国报业集团需要的，也是报业集团革新的基石。报业集团"以人为本"的企业文化充分体现在尊重员工、善用员工、培养员工及关爱员工等方面。企业文化的主体是人，当人的积极性和主动性被调动起来后，事实上企业的核心竞争力已经形成，而企业革新与企业文化的互相作用又能不断推进这种变革。

报业集团的企业文化是在一定的社会文化背景下，在长期的新闻报道与经营管理的实践中凝练，在和全体员工共同认同、实践及创新中所形成的，是具有鲜明个性的媒介理念、媒介价值观、行为规范及管理风格等文化的总和。企业文化不仅和人力资本运营有必然的联系，还与企业战略存在关联。作为学习型组织，报业集团企业文化是充满创新精神的，这与报业集团企业战略中的创新部分是紧密相关的。BPR战略本身就是对报业生产流程的变革，是一种创新行为。

同时，企业战略、人力资本及企业文化因素又与其他支撑体系中的影响因素建立了联系，形成相互影响的格局。

企业战略不仅与人力资本相互作用，还与传媒政策、信息技术、资本运营及绩效评价存在联系。企业战略和传媒政策、信息技术及资本运营的关系在第三章第一节已做了阐述，在此不再赘述。BPR绩效评价是企业战略中战略控制对应的部分，其主要目的是监控具体战略在实现BPR战略目标过程中的有效性。"适时跟踪评价"或"走动式评价"对于循序渐进推进BPR战略的实施具有指导和监控作用。

报业集团BPR支撑体系中，人作为再造主体与所有的支撑因素存在关联。在BPR绩效评价中，BPR评估团队由报业集团相关协调人、报业集团相关信息部门及第三方评估机构组成。即绩效评估的主体还是人。另外，报业集团 BPR 形式与最高决策层的个性因素存在很大的关联。敢于创新并具有胆识的决策层希望采取较为彻底的方式进行 BPR，相反，则选取相对温和的变革方式。

报业集团企业文化除了与人力资本、企业战略等存在联系外，还对 BPR 形式及绩效评价造成一定的影响。企业文化是媒介理念、媒介价值观、行为规范及管理风格的总和，和谐而富有创新意识的企业文化在报业集团内形成了良好的变革基础，对于 BPR 形式的选择产生一定影响。而企业文化的辐射、渗透作用所凸显的社会影响，使 BPR 绩效评价需要将社会效益纳入进来，作为考量 BPR 是否成功的一个参照。

因此，报业集团 BPR 核心支撑体系中，企业战略、人力资本和企业文化形成了一个多元化、多层次、动态而具有整体性的体系。在这一体系中，人力资本或人的因素始终处于中心地位，是整个支撑体系的纽带和主体。

第二节　企业战略系统

报业集团 BPR 是报业集团实现企业战略目标的一种重要途径，其本身也是一种战略。报业集团 BPR 核心支撑体系中的企业战略系统，是指以报业集团 BPR 战略为核心构筑的报业集团内部支持系统。BPR 战略目标要与企业整体战略目标一致，BPR 战略目标的设定需要采取适当的模式及相应的保障措施，设定的目标要现实、量化且可行。不管是采用哪种战略制定模式，人（团队）在其中的作用都至关重要。报业集团 BPR 战略系统的支持是 BPR 实施的前提和保证，也是绩效评价的参照。

一、企业战略管理是报业集团 BPR 的目标支撑

"战略"一词的希腊语是 strategos，意思是"将军指挥军队的艺术"，原是一个军事术语。在我国古代，"战略"一词最早也出现于军事领域，是指

有关战斗的谋划。20 世纪 60 年代，战略思想开始运用于商业领域，并与达尔文"物竞天择"的生物进化思想共同成为战略管理学科的两大思想源流。亨利·明茨伯格在其提出的著名的"企业战略 5P 模型"①中认为，战略（strategy）是一种计划（plan），是一种计策（ploy），是一种行为模式（pattern），是一种定位（position），是一种手腕（perspective）。可见，"5P 模型"战略是一个可以展开的、指引企业方向的、需要研究企业历史的、需要了解企业外部环境的一种价值观和决策。战略不仅是解决问题的方法、工具，还是一种企业文化的体现，一个企业决策者价值观念的体现，是在充分考虑企业内外部因素的前提下提出的切实的决策。战略管理包括战略制定/形成（strategy formulation/formation）与战略实施（strategy implementation）两个部分。因此，企业中"战略"概念一旦确立，事实上已经开始了战略管理。

战略管理是指一种有助于组织达成长远目标的管理过程，包括跨职能决策的制定、实施和评价。② 战略管理的基本目的在于谋求持续的竞争优势。战略决策的本质是能够在预测未来、适应变化的基础上，达到战略、环境、资源三者间的动态平衡。波特认为，一项有效的战略管理必须具备五个关键点：独特的价值取向、为客户精心设计的价值链、清晰的取舍、互动性、持久性。③ 战略管理一般包括战略制定、战略实施、战略评价三个阶段。战略的制定是第一阶段，既要对所处的宏观环境和产业环境进行系统的审视和考察，又要对自身拥有的资源和能力进行科学评估。第二阶段是战略实施，也是战略管理的重要环节。只有有效地实施，才能使战略变为现实，达到预期目标。战略实施是一个系统化的流程，包括实施目

①　Mintzberg H. The Strategy Concept Ⅰ: Five ps for strategy [J]. California Management Review, 1987, 30(1): 11-24.

②　David F. Strategic Management [M]. Columbus: Merrill Publishing Company, 1989.

③　Porter M E. Competitive Strategy[M]. New York: Free Press, 1980; Porter M E. Towards a dynamic theory of strategy[J]. Strategic Management Journal, 1991, 12 (Winter Special Issue): 95-117; Porter M E. What is strategy[J]. Harvard Business Review, 1996.

标、实施方法、实施计划及其支撑系统和协调机制等。最后一个阶段是战略评价，主要是指对战略实施结果的评析，是对实施前的战略目标和实施后的战略优势的契合度的检验。其他研究者认为企业战略管理是系列活动且具有动态特征，伊戈尔·安索夫（H. Igor Ansoff）认为，企业的战略管理是指将企业的日常业务决策同长期计划决策相结合而形成的一系列经营管理业务。① 乔治·斯坦纳（George Steiner）认为，企业战略管理是确定企业使命，根据企业外部环境和内部经营要素确定企业目标，保证目标的正确落实并使企业使命最终得以实现的一个动态过程。②

企业战略是流程再造的指引。陈丽君等认为，只有明确的战略，才能更好地指导流程再造的实施，给予清晰的目标，使再造工作不会失去方向，否则盲目进行再造，极有可能出现资源配置失误和浪费，陷入被动应付外部环境变化乃至危机的无序状态。③ 作为媒体组织战略的一部分，流程再造的实现，要与媒体组织战略目标的转变、组织结构的调整、媒介理念的重塑、组织文化的转变等诸多环节相配套同时推进。④ 我国传媒企业战略管理在支撑报业集团 BPR 中起着核心作用，传媒战略及传媒战略管理对报业集团 BPR 具有现实意义。

传媒战略的概念在国内展开过广泛讨论。范以锦认为，当今媒体的竞争已不再是一般性的战术操作层面的竞争，而是战略层面的高层次的竞争。宋培义等认为，媒体战略就是媒体组织的谋划和决策。其主体是媒介组织，这里的"组织"是指由人们组成的、具有共同的明确目标和系统性结构的实体，这个实体可以是一个媒体集团、一个媒体公司、一个电台或电视台、一个报社、一个出版社等。其目的是媒体为适应未来环境的变化，

---

① 参见胡宗良，臧维. 集团公司战略：分析、制定、实施与评价［M］. 北京：清华大学出版社，2005：1926.

② 参见胡宗良，臧维. 集团公司战略：分析、制定、实施与评价［M］. 北京：清华大学出版社，2005：1926.

③ 陈丽君，孟雪梅. 基于企业战略的业务流程重组（BPR）［J］. 现代情报，2006（7）：172-174.

④ 周海涛. 纸媒转型与采编流程再造［J］. 传媒观察，2010（8）：55-57.

寻求持续与稳定的发展。其核心是具有全局性、长远性和纲领性的重大问题。[①] 对于报业集团而言，集团战略具有全局性、权威性、前瞻性、长远性、纲领性、原则性、稳定性及调适性等特征。[②] 可见，报业集团的战略和一般企业的战略是基本相同的。但考虑到报业集团属性上具有多样性，其企业战略和战略管理也存在差异。一般认为，报业集团企业战略是指有关报业集团全局性、长远性和根本性的宏观谋划，它确立了报业集团发展的方向和总体框架，它是能适应市场环境且适合于某报业集团的一系列策略。报业集团企业战略具有全局性、长远性和根本性特征，而且和特定的报业集团是密切相关的。其中，BPR战略是企业整体战略的一个分支，从属于企业战略，是对整个BPR具有指导意义的战略方针。

传媒战略通常意义上是由传媒集团的使命、战略目标和战略方案三大部分构成。[③] 第一部分，使命就是集团存在的理由或根本任务。传媒集团的使命是与我国传媒的社会主义特色相联系的，它包括传媒集团的组织性质、根本任务、传播理念、服务宗旨、行为准则、发展方向、业务主题等。传媒集团的使命可以说是集团战略的支点，是集团的生命内核。传媒集团的使命必须转化为集团某一发展时期的目标或者说一定战略时段的战略目标。第二部分是战略目标，是较长一段时间内集团履行使命所力求实现的工作成效或达到的预期效果。目标应是具体的，可衡量的。传媒集团的战略目标可由若干目标构成，如受众服务目标、社会影响力目标、盈利能力目标、同行中竞争地位目标、人力资源目标、生产能力(财力、物力资源)目标等。第三部分战略方案则包含了一些具体的策略。主要有：①扩张战略与收缩战略。即集团在对所属资产经营中，做出对哪些业务领域进行扩张进攻，对哪些业务领域实行维持、紧缩或退出的战略决策。②国内经营战略和国外经营战略。③市场战略，包括媒介产品开发、产品组

---

① 宋培义，等.媒体战略管理[M].北京：中国传媒大学出版社，2006：2.

② 钟叙昭，李远杰.传媒集团的战略管理[J].当代传播，2004(3)：52-54.

③ 钟叙昭，李远杰.传媒集团的战略管理[J].当代传播，2004(3)：52-54.

合、市场细分、目标市场开发、产品定位、价格竞争战略等。④一体化战略，即产业上、中、下游的开发和控制。⑤多元经营战略，包括跨媒体、跨行业拓展战略。⑥品牌战略。⑦联合战略。传媒集团在竞争中形成与国内外其他集团的战略合资或合作。⑧媒介购并战略，包括收购、兼并、参股、控股等。⑨资本运营战略，包括投资战略、上市战略等。

不管是报业集团企业战略还是 BPR 战略都存在如何决策、实施及评价的战略管理问题。宋培义等认为，媒体战略管理就是对于媒体战略的管理，是媒体组织为了长期的生存和发展，在充分分析内外部环境的基础上，确定和选择达到目标的有效战略，并将战略付诸实施、控制和评价的一个动态管理过程。[①] 来丰等认为，媒介战略管理是指媒介组织根据外部条件和内部条件确定媒介组织的生存和发展的战略目标，并对实现目标的途径和手段进行总体规划和具体实施以及进行控制的动态管理过程。[②] 综上，它是一种动态管理过程，涉及媒介战略的分析、制定，战略的选择、实施、控制，而且还要随着内外环境的变化而变化。它和一般企业战略管理存在一致性又有所差异。它们的本质是一致的，都是一个动态的管理过程，包含了决策设计、实施及评价等多个阶段。当然，考虑到报业集团兼具企业身份和事业属性，其战略管理又与一般企业存在差异。在战略制定过程中，考虑外在因素时特别要注意来自国家政策及行业性规范约束所带来的战略目标的变化。另外，其战略评价既要考虑经济效益，也要考虑社会效益。这种差异的存在也是企业战略管理为何处于报业集团 BPR 核心支撑体系的原因所在。通常所说的传媒战略管理可以理解为报业集团企业战略管理。

报业集团 BPR 战略从属于报业集团的整体战略，同时也能够使用战略管理思想对其进行管理。传媒战略管理从五个方面体现出对报业集团 BPR

---

① 宋培义，卢佳. 战略管理，媒体发展的重要手段[J]. 中国广播电视学刊，2006（4）：42-43.

② 来丰，杭丽滨. 传媒与产业结合的经营战略[J]. 集团经济研究，2005(6)：29-31.

具有战略支撑作用。

第一，报业集团的战略管理对 BPR 决策起支持作用。战略是企业发展的灵魂，是企业成功的关键因素之一。作为企业战略的一部分，BPR 战略的决策、实施及评价体系的建立都获得了报业企业战略的支持和指导。如，BPR 战略的评价，一是要满足 BPR 战略目标及相应要求；二是要从企业战略的高度衡量 BPR 实施是否实现了企业战略目标。2005 年后，解放日报报业集团制定了核心为"立足报业的新媒体战略，以轻质资产实现非线性增长"的集团战略。战略具体呈现在三大领域的发展，分别是传统报业、多元实业以及新媒体业。按照集团战略，在新媒体战略中，解放日报报业集团认为，"现阶段，传统纸质媒体的发展还应该是集团主业，也是集团整体事业发展的核心竞争力所在"。可见，以传统报纸为集团主业的新媒体战略是依据企业战略而制定的，得到了企业战略的大力支持。

第二，企业战略能使 BPR 更好地适应外部环境。报业集团实施 BPR 战略本身受到内外因素的影响。其中，外在因素包括国家政策、行业性规范、国内外同业竞争环境及信息技术等。以信息技术为例，BPR 战略是在信息技术快速发展，媒介融合成为新旧媒体共建媒介生态的背景下实施的。信息技术是 BPR 的诱因和使能器。报业在实施 BPR 战略时，根据企业战略目标、自身发展现状及需要，选择适度、合理的信息技术作为 BPR 战略实施过程中的技术支撑，以求实现最优良的资源配置和利益最大化，最终实现 BPR 战略目标。解放日报报业集团在制定企业战略时，是在对外部环境、自身现实充分分析的前提下做出的。该集团在选择软件平台时，进行了多种方案的比较，最终选择了最适合本集团的"量身定做"方案，研发适合集团实际需求的采编软件，并及时升级，为集团发展结余了大量资金。

第三，企业战略是合作交流工具。报业集团 BPR 是"一把手工程"，但绝不是"一个人工程"。团队合作及全体员工的积极参与是 BPR 取得成功的关键因素之一。当企业目标非常明确且与员工的切身利益密切相关时，团队之间的合作及合作交流的重心将集中汇聚于 BPR 战略目标上，围绕相同的目标进行沟通时将更为便捷。解放日报报业集团立足两点作为其战略核心，即新媒体和资本运作。在新媒体方面，其采用"增量体制"。如建立没有编制、没有固定办公场所的虚拟组织，组织成员来自集团原有的组织实体，而且均是兼职的。即便如此，由于加入虚拟组织时目标确定，解放日报报业集团在虚拟组织方面并没有任何投入，因为建立了良好的合作机制，提高了工作效率，而且在员工中建立了全媒体流程的概念，对集团战略的进一步实施奠定了基础。

第四，企业战略有助于 BPR 过程更合理配置资源。报业集团构建信息技术标准化及产业协同发展的全媒体产业价值链是报业集团 BPR 核心支撑体系的重要组成部分。产业协同的理念在于将企业非核心业务剥离给其他合作企业，以便进一步明确核心业务，更合理配置资源，从而建立核心竞争力。当企业战略中包含了产业协同理念时，全媒体产业价值链的构建将获得战略层面的支持，更易接近成功。在多元实业运营方面，解放日报报业集团始终坚持报业主业为主，在经营上避免"到处开花"，充分利用报业的品牌和创意等"轻资产"，有选择、有步骤地通过项目来积极推进，并形成一种可以无限复制的操作手法。"用轻资产撬动重资产"是解放日报报业集团合理配置资源的有力佐证。

第五，企业战略有助于报业集团树立 BPR 愿景。报业集团 BPR 愿景的树立体现了报业集团的价值观和员工的精神追求，从而有助于增强员工的荣誉感和归属感。当"人"的主观能动性被充分调动起来后，将进一步推动 BPR 走向成功。"十一五"期间，解放日报报业集团将战略目标量化，确定以"保持平均每年 5% 以上的净利润增长；可比条件下，确保集团净资产总额 2010 年增加到 24 亿元，力争达到 26 亿元；增加总量中，充分体现完善的盈利结构，力争使报业经济占 70%，非报经济占到 30%"为战略目标。媒介战略目标的明确，大大激发了员工的主动性、积极性和创造性，促进了战略的实施。2008 年，解放日报报业集团总资产已经达到 69.7 亿元，净资产 28 亿元，年利润总额为 4.5 亿元，[①] 已经远远超出了战略预期，这与当初设定的现实战略目标是分不开的。

报业集团企业战略管理，不管是战略设计、实施还是评价环节，都是综合考虑内外部环境，根据自身现实需求制定的。企业战略不仅涉及企业的经济战略、文化战略，也涉及企业人才战略。报业集团间由于发展现实环境和内部资源都存在不同，导致发展现状也存在很大差异。因此，制定现实的战略目标、选择正确的实施途径和方法及开展客观真实的阶段性战略控制，对于报业集团 BPR 目标的实现都起着强有力的支撑作用。

二、设定现实的 BPR 目标是企业战略管理的具体体现

报业集团的 BPR 并不是一蹴而就的，在实施 BPR 过程中，应该建立长效机制，建立完善的远景规划。设定现实的 BPR 目标是报业集团企业战略管理的具体体现。远景规划是针对 BPR 过程中诸如系统、流程、结构、技术、价值、工作角色和环境等未来状态的完整描述。合理的远景规划需要建立在对企业战略充分认识和理解的基础上，它将成为 BPR 过程中实际的指导纲领。

报业集团 BPR 战略目标的制定是一个战略决策过程，是报业集团的愿景和使命具体化的过程。在制定 BPR 战略目标过程中，必须充分考虑影响目标的因素，认真分析报业集团外部环境和内部资源，不能盲目随意，要制定切实可行的、符合报业集团战略需要的战略目标。报业集团 BPR 战略目标的制定要考虑到不同区域、不同规模的报业集团的实际发展情况，处于不同发展阶段的报业集团其 BPR 策略也存在差异。相对而言，处于成长及市场扩充时期的报业集团在 BPR 项目实施中比处于缩减规模及削减成本时期的报业集团具有更多的成功机会。

在制定 BPR 战略目标的过程中，还要充分认识"人"在其中的重要性，充分体现"人"在 BPR 支撑体系中的核心纽带作用，不仅要在良好沟通基

---

① 郭全中."双百"新闻出版集团花落谁家[J].青年记者，2010(4)：11-12.

础上充分听取"自下而上"的信息反馈，还要充分信任"自上而下"最高决策层的判断，这些都有助于目标设置的合理性。因此，前期制定的远景规划必须在企业内充分分享，获得最广泛的建议和意见，减少 BPR 在实施过程中的阻力。报业集团是知识型企业，战略目标的制定过程可以吸纳更多的人员参与。这样做除了有助于设定清晰、合理的目标外，还可以增强集团员工的主人翁精神，使整个集团的凝聚力得以升华。另外，报业集团 BPR 战略目标的制定，还可以借助于"外脑"系统，如咨询机构等辅助力量，也可充分利用大数据分析等技术手段，使目标的设立更加科学合理。

三、BPR 战略目标的设定途径和方法

清晰明确、切实可行的 BPR 战略目标的设定对于报业集团 BPR 战略的管理具有重要的指导意义。它是企业愿景与员工愿景的高效统一，是 BPR 战略的目标指向，也是 BPR 绩效评价的参照。因此，如何运用科学的目标制定机制设定 BPR 战略就显得格外重要。我们认为，报业集团 BPR 战略目标的设定可以遵循"SMART 原则"，选用"综合模式"并结合"瀑布模型"来实现。

（一）遵循"SMART 原则"制定 BPR 战略目标

报业集团 BPR 战略目标的制定要做到明确、量化，要设定期限，要与企业战略目标保持高度一致，同时目标的设定必须符合现阶段报业集团的需求，做到切实可行。这与目标管理（Management by Objectives，MBO）思想是相吻合的。在报业集团 BPR 战略目标的制定中可以借用目标管理思想，并遵循目标管理中非常著名的"SMART 原则"来制定。

"目标管理"是以泰罗的科学管理和行为科学理论为基础形成的一套管理制度。彼得·德鲁克（Peter Druke）对目标管理的发展并使之成为一个体系做出了巨大贡献。MBO 包含四个基本组成部分：目标具体性、参与决策、明确的时间限定和绩效反馈。"SMART 原则"是人们根据洛克（E. A. Locke）的目标设置理论（Goal Setting Theory）在实践中总结和发展

出来的。① 所谓 SMART 原则，即目标必须是具体的(specific)、目标必须是可以衡量的(measurable)、目标必须是可以达到的(attainable)、目标必须和其他目标具有相关性(relevant)、目标必须具有明确的截止期限(time-based)。在 SMART 原则中，S 是指"具体的"或者"明确的"，指要用具体的语言清楚地说明要达成的行为标准。M 是指"可衡量的"，就是指目标应该是明确的，而不是模糊的。应该有一组明确的数据，作为衡量是否达成目标的依据。在具体的实施当中，遵循"能量化的量化，不能量化的质化"。A 是指"可以达到的"，指目标能在实施中被具体实施者所接受，而非最高决策层的"一厢情愿""一意孤行"。目标设置要坚持员工参与、上下左右沟通，使拟定的工作目标在组织及个人之间达成一致。R 是指"相关性"，指实现此目标与其他目标的关联情况，主要是从目标意义角度而言，设定的目标要落到实处。T 是指"时限性"，就是目标的实现有个时间限制，这有利于目标实施具体时间表的制定，做到"步步为营"。可见，"目标管理"思想的四个部分和"SMART 原则"的五个特征具有一定的相似性。

报业集团 BPR 战略目标的设定也应该遵循 SMART 原则。BPR 战略目标可以分为报业集团的内部目标和集团与外部企业、客户、用户之间的外部目标两个部分。在内部目标设定时要加以量化说明，如 BPR 完成第一阶段，要提高生产率 20%，体现了 S 具体性、M 可衡量的原则。外部目标更多地在于流程标准化及跨组织的流程管理。报业集团在设置 BPR 目标时要充分了解自身的实力，充分了解企业外部环境的影响，设定可以实现的目标，否则就是"空中楼阁""镜花水月"，它体现了 A 可及性原则。同时，设定目标时还要将报业集团不同层次的目标结合起来，既要考虑整体目标，也要考虑流程目标，还要考虑个人目标，构建合理的关联性，这样才能进一步提高员工参与 BPR 的积极性，如合理设置评估方法等，体现了 R 相关性原则。最后，报业集团在设定 BPR 目标时，可及性除了目标不应

---

① 李宇庆. SMART 原则及其与绩效管理关系研究[J]. 商场现代化，2007(19)：148-149.

"好高骛远"之外，还应该有良好的计划性。将目标细分成为不同阶段的目标。战略目标不可能是"一蹴而就"的，"按部就班"是可行的，充分体现了 T 时间性原则。因此，报业集团 BPR 战略目标的制定可以遵循"SMART 原则"来加以制定。

　　走在报业集团改革前列的解放日报报业集团在制定集团战略目标时严格遵循目标管理的原则，经过整个集团的努力，取得了丰硕的成果。2005年后，解放日报报业集团制定了"立足报业的新媒体战略，以轻质资产实现非线性增长"的集团战略。"十一五"期间，通过以上战略的实施，解放日报报业集团将基本的战略目标确定为："成为舆论导向正确、结构合理、人才充足、引领市场需求、国内一流、国际上有影响的综合性传媒集团。保持平均每年5%以上的净利润增长；可比条件下，确保集团净资产总额 2010 年增加到 24 亿元，力争达到 26 亿元；增加总量中，充分体现完善的盈利结构，力争使报业经济占 70%，非报经济占到 30%。"①解放日报报业集团认为，设定战略目标是一个战略决策的过程，它使得媒介使命变得具体化和数量化。当明确了战略目标后，集团员工的主动性、积极性和创造性得以充分发挥，促进了战略的实施。2008 年，解放日报报业集团总资产已经达到 69.7 亿元，净资产 28 亿元，年利润总额为 4.5 亿元，②已经远远超出了战略预期，这与当初设定的现实战略目标是分不开的。解放日报报业集团战略目标制定的实践证明，一个以战略高度设立的 BPR 目标，能够通观全局，为报业企业的改革指明方向，也是 BPR 战略目标实现的关键和保证。

（二）形成 BPR 战略目标的"混合模式"

　　当确定了报业集团 BPR 战略目标设定的原则后，就需要选择合适的战略目标形成模式。宋培义等认为，战略目标的形成有四种模式，即自上而

---

①　尹明华. 在周期规律中把握党报集团的未来[J]. 传媒，2006(2)：19-22.
②　郭全中. "双百"新闻出版集团花落谁家[J]. 青年记者，2010(4)：11-12.

下模式、自下而上模式、上下结合模式及小组计划模式。① 自上而下模式是一种以最高决策层为主导的决策模式。在这种模式中，最高决策层的作用非常重要，其是战略目标的实际制定者和具体指导者。在自下而上模式中，战略目标及具体方案的制定主要依靠 BPR 管理团队的战略提议，最高决策层在战略提议被公认后予以正式批复。上下结合模式则综合了自上而下、自下而上两种模式的特点，在制定战略目标的过程中强调上下沟通。小组计划模式是一种组建由最高决策层负责的各级管理者与专家共同参与的一个计划小组，共同讨论和制定 BPR 战略目标的模式。

宋培义等认为，媒体战略目标体系的建立在更大程度上应该采取自上而下的方式。丹·申德尔（D. E. Schendel）和查尔斯·霍弗（C. W. Hofer）也认为，企业的战略规划过程要更加依赖高层管理者的洞见。② 报业集团 BPR 战略目标的设定要肯定最高决策层在其中的作用，但实际操作中却综合了四种模式的特点，在战略目标设定的不同阶段，四种模式分别起到作用，是一种"混合模式"。比如，在战略目标形成阶段，"自上而下模式"充分体现了 BPR 是"一把手"工程的特点，利用最高决策者对整个局势的宏观判断，拟定战略目标雏形。随后，再采用"自上而下模式"，将最高决策层的目标雏形提交给 BPR 管理团队，发挥中层管理者、一线员工及"外脑"的智慧，集思广益，将目标具体化。接着，再采用"上下结合模式"，最高决策层和 BPR 管理团队集中头脑风暴，对细化目标进一步凝练，形成最高决策层可以拍板的最终目标。而"小组计划模式"和"自上而下模式"是自然地结合在一起的。

（三）利用"瀑布模型"制定 BPR 战略目标的步骤

报业集团 BPR 战略是一个长期持续的过程，其战略目标的制定也需要

---

① 宋培义，等. 媒体战略管理[M]. 北京：中国传媒大学出版社，2006：64-65.

② Schendel D E, Hofer C W. Strategic Management: A New View of Business Policy and Planning[M]. Boston: Little, Brown, 1979.

经过反复斟酌，并遵循一定的步骤来加以完成。制定报业集团 BPR 战略目标一般需要经历调查研究、拟定目标、评价论证和目标决断 4 个具体步骤。

1. 调查研究

在制定报业集团 BPR 战略目标之前，必须进行调查研究。调查研究既要全面，又要突出重点。对于报业集团而言，调查研究应侧重于两点：其一，报业集团与外部环境的关系，以及对未来的分析和预测。其二，报业集团现有的内部资源。这和一般企业制定战略目标是不同的，因为报业集团 BPR 既要实现集团内部生产作业流程的再造，也涉及整个产业链的流程再造。

2. 拟定目标

拟定 BPR 战略目标一般需要经历两个环节：拟定目标方向和拟定目标水平。在此过程中，必须遵循"SMART 原则"中"明确性""可衡量性""可达到性""相关性"及"时限性"的要求。同时，还要选用合适的目标形成方法。

3. 评价论证

战略目标拟定之后，还要组成目标评议小组，对提出的目标方案进行评价和论证。目标评议小组成员由最高决策层、BPR 管理团队及"外脑"系统组成。主要完成目标论证、可行性论证及完善化认证。

4. 目标决断

报业集团 BPR 目标决断要从三个方面权衡战略目标方案，即目标方向的准确度、可望实现的程度及期望效益的大小。在综合考虑的前提下，保证三方面的期望值尽可能的大。同时，目标决断在时机上要判断准确。

从调查研究、拟定目标、评价论证到目标决断，确定战略目标这四个步骤是紧密相连的，且后续步骤依赖于前序步骤的完成，因此可以借用软件开发中的"瀑布模型"来完善战略目标制定过程。如图 5-2 所示。

"瀑布模型"是 1970 年由温斯顿·罗伊斯（Winston Royce）提出的软件开发模型，它提供了软件开发的基本框架。其过程是从上一项活动接收该项活动的工作对象作为输入，利用这一输入实施该项活动应完成的内容给出该项活动的工作成果，并作为输出传给下一项活动。同时评审该项活动的实施，若确认，则继续下一项活动；否则返回前面，甚至更前面的活动。报业集团 BPR 的目标设定通过调查研究、拟定目标、评价论证及目标决断四个阶段的反复"输入输出"，使四个阶段联系更为紧密，也让最终通过这种方法形成的目标更加清晰、准确。

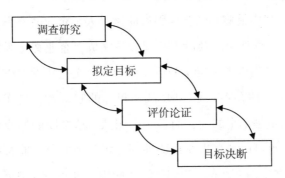

图 5-2　报业集团 BPR 目标设定的"瀑布模型"

报业集团 BPR 战略目标的制定是遵循目标管理原则，集报业集团全体员工之力，按照既定的步骤有序完成的一项前期工作。战略目标的制定是报业集团 BPR 战略开展的起始，为整个 BPR 战略提供了指导和方向，是确保 BPR 成功实施的关键因素。

第三节　人力资本系统

"人"是报业集团 BPR 全流程的主体，是 BPR 的具体策划者、决策者和执行者。报业集团 BPR 战略中人力资本的运营、企业文化的建设又进一步彰显了"人"是报业集团最重要的核心竞争力。报业集团 BPR 核心支撑体系中人力资本系统是最为重要的支撑系统，是报业集团中如何开发人力资源，运作人力资本，形成"上下合一"的人力资本策略所构建的关联多个系统的核心系统。人力资本系统是人力资源发展为一种无形资产的过程，是整个报业集团 BPR 中的主体系统，直接关系到基础支撑体系中技术的选用、资本的运作及政策的采纳，直接关系到本体系中企业文化的构建及战略系统的设定，还关系到辅助支撑体系中绩效评价团队的组织、评估机构的选择及评估结果的采纳。因此，人力资本系统是整个报业 BPR 的核心支撑体系中最为重要的内部支持系统。核心支撑体系的三个系统始终都围绕着"人"展开，其中最核心的支撑因素应该是人。企业战略系统需要报业集团最高决策层、管理团队及员工共同参与完成，企业文化系统的建设必须"以人为本"，必须以人力资本的运作作为企业文化建设的支柱。人作为报业集团 BPR 的主体存在，是 BPR 战略目标的制定者、实施者及战略控制者。因此，人不是单个的人，而是一个团队。这个团队的成员可以来自报业集团内部，也可以来自报业集团外部。团队中的分工非常明确，在整个BPR 中的作用也存在差异。"上下合一"的用人策略一直是报业集团人力资本运营的核心观点。人的支撑因素贯穿于报业集团 BPR 整个过程和所有环节，因此，人力资本系统应该是整个支撑体系中的核心。在辅助支撑体系中，绩效评价系统和产业协同发展系统都与人力资本系统存在必然联系。人作为执行主体决策和参与产业价值链构建，而有效的阶段性绩效评价的评价团队由来自报业集团内外部成员构成。

一、"人"是报业集团 BPR 核心支撑体系中的最关键因素

西奥多·舒尔茨(T. W. Schultz)认为，在影响经济发展的诸因素中，人的因素是最关键的，经济发展主要取决于人的质量的提高，而不是自然资源的丰富和资金的多少。[①] "人"的因素是报业集团 BPR 取得成功的最重要的关键因素，是 BPR 核心支撑体系中的核心。

"人"在不同的学科领域有不同的理解和定义，基本可以从生物、精神

---

① 参见李义平．人力资本理论的脉络及其现实启迪[J]．国家行政学院学报，2002(3)：39-42.

与文化三个层面来定义，或者是这些层面定义的结合。文化人类学上，人被定义为能够使用语言、具有复杂的社会组织与科技发展的生物，尤其是他们能够建立团体与机构来达到互相支持与协助的目的。考虑到报业集团BPR是一种企业战略，对人的概念的理解主要从企业战略管理的层面解读。陈家旗描绘了一个"战略管理函数"①：

SM＝F(人，信息，分析及决策能力，执行能力，控制反馈)

他认为，F是指企业所处的外部环境和内部条件给出的战略管理效率函数形式，该函数形式主要取决于政府参与经济的程度和方式、市场经济规则的完善程度、社会文化对经济的影响及联动程度、科学技术的发展程度，利益相关者的战略和能力，企业的组织机构、管理模式等。其中，"人"是指股东、决策层和高层管理人员、中间管理层、操作层的能力和素质。"信息"是指对外部环境和内部条件分析研究所必需的基础资料。"分析及决策能力"是指对信息的逻辑判断，得出结论尽量准确的能力。"执行能力"是指制订计划、行动方案的能力，组织人财物并最终在财务报表和企业形象方面达成战略目标的能力。"控制反馈"是指测定企业反映，纠正战略在实施过程中的偏差或者纠正战略本身。他认为，在这些参数中，人最为重要。信息获取能力、分析及决策能力和执行能力、反馈能力几乎都取决于人的能力，所以人是影响企业战略管理的最根本因素。在整个企业战略管理中，信息获取、分析决策、执行反馈等管理流程都由人来完成。人是企业战略管理的主体、活动的承担者，是集合概念而非个体概念，事实上就是人力资源的概念。

目前，学术界对人力资源的定义很多，虽然意见相左，但比较一致的观点是人力资源的核心都是人，但不是作为个体的人，而是一个集合概念。人力资源是指"具有正常智力和正常体力的人汇成的抽象集合"。

在整个企业战略管理中，人对信息的获取、做出的分析与决策、执行

---

① 陈家旗. 战略管理的关键性因素研究：企业中各级人员的作用[D]. 成都：西南交通大学，2005.

反馈的能力等又体现为一种资本形态，即人力资本。人力资本是一个经济学概念。1959 年，舒尔茨首次提出了人力资本的概念。他认为，人力资本是通过对人力资源投资而体现在劳动者身上的体力、智力和技能，它是另一种形态的资本，与物质资本共同构成了国民财富，而这种资本的有形形态就是人力资源。① 在舒尔茨对人力资本的定义中已经解释了人力资源和人力资本的关系。人力资源是人的集合，是一个有形形态，企业对人力资源进行投资，形成了一种与物质资本相对应的资本，这就是人力资本。因此，企业对人力资源投资运营形成的人力资本恰好是企业战略管理中作为主体的人所具有的能力的集合。1984 年，迈克尔·比尔(Michael Bell)阐述了从人力资源到人力资本变化的原因。他指出，传统的人力资源管理定义狭窄，人力资源管理活动不存在系统性，管理活动针对各自特定的问题和需要，而不是针对一个统一、明确的目标做出的反应，造成了人力资源管理职能之间以及人力资源管理职能与其他职能之间相互割裂，互不相关。② 竞争压力的变化已要求企业在人力资源问题上有一个定义更广泛、更全面和更具有战略性的观点，要求从组织角度对人给予更多的关注，在对人员的管理上采取更远一点的观点，把人当作一项潜在的资本，而并不仅仅看成一种可变的资本。

本部分我们将主要探讨报业集团的人力资本在 BPR 中的核心支撑作用。因此，报业集团以人力资本为核心的无形资产的形成及其对报业集团的影响和作用是下文将要陈述的重点。

人力资本的运营促进了报业集团转变为学习型组织的进程。学习型组织作为一个获取、整合、创造知识的平台，把组织的最大资源——人力资源转化为人力资本，整个转化过程也正是一个组织向学习型组织转化的过

① [美]西奥多·W. 舒尔茨. 人力资本投资：教育和研究的作用[M]. 蒋斌，张衡，译. 北京：商务印书馆，1990：15.
② [美]迈克尔·比尔，等. 管理人力资本：开创哈佛商学院 HRM 新课程[M]. 程化，潘洁夫，译. 北京：华夏出版社，1998.

程。① 可见，人力资源向人力资本的转化促进了报业集团向学习型组织的转变。

目前，人力资本已经成为报业集团无形资产的一部分。企业的无形资产是指"企业拥有或者控制的没有实物形态的可辨认非货币性资产"。② 国内学者从不同维度对企业无形资产展开研究。如，分类研究③、企业无形资产管理研究④及加强无形资产管理的方法研究⑤等。上述研究均表明，人力资本是无形资产的一个重要组成部分。

不仅如此，人力资本还是报业集团无形资产中最具活力和创造力的组成部分。我们认为，人力资本的创新活动是报业集团价值的重要来源，也是产生其他无形资产的基础。如果把报业集团无形资产构成比作一个同心圆的话，那么人力资本就是这个同心圆的核。同时，人力资本的创新活动，需要其他资产的支持和配合。目前，无形资产已经成为报业集团快速发展的重要基础，其作用和价值甚至超出了报业集团的有形资产。在经济发达国家，无形资产占企业总资产的比例通常高达 50% ~ 70%。在传媒业的资产构成中，无形资产也占据了很大比例。摩根史坦利全球资本指数显示：全球上市公司市价与其无形资产的比例关系中，传媒类产业的无形资产是有形资产的 3.4 倍。

金永蕖认为，"知识对经济增长和发展的贡献将超过资本、土地等传统要素，人力资本成为决定报业生存和发展的最重要的资本"。⑥ 因此，重视和合理运营报业集团的人力资源，将其转化为报业集团无形资产的核

① 颜士梅. 战略人力资源管理[M]. 北京：经济出版社，2003：226.

② 2006 年中华人民共和国财政部《企业会计准则第 6 号》第二章第三条。

③ 王维平，史悦. 试论对现代企业无形资产的四重分类[J]. 财会研究，2007（12）：58-60.

④ 江坤，谢辉云. 论现代企业无形资产管理的七个环节[J]. 当代经济，2006（18）：131-132.

⑤ 崔沪. 浅议企业并购中的无形资产管理[J]. 集团经济研究，2005(23)：55-56.

⑥ 金永蕖. 报业人力资源管理基本理念解析[J]. 苏南科技开发，2007(10)：68-69.

心——人力资本，当充分发挥其创造力和活力时将有效提升报业集团的核心竞争力，有效实施企业战略管理。

报业集团 BPR 中的"人"不是单一个体，而是一个完整的团队。BPR 再造的团队是由最高决策层、核心团队、基层团队及辅助团队组成的。对于以构建全媒体产业价值链为 BPR 战略目标的报业集团而言，再造团队应该包括所有的报业员工及整个产业链成员。再造团队成员由于所处层级不同，其人力资本价值存在差异，对 BPR 起着不同的作用，具体见表 5-1。

表 5-1 　　　　　　　　　　报业集团 BPR 中人的因素作用比较

最高决策层	BPR 核心团队	基层团队	辅助团队
建立危机意识 描绘企业愿景 善于授权	创业者 沟通者	角色和态度转变	提供专业性咨询 协助决策、执行及控制

报业集团人力资本运营对于 BPR 的核心支撑作用主要表现在三个层面。首先，报业集团 BPR 是"一把手工程"，企业决策层的直接参与和领导是 BPR 成功的关键因素之一。在人力资本的运营层面，在报业集团管理上实践职业经理人制度，配合现代企业制度的构建将推动 BPR 的成功。其次，报业集团 BPR 是团队参与的战略，人力资本运营将不断培养员工的参与意识、决策能力、反馈能力等，使其成为具有全媒体意识的知识型员工。最后，报业集团通过人力资本的运营成功实现学习型组织的转化，通过建立一系列学习机制和人才政策，构筑良好的学习环境，不仅为培养全媒体知识型员工创造了条件，也为形成和谐的企业文化奠定了基础。

因此，将报业集团中的人力资源通过合理运营逐步转化为人力资本，对于提升报业集团的核心竞争力意义重大，同时，人力资本也是报业集团无形资产的重要组成部分。对人力资本的经营必然成为报业集团"做大做强"的主要推动力，也是报业集团 BPR 核心支撑体系中人力资本系统的核心内容。

二、最高决策层的直接领导是报业集团 BPR 成功的关键

决策者在企业管理中的作用和地位非常高，在我国显得格外突出。我国企业管理的一大特点是个人集权管理、领导说了算。① 报业集团 BPR 战略是"自上而下"发起的，处于报业集团最高决策层的董事长、总经理对 BPR 的直接领导是 BPR 成功实施最关键的成功因素。

报业集团 BPR"一把手工程"的概念不仅是指报业集团的最高决策层要直接参与 BPR，更强调最高决策层在整个 BPR 过程中的绝对领导，强调"一把手"的全力支持和强力贯彻。最高决策层的作用体现在两个方面：① 最高决策层坚定的信念是 BPR 成功的保证，也是 BPR 获得必要资金、人力资源的保障。②最高决策层敢于面对阻力和压力，保证 BPR 战略的持续实施。在报业集团 BPR 过程中必然会遇到各种阻力，例如由于组织再造所带来的岗位调整、部门精简、人员下岗等；由绩效考核指标带来的工作压力和收入减少等；新业务流程在磨合过程中出现的部门冲突和不适应等。这些阻力和问题不是部门负责人或者员工本身可以解决的，必须通过企业"一把手"的强力推进，顶住来自各方面的压力，把 BPR 战略实施下去。美国甘尼特公司高级副总裁菲利普·R. 柯里（Philip R. Currie）谈到甘尼特公司"领导就是服务"的理念，他说，"在这座大楼（甘尼特公司总部）里，分管报业的仅有 10 人，尽管我们下面的总员工超过 35000 人。我们试图让管理结构更浅、更宽，即人们所说的'扁平化管理'。我们不设很多部门，这样最高管理者可以尽量靠近基层管理，上下沟通方便，有助于提高效率"。② 报业集团 BPR 不仅涉及业务层面的流程再造，也涉及组织再造，扁平化的组织结构对于提高效率深具意义。在这样一种扁平化组织结构中，最高决策层能更贴近基层员工，通过及时沟通，对于报业的改革具有更好的推动作用。具体来看，最高决策层对报业集团 BPR 的影响主要表现

---

① 金荣涛. 推行 ISO 9000 标准无效的原因分析[J]. 标准科学，2003(6)：24-25.
② 辜晓进. 走进美国大报[M]. 广州：南方日报出版社，2002：113.

在以下两个方面。

（一）最高决策层的直接领导是 BPR 战略决策的需要

企业最高管理者的直接参与是企业战略成功实施的关键。汤姆·彼得斯（Tomas Peters）和罗伯特·沃特曼（Robert H. Waterman）曾说过："企业成功的秘诀在于领导者对市场敏锐的洞察力，独到的战略见解以及对企业文化的变革。"[1]领导者的洞察力、战略见解以及对企业文化变革的意愿是实施变革的巨大动力。数字化转型是一场深刻革命，必须坚持正确的方向，沿着正确的道路推进。必须要有足够高层级的人来担任指导委员会的领导并指明方向，选择正确的道路。在关键时刻做出抉择，保持战略定力，才能做到不忘初心。[2]

战略决策是解决全局性、长远性、战略性的重大问题的决策。企业战略决策的正确性直接指引企业前进的方向，提高企业竞争力和适应环境的能力，取得良好的经济效益。企业战略决策是战略管理中极为重要的环节，起着承前启后的枢纽作用。战略决策一般由高层决策层做出。雷蒙德·迈尔斯（Raymond Miles）和查尔斯·斯诺（Charles Snow）认为，企业战略包括三个层面，即企业家层面、组织层面及技术层面。[3] 企业家层面是指组织的市场和行业定位。他们肯定了企业家在企业战略决策中的首要地位。对于报业集团 BPR 而言，最高决策层的战略决策将直接指引报业 BPR 的方向，制定 BPR 战略目标，指导 BPR 战略的实施及战略控制。因此，报业集团最高决策层的决策能力、管理素养在 BPR 战略决策中的作用非常重要，如图 5-3 所示。最高决策层所制定的战略要在预测未来、适应变化的基础上，达到战略、环境、资源三者间的动态平衡。战略决策过程中，

---

① ［美］Tomas Petesr, Robert H. Waterman. 追求卓越［M］. 戴春平，等，译. 北京：中央编译出版社，2001.

② 袁勇. BPR 为数字化转型而生［J］. 企业管理，2017（10）：102-104.

③ Miles R H, Snow C C. Organizational Strategy, Structure and Process［M］. New York：McGraw-Hill Co.，1978.

既要对所处的宏观环境和产业环境进行系统的审视和考察，又要对自身拥有的资源和能力进行科学评估。报业集团在制定 BPR 战略时，最高决策层要对报业集团所处的整体文化产业环境，以及 BPR 所涉及的内部、外部资源进行合理的分析，这样才能制定切实可行、量身定做的 BPR 决策方案。

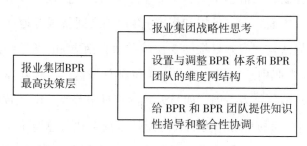

图 5-3　报业集团 BPR 中最高决策层的作用

俞东慧认为，在流程变革管理过程中，领导者的主要任务是确定公司的战略愿景和经营方向、团结和引导员工实现企业愿景及激励和鼓舞员工为实现经营目标而努力。[①] 柳剑能认为，中国报业全媒体转型最终能否成功，谁能成为"集大成者"，相当大程度上取决于其决策层是否真正愿意推行全媒体流程再造。[②] 报业集团 BPR 从构想、决策、实施到评估都离不开最高决策层的参与和推动。来自最高决策层的战略思考是报业集团最高决策层在导入 BPR 过程中应发挥的最重要的职责，否则随后的 BPR 发起和项目承诺都是盲目的，会导致整个项目的定义和实施迷失方向。如果没有清晰的战略计划，BPR 将面临重大的失败，而明确的战略目标能够帮助报业集团克服实施过程中的各种困难。这其中报业集团的最高决策者既是"舵手""领航员"，又是"船长"。彼得·圣吉（Peter M. Senge）认为"领导，

①　俞东慧. 企业流程变革管理影响因素及其动态机制研究[D]. 上海：复旦大学，2005.

②　柳剑能. 中国报业全媒体转型的三大路径[J]. 传媒，2013(3)：14-17.

即设计师"。① 他认为设计师的角色认定比其他任何角色，如船长、舵手、领航员更为重要。

报业集团最高决策层在领导 BPR 战略时，可能会受多种因素制约，造成决策的失误或错误决策。因此在强调最高决策层作用的同时，还要构建科学的决策体制，严格遵循科学决策评价准则，以及建立领导决策的约束机制。在这一方面，南方日报和南方+客户端之间就很好地体现了这种关系。他们的做法是，南方日报的 3 位编委兼任南方+的副总编辑，再加上南方+的 1 位专职副总编辑，一共有 4 位副总编辑作为融媒体采前会的执行总监进行轮值，一人一周。如当天是南方日报编委、南方日报视觉部主任以南方+副总编的身份作为当天融媒体采前会执行总监主持会议，那么当天融媒体采前会的最高指挥官就是南方日报当周白天值班编委、南方日报要闻部主任，其以南方日报值班编委的身份对采前会进行最终的宏观把控。二者都是南方日报的编委，又都兼任南方+的副总编辑，他们两位的角色会因轮值而对调。② 这种关系做到了权利制衡，对于把控客户端的健康发展较为有利。

（二）最高决策层"个人因素"对 BPR 决策的影响

高层管理团队（Top Management Team，TMT）研究的理论基础是唐纳德·汉布里克（Donald C. Hambrick）和菲利斯·梅森（Phyllis A. Mason）提出的高层梯队理论（Upper Echelons Theory），该理论认为战略选择是一个非常复杂和含义广泛的决策，而复杂的决策是多行为因素的结果，反映了决策者的特质。③ 在 BPR 决策制定过程中，作为最高决策层，其领导风格、个

---

① ［美］彼得·圣吉. 第五项修炼——学习型组织的艺术与实践［M］. 张成林，译. 北京：中信出版社，2009：334.

② 古国真. 南方日报与南方+客户端的融合探析［J］. 新闻知识，2019（12）：83-86.

③ Hambrick D C, Mason P A. Upper echelons：The organization as a reflection of its managers［J］. Academy Management Review，1984，9（2）：193-206.

人愿景、决策行为等因素对企业 BPR 战略的制定都会造成影响。弗雷德·R. 戴维(Fred R. David)认为，战略决策者是不同的。① 在战略制定、实施和评价过程中，这种差别必须加以考虑。因此，最高决策层的个人因素在 BPR 战略管理中影响巨大。

1. 最高决策层决策能力对 BPR 决策的影响

尼汀·诺瑞亚(Nitin Nohria)等通过对 160 家公司的调查研究发现，公司领导层对公司利润或股东回报能够产生多达 15% 的影响，其影响程度相当于公司对进入行业的选择。② 鉴于企业家在经济组织中的重要作用，经济学理论将企业家看作是促进经济增长的决定性因素。报业集团的最高决策层既是传媒家，又是报业集团运营的决策者和实施者，他们不仅对新闻业务非常熟悉，对报业集团的经营管理也颇具水平。可以说，最高决策层对报业集团的发展具有举足轻重的影响，他们作为一种特殊的人力资源参与报业集团的价值创造过程，并形成不可或缺的人力资本。报业集团的发展受到各种资源的影响，而最高决策层资源的优势在于他们对其他资源的整合能力，即执行能力。如发现与挖掘先前没有被发现的机会，准确预测行业发展方向，创造新资源或对原有资源予以更合理的组合配置，进而持续获取竞争优势等。除此之外，在报业集团无形资产开发过程中，需要发挥最高决策层的整体调度能力、对市场竞争的把握能力、开发战略的制定和对风险的预测控制能力。

在报业集团 BPR 过程中，最高决策层在行使决策时建议做好三点：①树立正确的 BPR 理念。首先，要认识到报业集团的 BPR 是企业战略的一部分，是一个系统工程；其次，报业集团 BPR 不是最高决策层可以单独完成的，也不是管理团队可以完成的，而是需要报业集团全员参与才能完成的企业战略。②保持对 BPR 的一贯支持。报业集团 BPR 是一个"一把手"

① ［美］弗雷德·R. 戴维. 战略管理［M］. 李克宁，译. 北京：经济科学出版社，2006：10.

② Nohria N, Joyce W, Roberson B. What really works［J］. Harvard Business Review, 2003, 81(7)：42-52, 116.

工程，最高决策层的积极参与和坚持是确保 BPR 实施的前提。对于最高决策层而言，首先，要在 BPR 战略不同阶段始终保持言行一致，对 BPR 充满信心，这也是对报业集团全体员工的一种激励。其次，时时关注 BPR 推进。"一把手"工程并不意味着最高决策层的参与仅是在 BPR 的启动阶段，在整个 BPR 实施环节，最高决策层的管理、控制及协调都起着穿针引线的作用。再次，报业集团 BPR 带来的不仅是业务流程的再造，还对报业集团的组织结构造成影响，当 BPR 存在阻力时，要协调报业集团内相同级别部门的矛盾。最后，最高决策层的决策还是确保 BPR 过程中人、财、物的保障和配备的保证。③完善管理制度。报业集团完善的管理制度建设体现在诸多方面，如最高决策层的约束机制、知识型员工的各种激励机制，这些制度措施对于缓解改革阻力起到很大的作用。另外，始终要强调 BPR 不是个人或单一群体行为，而是整个报业集团的行为。思科全球 CEO 约翰·钱伯斯(John Chambers)说："在今天的经济发展速度下，我能做的决定是有限的，我能收集的信息也是有限的。我想做的是一些大的战略性决策。我把决策权分配给那些最接近执行环节的人。"因此强调团队合力也是最高决策层行使决策的任务之一。

2. 最高决策层愿景对 BPR 战略的影响

"愿景"是愿望看见的景色。对愿景的理解是多层次的，愿景可以是企业愿景、领导层愿景及个人愿景。企业愿景是由领导者倡导的，反映全体员工共同意愿的未来发展前景。企业愿景必须进行广泛的传播，并获得全体员工高度的组织承诺。领导者通过企业愿景带给人们一种期望，这种期望能够凝聚所有员工的工作热情，激励他们最大限度地发挥自己的聪明才智，创造性地实现共同确立的目标。用愿景影响员工的需求、态度、行为，可以使员工把个人目标与组织目标统一起来，达成高效的自我管理，从而极大地提高企业的业绩。很多情况下，企业家愿景等同于最高决策层愿景，已经成为企业领导者所必需的一种职业期许，最高决策层个人愿景的树立能让员工更好地得到一种发展的设想与空间，有助于建立稳定的团队并使团队充满战斗力，从而在一定程度上延长团队寿命。

最高决策层愿景的实施是分阶段完成的，其对企业战略决策的影响也表现为多重维度。佛朗西斯·怀斯特里（Frances Westly）和亨利·明茨伯格（Mintzberg Henry）描述了愿景型领导者影响战略决策的四个维度：①心智能力或领导风格，包括想象力、灵感、洞察力、预见力等，这是企业战略发展的起点；②战略过程，心智图景通过内省或与环境的交互作用而产生，其演化可能是一个渐进和学习的过程，也可能是一个快速的过程；③战略内容，图景可能重点聚焦于市场、产品或组织的不同方面；④环境情景，包括组织的结构、规模和发展阶段等。① 对于报业集团 BPR 而言，最高决策层将设定的 BPR 战略目标传递给管理团队成员，并通过努力合作共同实现目标。同时，最高决策层愿景因为领导者的心智能力等因素又影响了战略决策的整个过程、战略内容，并对报业集团 BPR 的其他方面产生影响，如组织再造等。

不管是企业愿景、最高决策层愿景还是个人愿景，都应该是统一的，当个人愿景和企业愿景、最高决策层愿景保持一致时，才能有效激励全体员工的改革斗志，全身心投入到 BPR 改革洪流中去。

3. 最高决策层非权力影响力对 BPR 战略的影响

非权力影响力也叫自然影响力，是指在领导职权以外，由领导者的品质、作风、知识、能力、情感以及榜样等非权力因素所形成的影响力，是靠领导者自身的个性特征与作为而形成的领导魅力和感召力。领导者魅力主要由人格魅力、学识魅力、工作能力魅力和形象魅力构成。

最高决策层的见识和胆识因素对于战略决策者来讲尤为重要。胆识素质因素包括：冒险、勇气和胆量、自信和意志。② 企业中的管理行为一般分为两种，即程序化管理和非程序化管理。程序化管理是指一切按照既定的规章制度来进行。非程序化管理则是指在突发情况下的决策。在整个企业管理中，程序化管理更多地集中于基层管理者，越是高层管理者，非程

① Westly F, Mintzberg H. Visionary leadership and strategic management[J]. Strategic Management Journal，1989(10)：17-32.

② 汪世锦. 胆识——战略决策者必备的素质[J]. 领导科学，2005(8)：33-34.

序化管理的比重就越大，要靠管理者进行大胆的创造、探索与试验。① 报业集团 BPR 作为企业战略的一部分，其决策过程本身就意味着冒险，作为最高决策层应具有不怕失败、敢于冒险的精神。最高决策层的见识和胆识不仅表现在制定 BPR 战略决策或实施 BPR 战略计划时，需要具有藐视任何风险、勇于战胜艰险的大无畏的勇气和胆量，还表现在面对来自报业内部的风险时的勇气和胆量。报业集团 BPR 战略的实施过程是长期的过程，在实施环节中会受到来自报业集团内外多种因素的干扰，当最高决策层具备坚韧的毅力和强烈的自信心时，才能克服各种心理干扰，战胜一切困难，坚定不移地勇往直前。因此，作为报业集团的最高决策层必须具有坚定、果断、顽强的意志品质，并将其贯穿于整个 BPR 实施过程的始终。此外，在面对新生事物时，领导者应该身先士卒。如面对"中央厨房"时，领导者尤其是"一把手"自身必须要对"中央厨房"有很深刻的认识，才能引导其他人，进而改变现在的局面，加强学习培训管理人员的新媒体前沿理念教育。作为转型时期的传媒业的骨干领导人物应该紧跟时代发展趋势，主动学习新时期的新事物，面对不懂的知识领域要放下面子，不要不懂装懂。②

因此，报业集团 BPR 过程中，最高决策层的直接参与是一种"自上而下"的支撑力量，关系到 BPR 的成败。最高决策层的决策行为不仅依赖于其本身的决策能力，还受到其非权力影响力的影响，保持报业集团企业愿景、最高决策层愿景及全体员工个人愿景的一致，也是克服改革阻力、顺利推进 BPR 实施的关键。

三、管理团队的协作是体现人力资本核心支撑作用的重要方面

现代领导集体中，不仅要有优秀的、受信赖的、享有众望的个体领导

---

① 厉以宁. 企业死于决策层制约失衡[J]. 经营管理者，2007(8)：40-41.
② 刘晓萍. 国内新闻中央厨房模式探究[D]. 杭州：浙江传媒学院，2017.

者，还需要组成具有最佳智力结构的领导团队。在企业战略决策过程中，参与企业战略决策的人员范围已经远远超越了单纯的高层管理者，它还包括中层和操作层面的管理人员甚至一线的员工。员工参与被认为是企业战略决策过程中的关键因素。① 员工参与战略决策对于企业具有一定积极的影响，既有助于提高企业战略决策的质量，也能提高员工对具体战略的理解，提高战略执行力，并提高工作的满意度。

在企业改革过程中，中层管理人员通常被认为是变革最大的障碍，其实如果变革能够得到他们的认同，那么他们可以成为整合企业的最大力量。② 哈默认为，在新型的流程型组织中，中层管理人员不再是简单的"传话筒"，他们的角色和职能发生了根本性的转变：从部门经理到流程管理者。③ 浙江日报报业集团在上市改制期间，涉及集团公司下属 16 家一级子公司 2697 名员工、313 名事业编制员工需要进行身份转换。36 位处级以上领导干部在关键时刻带头转换事业身份，起到了很好的表率作用。改制过程中，浙报集团没有出现干群矛盾冲突，更没有发生任何群体性事件，成为重组上市的一大亮点。此次事件中，中层管理人员就起到了很好的示范引领作用。

报业集团 BPR 过程中，管理团队的良好协作是一种"自下而上"的支撑力，在 BPR 管理中起着重要作用。诺玛·萨特克利夫(N. Sutcliffe)指出，管理层必须改变他们的计划、指挥、组织、协调、控制等管理活动方式，以确保 BPR 的实施，具有"一个自上而下的、直接的领导模式"。④ 因此，

① Hart S L. An integrative framework for strategy-making processes[J]. Academy of Management Review, 1992, 17(2): 327-352.

② 俞东慧. 企业流程变革管理影响因素及其动态机制研究[D]. 上海：复旦大学, 2005.

③ Michael Hammer. Beyond Reengineering: How the Proceess-centered Organization is Changing Our Work and Our Lives[M]. Haprer Business, 1996.

④ Sutcliffe N. Leadership behavior and business process reengineering (BPR) outcomes: An empirical analysis of 30 BPR projects[J]. Information & Management, 1999, 36(5): 273-286.

在报业集团 BPR 中需要组建一个高度自治、分工协作、相互负责的管理团队。团队的成员要注重流程，要有全局观，具备良好的设计能力，还要充满激情，拥有坚持不懈的性格以及人际交往的能力。一般认为，报业集团 BPR 管理团队应该包含最高决策层、核心团队、基层团队及辅助团队。

（一）核心团队是 BPR 战略"上通下达"的实际管理者

报业集团 BPR 核心团队（或实施团队）由报业组织的中层管理者组成。核心团队成员是从与目标流程直接相关的人中挑选出来的富有创新精神的优秀人才。他们既了解企业原有的运行规则，十分熟悉原有流程的构成和执行情况，也清楚知道原有流程的弊端所在，对现有流程的分析要依赖于他们的认识和专业知识。同时也要由他们来完成流程改善的一系列工作，执行改善后的流程运行。核心团队成员一般包括经理主管、业务骨干、技术精英、相关部门代表、客户支持人员、专业咨询人员等，如果从整个报业集团产业链角度讲，还包括供应商和客户等。员工在战略决策中的作用越来越受到关注，特别是中层管理者在战略决策中的作用更加受到重视。①②

BPR 实施团队是核心团队，主要负责设计再造方案、将再造目标量化和负责具体实施等。实施团队由中层管理人员、各个部门主管、技术精英、业务骨干、客户支持人员、专业咨询顾问、供应商和客户等跨部门、跨组织的人员组成。在一个 BPR 管理团队中，项目角色和组织架构③一般具有如下组成。

1. 项目总负责

项目总负责来自数字化转型指导委员会，代表最高领导层。其职责包

---

① Floyd S W, Wooldridge B. Middle management involvement in strategy and its association with strategic type: A research note [J]. Strategic Management Journal, 1992 (13): 153-167.

② Floyd S W, Wooldridge B. Middle managers' strategic influence and organizational performance[J]. Journal of Management Studies, 1997(34): 465-485.

③ 袁勇. BPR 为数字化转型而生[J]. 企业管理, 2017, 434(10): 102-104.

括：收集业务需求，匹配公司业务战略；识别数字化转型业务和流程；组建和领导各数字化转型工作小组，确保数字化转型工作高效运作；考核衡量各数字化转型工作组绩效，向数字化转型指导委员会报告。领导者要懂得适当的放权和授权，在组成 BPR 项目小组后，应将相应的权利授予小组成员，允许小组成员根据实际情况调整业务流程，因为 BPR 的实施需要不同部门且已授权的人员以协作的模式共同工作。①

2. 促进师

促进师是转型变革的专家和导师。其职责包括：引导或辅导工作团队运用 BPI（Business process improvement）/BPR 的方式进行正确的、更高质量的数字化转型。

3. 转型设计组长

其职责包括：带领业务流程关键环节的跨功能组员对业务流程进行端到端的梳理；围绕转型成功标准运用 BPI/BPR 的方式，对数字化转型目标实现负责。

4. 数字化转型小组成员

其职责包括：按时参加会议，积极参与数字化转型讨论；奉献各自专长和智慧；完成数字化转型工作小组组长分配的任务项，转型改进任务得以 100% 执行；负责转型改进建议在功能部门内部的沟通确认；更新反馈测试结果。

5. 指导委员会

其职责包括：提供支持、承诺；提供方向指导；项目重大决策；调度项目的资源。

良好的核心团队构成对报业集团改革是非常有益的。华商传媒集团在 BPR 过程中组建了领导小组。② 其中，领导小组组长由负责都市报业务的集团副总裁出任，副组长由报社主管报纸内容的副总、集团运营支持部部

① 李敏. 业务流程重组成败的关键因素分析[J]. 现代情报, 2003, 23(10)：172-174.
② 王晓昱. 华商传媒集团报业板块业务流程重组研究[D]. 西安：西北大学, 2013.

长、供版中心主编出任。该领导小组的主要职能是：研讨明确流程重组的意义，确定流程重组的方向，在集团内培育倡导有利于流程重组实施的企业文化氛围，审议通过流程重组的具体方案和推进措施。领导小组下设办公室，负责流程重组的具体工作。办公室由供版中心主编出任主任，集团运营支持部副部长出任副主任，办公室人员包括供版中心各业务单元负责人、报社涉及流程重组的相应部门的部门主任。具体执行中，办公室以每月或每周一期工作简报的形式向重组领导小组及全集团通报重组进展情况，遇到重大问题由领导小组组长召集会议或现场办公予以解决。

核心团队在 BPR 战略实施中主要有三个方面的任务：①负责对现有流程进行分析，并设计和执行新的流程。②核心团队中的中层管理者在报业组织中还将起到承上启下的有机联动作用，承担沟通报业组织最高决策层和辅助团队基层员工的任务。③核心团队成员分布于 BPR 各部门，均是出类拔萃的优秀员工，他们责任心强、富有创造力并具有合作精神，同时他们又是心胸开阔、乐观向上、受人尊敬的普通员工。[1] 核心团队成员身份的特殊性，对于鼓舞基层员工的士气、安抚员工情绪、缓解员工压力都有积极作用。因此，核心团队是影响业务流程再造的一个重要因素，是报业集团 BPR 战略的实际管理者，一个好的实施团队是业务流程再造取得成功的前提条件之一。

作为核心团队，还要正确处理因为团队成员身份特殊性带来的管理障碍。在核心团队当中，由于成员大多来自 BPR 之前的相关业务部门，BPR 必然会对其产生影响。他们在参与管理时容易局限于原有流程的范围和固守既得利益，对 BPR 进程造成负面影响。因此，核心团队一般要设立负责人，负责核心团队的协调和管理工作，在团队内外耐心解释 BPR 整个战略内容，建立良好的沟通渠道，确保 BPR 能顺利推进。核心团队负责人一般是企业中一位资深的中高级管理者，拥有威信和业务管理的专长，能从流程的层面上

---

① 王朝阳. 我国数字报业 BPR 关键成功因素研究[J]. 国际新闻界，2010(2)：83-86.

开展工作。因此，核心团队负责人应具备流程观念和全局观念，应具备高昂的热情和坚忍不拔的毅力，还要具备高超的沟通能力。[①] 团队负责人要善于运用灵活的技巧和人际交往技能，将团队塑造成为一个富有战斗力和创造力的集体，培养团队成员之间的互助协作关系，使每个团队成员都能最大限度地发挥其潜能。另外，团队负责人还要充当团队的对外发言人和联络员，从外部获得团队必需的各种资源和来自于上级和同级的支持。

（二）有效缓解来自基层团队的变革阻力是 BPR 战略成功的重要因素

报业集团 BPR 基层团队是由企业各部门其他员工组成的，在项目需要时才协助实施再造方案，基本由一线员工组成。基层员工的积极参与和支持是 BPR 取得成功的重要因素。

但在 BPR 战略实施中，基层员工出于对 BPR 可能对自身利益（如收入、福利等）产生影响的种种忧虑而产生抵触、反对等负面情绪和举动。这种情况主要出现在 BPR 初始阶段。大卫·赫西（D. E. Hussey）和兰厄姆（M. J. Langham）认为，"对变革的阻碍往往是基于感情因素因而不容易被理性的说教所改变。对变革的心理障碍包括害怕丢失地位、对自己现有能力隐含的否定、对在新情况下失败的惧怕、对未被征求意见的不满、对变革必要性缺乏理解以及对放弃传统方法产生不安全感等。因而，有必要通过促进员工的参与和对既定变革进行充分的解释而克服这些阻力"。[②] 可见，来自基层团队的阻力并不可怕，关键在于及时发现并通过有效的沟通等途径尽量消解这种负面影响。在此环节中，再造团队中特别是核心团队必须发挥其"上通下达"的作用，及时了解员工反对 BPR 的原因并找到相关的解决方法，促使员工主动积极参与和支持 BPR。

在我国报业集团 BPR 实践中，一些报业集团在 BPR 战略开展之初就

---

① 俞超. 业务流程管理方法论研究[D]. 沈阳：东北大学，2005.

② Hussey D E, Langham M J. Corporate Planning：The Human Factor[M]. Oxford, England：Pengamon Press, 1979：138.

遇到了类似阻力。烟台日报传媒集团在实施全媒体运作时就遇到了这类问题，员工因担心改革会影响工资收入而产生消极抵触情绪。基层团队及时发现这一情况，在深入了解和调查的基础上，向上层领导汇报，并为员工耐心解读改革方案。集团随后采取了三项绩效考核应对措施，有效缓解了员工的忧虑。这些措施使记者编辑在工资收入上达到或超过了全媒体运作之前的标准。当解决了集团员工后顾之忧后，全媒体运作得以更顺利运行。烟台日报传媒集团的应对措施主要体现在绩效考核机制上，对于不同的报业集团，来自基层团队的阻力可能存在差异，改革基础也不同。因此，在选择具体应对措施和方法上也要有针对性。

基层团队成员一般都来自报业集团最基层，是报业流程的使用者，是BPR 战略的具体实践者，对流程具有最直接的体验，吸纳基层员工加入基层团队不仅可以减缓 BPR 的阻力，也能获得来自第一线的数据和信息，对BPR 战略目标的设定、实施及评估都能产生直接效应。但和核心团队一样，他们在思考问题时往往基于自身利益，在吸纳基层团队相关建议时比较审慎，会从全局出发，保证 BPR 战略目标制定符合报业整体战略。

(三)专业且独立的辅助团队是 BPR 战略的"外脑"支撑

报业集团在进行 BPR 战略规划、实施及评估时，经常出现不能正确决策的问题，究其原因，一方面在于"不识庐山真面目，只缘身在此山中"，身在其中而不能明晰洞察报业集团的现状及未来。另一方面，融媒体管理者主要由传统媒体骨干转岗而来，有着丰富的传统媒体业务经验，但是缺乏互联网思维，不适应融合发展要求。因此，在报业集团 BPR 战略整个过程中都应吸纳非报业集团的专业团队或个人加入，这将有助于报业集团看清外在环境、内在资源，并做出正确决策。目前，中介机构的参与已经成为报业集团 BPR 的一种趋势。

辅助团队其实是一种专业化的中介力量。①"中介"在《现代汉语词典》

---

① 周笑．重构中的媒介价值[M]．上海：复旦大学出版社，2008：192-194.

和《新华字典》中都解释为"媒介""中间体"，在英语中解释为"intermediary"或"medium"，即"中介机构"。目前对"中介"的定义众说纷纭，还未有定论。在此，我们将"中介"定义为在市场经济活动中接受委托，利用专业知识和技能，提供认证、经纪、咨询、代理等服务，收取费用并承担相应责任的独立的机构、组织及个人。中介机构具有 3 大经济功能：①借助他们拥有的专业知识和经验，最大限度地为服务对象降低市场、经营等领域中的不确定性带来的风险。②在一定程度上消解由于专业化程度较高或组织沟通壁垒等多种原因造成的信息不对称。③通过专业的高效率服务可以降低组织之间的成本。

目前，媒介产业领域也引入了中介的概念，但还处于"已起步，初尝试，待成长"的发展状态。媒介产业领域的专业化中介机构体系主要包括资讯类、资质认证类、流动资产经营类、专用固定资产经营服务类、配套服务类、经纪服务类、特种业务操作类、行业协会类 8 个类别。其中，资讯类中介机构的监管功能最为突出，其次是资质认证类、配套服务中介机构、特种业务操作类中介和行业协会。其余类型的中介机构更多偏向于在局部领域提供专业化的辅助性服务。

传媒中介领域中比较重要的咨询机构主要包括三类：

(1) 提供各类市场数据的咨询中介，如 AC 尼尔森、央视索福瑞调查咨询公司。

(2) 提供各类经营策略的咨询中介，如媒介专业代理公司。

(3) 提供各类战略咨询服务的咨询中介，如麦肯锡、波士顿咨询公司。

目前，在我国仅第一类发展得较为完善，其余都还很薄弱。随着管理思维的革新，很多境外经营策略、战略咨询服务中介纷纷进入中国并为中国传媒产业的发展提供咨询服务。如毕威特管理咨询公司（Pivotal Resources）、罗兰·贝格国际管理咨询公司（Rolandberger Strategy Consultants）等，后者曾陆续为广州日报报业集团、成都传媒集团、新华日报报业集团、浙江日报报业集团等提供战略咨询服务。

报业集团 BPR 辅助团队由报业集团外部专业咨询组织、个人或报业集团内独立于原有流程之外的人组成。团队的人数一般不宜过多，一般占到整个 BPR 管理团队的 20% ~ 30%，即在一个 10 人的管理团队中，有 2 ~ 3 名辅助团队成员是比较合适的。

报业集团 BPR 辅助团队包括各类综合人才，他们具有报业组织内部员工所不具有的优势，主要表现在两个方面：①专业性。他们具有丰富的再造实践经验，能够协助缺乏再造经验的报业组织在设计、测试、执行等各个环节实施再造战略。②独立性。辅助团队成员不受报业组织人际关系和政策的制约，与报业组织最高决策层、中层管理者、基层员工及报业组织客户之间能更好地沟通。他们事实上是报业集团 BPR 的局外人。由于他们的自身利益并不会受提出的建议所影响，因此他们往往更愿意承担风险。独立性优势还表现在他们可以跳出既定思维，提出创新理念。由于局外人的身份，他们不会限于原有流程，从而可轻易摆脱原有流程的影响，带来更多客观和新颖的观点，有助于设计出 BPR 最佳方案。由于具有独立性和专业性特征，辅助团队与报业集团整个产业链的沟通更为顺畅，制定的再造方案也更加客观，效率更高。目前，很多传媒企业也已经认识到获取"外脑"力量之于传媒企业发展的重要性，在企业发展战略方面，纷纷聘请咨询公司为其制定发展战略。如广州日报报业集团斥资 500 多万元聘请罗兰·贝格①为其制定发展战略，华商报业集团、成都传媒集团、新华日报报业集团等也花费近百万元来制定发展战略。2008 年下半年，浙江日报报业集团斥巨资聘请全球知名的罗兰·贝格等三家咨询公司，为集团发展特别是传媒业发展"搭脉开药方"，全面梳理了集团战略发展、管控体系等方面的问题，提出了从传统报业集团向现代传媒集团战略转型的战略目标。

辅助团队的加入为报业取得 BPR 成功增加了砝码，但还需注意两个问题：①辅助团队在 BPR 中仅起辅助作用，BPR 的领导权依然归最高决策层

① 1967 年，罗兰·贝格在德国慕尼黑建立他的咨询公司的时候，公司只有他一个人，业务也主要在市场营销方面；40 年后，以他名字命名的这家公司已经发展成为全球顶级的战略管理咨询公司之一。目前，罗兰·贝格在全球有 50 个办事处，有 2400 名员工，在所有主要市场都有业务。

所有。②要坚决杜绝辅助团队生搬硬套其他企业的 BPR 方案。如果不能及时发现和阻止这些缺点，将对取得 BPR 成功造成极大的负面影响。

四、学习型组织的构建和知识型员工的培养是 BPR 战略实施的两大推动力

报业集团中人力资本的运营主要依赖于学习型组织的构建及知识型员工的培养两个方面来进行。通过学习型组织的建设，提升报业集团的核心竞争力。而通过知识型员工的培养，使其成为具有全媒体意识的员工，更能满足报业集团 BPR 战略的需要。学习型组织的建设和知识型员工的培养同时也营造了良好的企业文化。

（一）学习型组织的构建能提升报业集团的核心竞争力和创造力

在国外，学习型组织（Learning Organization）的理论研究一直是组织管理理论研究的重要领域之一。其中最著名的学习型组织理论是由圣吉在 20 世纪 90 年代初提出的"五项修炼"理论，包含实现自我超越、改善心智模式、建立共同愿景、开展团体学习和系统思考五项修炼。学习型组织理论特别强调五项修炼的整合，只有这样，才能保持组织持续学习的精神，及时消除发展道路上的障碍，提高企业应付环境变化和自我发展的能力，同时，理论也强调学习型组织的建立不是组织的最终目的，而是通过迈向学习型组织的种种努力，"引导出一种实验与进步的新观念，使组织日新又新，不断创造未来"。

对于学习型组织理论，因各个学者的研究经验不同而有不同的观点，至今尚无明确的定义。① 戴维·加文（David Garvin）、斯威尔林加·维尔德斯马（Swieringa Wierdsma）、沃特金斯（Wathkins）和马席克（Marsick）对学习型组织的界定比较具有代表性。戴维·加文认为，学习型组织是精于创

---

① 姜伟东，叶宏伟. 学习型组织［M］. 南京：东南大学出版社，2003：30.

造、获取和转移知识，并能根据这些新知识和见解调整自己行为的组织。①学习型组织是善于通过学习不断改变自己的组织，学习和革新不是静态的，而是动态的过程，即学习和革新处于一种互为循环的状态。斯威尔林加和维尔德斯马认为，学习型组织不只有能力学习，还能够学习如何学习，换言之，他们不只是变得有竞争力，也能持续保持竞争力。②学习型组织学习的目的不在于知识的学习，而在于通过学习不断提升企业的竞争力。沃特金斯和马席克认为，学习型组织是通过不断学习来改革组织自身的组织，而学习在个人、团体、组织或组织相互作用的共同体中产生，是一种持续性并可以战略性地与工作相结合的过程。③学习的结果不仅导致知识、信息、行为的变化，而且增强了组织的成长和创新能力。因此，学习型组织是把学习共享系统组合起来的组织，通过学习不仅能提升自身的竞争力，还将具有更好的创造力和创造精神。从报业集团 BPR 角度来看，报业集团通过 BPR 相关理论和知识的学习，深刻感受到 BPR 之于报业集团的重要性，随着转制转轨的不断深入和完善，报业集团需要构建完善的现代企业制度。在这种内外背景下，报业集团 BPR 的目的在于通过整个报业产业链的再造不断提升报业集团的竞争力，而 BPR 本身就是一种创造力。可见，报业集团应当属于学习型组织。

学习型组织的建设对于报业集团 BPR 战略的实施主要有两个方面的推动作用。

首先，学习型组织有助于报业集团核心竞争力的提升。

核心竞争力（Core Competence），又译为核心能力。核心竞争力概念最先由 C. K. 普拉哈拉德（C. K. Prahlad）和加里·哈默尔（Gary Hamel）于 1990

---

① 成中梅，袁晓萍. 组织学习与学习型组织理论研究［J］. 科技进步与对策，2003（S1）：76-77.

② Swieringa J，Wierdsma A. Becoming a Learning Organization：Beyond the Learning Curve［M］. Wokingham：Addison-Wesley Longman, Incorporated, 1992.

③ ［美］沃特金斯，马席克. 21 世纪学习型组织［M］. 沈德汉，张声雄，译. 北京：世界图书出版公司，2000.

年提出。他们把核心竞争力定义为"组织内的集体知识和集体学习,尤其是协调不同生产技术和整合各种各样技术流的能力"。① 在这个概念中强调了两种能力,即集体学习能力和协调整合能力。

核心竞争力必须是有价值的、稀缺的、难以模仿的、不可替代的能力,只有通过将四种标准结合起来,企业能力才能够具有一种潜力,这种潜力可以为企业创造一种持久性的竞争优势。资源(资本)是企业能力的来源。企业能力是企业核心竞争力的来源,核心竞争力是竞争优势的基础。与有形资源相比,无形资源更具有潜力,因为其更难被竞争对手了解和模仿,企业更愿意把无形资源作为它们能力和核心竞争力的基础。作为能力的来源,有形和无形资源是发展企业竞争优势的关键因素,资源在被整合的时候,它的战略价值会增加。人力资源是企业无形资源的重要组成部分,包括员工的培训、经验、知识水平及应变力。人力资源的获取需要一个良好的环境,学习型组织的构筑创造了这种环境,而人力资源在获取和增值的同时又转化为人力资本,成为企业核心竞争力的主要支撑。在此过程中,学习型组织本身成为企业文化的一部分。如图5-3所示。

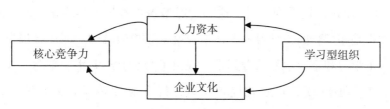

图5-4 学习型组织与核心竞争力的关系

报业集团核心竞争力的内涵是指报业集团在经营和发展中胜过对手的核心资源和能力的总称,是报业集团以其主体业务为核心形成的能够赢得受众、占领市场、获得最佳经济和社会效益,并保持独特竞争优势的那些资源和能力的综合。报业集团核心竞争力是个动态的概念,不仅包含集团

① 参见陆小华. 再造传媒——传统媒体系统整合方略[M]. 北京:中信出版社,2002:164.

学习能力、协调整合能力，还应包含创新能力，而这些都与报业集团学习型组织的定位是一致的。

　　学习型组织对于报业核心竞争力的提升具有重大意义。报业集团核心竞争力的提升与很多因素有关，其中大多数因素都具有外部性、相对短期性、可效仿性特征。"传媒的核心竞争力其实就是传媒团队的创新能力，而这种创新能力的实质不过是一种学习能力。即不断地运用现代科学所提供的工具和手段发现机遇、规避风险、'创造'需求的能力。未来报业集团具有的唯一持久优势，就是比竞争对手学习得更快更好的能力。"①因此，报业核心竞争力的提升关键依赖于无形资产的竞争，主要体现在报业集团的品牌和人力资本方面。那么，如何构筑学习型组织呢？蔡雯、丁士②在对全国六省区市41家主要新闻媒介进行了实地调查后，在如何提升新闻媒介核心竞争力方面提出，建立"全员性""全程性"与"专业性""阶段性"相结合的学习制度；采取"学习性工作、工作性学习"的学习模式；与新闻院校合作，探索"项目"与"培训"相结合的多样化的学习途径；将学习力的培养与媒介的用人机制相结合，使其真正落到实处。"学习性工作、工作性学习"的学习模式比较受到认可，这和学习型组织理论中学习是不断革新的动态过程是相契合的，学习和工作本身就是互相交融的。浙江日报报业集团将员工学习和企业学习结合起来，提出了"终身学习"③的理念，表现在鼓励员工参加继续教育强化岗位培训，提升业务学习和创新能力两个方面。

　　目前，很多包括报业集团在内的新闻媒体都已经意识到，在知识经济和全球化的时代，媒体之间的竞争事实上就是学习的竞争、创新的竞争。

①　喻国明．影响力经济——对传媒产业本质的一种诠释［J］．现代传播，2003（1）：1-3．

②　蔡雯，丁士．将新闻传媒建设成学习型组织——培养新闻工作者的学习力是一个紧迫的任务［J］．新闻战线，2003（10）：41-43．

③　傅雪梅．人力资源是事业发展的第一推动力　浅谈浙江日报报业集团的人才战略［J］．传媒，2007（12）：38-39．

而其根本在于既具有广博知识，又具有学习能力、创新能力的人才的竞争。河北日报报业集团向全体员工发出了"建学习型集团，做知识型员工"①的号召，大力开展"六个一"活动，即"读一本喜爱的书、写一篇读书心得、提一条意见或建议、荐一种精神产品、当一次调度值班、做一次拓展训练"，使学习活动经常化、制度化、规范化，以培养人的现代素质和创新能力为根本，创建学习育人、学习强业、学习兴业的新模式，这些做法是报业集团建立学习型组织的有益尝试。按照彼得·圣吉的"五项修炼"理论，学习型组织的构建既是个人学习(改变心智模型)和个人超越(自我超越)，更是建立在企业共同战略目标(建立共同愿景)基础上的组织学习(团队学习)，不仅是简单的学习知识的过程，而且是不断完善自我、提升创新能力的过程，这个过程是个人和组织共同完成的，且是终身的。

其次，学习型组织使报业集团更具创造力和创新精神。

创造是人的本性。恩斯特·卡西尔(Enst Casser)认为，"人性本不是一种实体性的东西，而是人自我塑造的一种过程，真正的人性无非就是人的无限的创造性活动"。② 正如沃特金斯和马席克在对学习型组织定义中指出的，"学习的结果不仅导致知识、信息、行为的变化，而且增强了组织的成长和创新的能力"。其实，学习型组织创造力和创新精神不仅表现在组织层面，还表现在个体层面，即企业员工的创新精神。创造力是决定学习型组织竞争力的关键因素，也是知识经济的迫切需要。

学习型组织内涵本身就包含多个方面，如学习力、创造力等。学习力是学习型组织的根本，一个组织如果连学习力都不具备，就不能称为学习型组织。创造力是创造自我并拓展创造未来的能量。学习型组织中学习的概念不是单纯的知识型学习，而是可以转化为创造力的学习。因此，创造力是比学习力更高层面的学习，是学习力的一种外在表现形式。对于学习型组织，单纯强调组织有学习力、有学习环境是不够的，组织学习的根本

---

① 赵曙光. 创建学习型媒体 促进集团和谐发展[J]. 中国记者, 2005(6)：8-9.
② [德]恩斯特·卡西尔. 人论[M]. 甘阳, 译. 上海：上海译文出版社, 2004：99.

是要转化为实际的创造力，只有形之于物的学习才是真正的学习，才能真正达到学习的目的。

而对于组织中的个体而言，学习型组织是让组织成员真正体会到工作中生命意义的组织。对企业来说，在学习型组织构架中既要注重企业的发展，也要注重员工的发展。这就要求学习型组织塑造"共同愿景"，将企业的发展目标和员工发展目标有效结合，这样才能让员工体验到工作中生命的意义。

以 SMG 为例。该集团向来重视人才的培养，努力营建学习型组织，投入巨资强化人才培训已经成为 SMG 人力资源改革过程中最具有价值的一项举措，它为整个 SMG 建立现代企业管理制度奠定了必要的价值观基础和学习型组织文化，也将集团内一大批年轻管理人员和业务骨干的视野扩展到全国甚至全球。自 2003 年起，SMG 集团中高层管理人员先后在海外的美国哥伦比亚大学、法国里昂大学、英国威斯敏特大学等知名学府或传媒机构，或者在国内的中欧商学院、上海交通大学、复旦大学等进修过，接受工商管理、媒体管理或节目模式管理的专业培训；受过各类专业培训的中层干部、业务骨干人员累计达到数百人次；同时集团内部还定期进行全员内部培训，规定每个公司或部门的年度预算中应设定"培训"项目。

创新是一个民族的灵魂，是一个国家兴旺发达的不竭动力，也是一个传媒企业永葆生机的源泉。作为知识密集型企业的报业集团而言，可以从三个方面来提升学习型组织的创造力。

其一，报业集团应该营造宽松和谐的学习氛围，从而激发整个报业集团的创造性。最高决策层在其中扮演着重要的角色，以"系统思考"的方法对报业集团的外部生存环境及内部资源配置进行充分的解析，及时发现问题，明确报业集团现阶段的任务，在此基础上，构建报业集团和全体员工的"共同愿景"，将创造作为创建学习型组织的核心工作。当营造了和谐宽松的学习氛围后，就可引导全体员工参与到学习型组织的创建过程中，激发全体员工的主人翁精神，发挥员工的创新能力，提升整个报业集团的创造力。北京日报报业集团根据集团中长期战略发展需要，于 2005 年年初成立了"北京日报报业集团培训工作领导小组",小组由一名党组成员、副社长担任组长。同时建立了培训工作联席会议制度。日常工作则由集团人事部门牵头抓总、统筹协调、指导检查、审核把关和规范制度并协调落实市委各项干部调训计划,其余各职能部门和所属各子报子刊按照职能和权限分工负责。① 实践证明,北京日报报业集团这一举措构筑了一个良好的学习氛围,既对整个培训活动实施成效做出评价和总结,又为下一个培训活动确定培训需求提供了重要信息,成为培训效果评估的一个重要载体。

其二,构建报业集团"知识共享"平台。报业集团应充分挖掘集团内部的知识资源,构建开放的、网络性的知识共享平台。知识共享,就是个人、团队和组织的显性、隐性知识通过各种共享手段为其他成员所共同分享,从而转变为组织知识财富的过程。② 在一个报业集团的组织中,知识可分布在组织内部员工个体、团队(部门、子报)、报业集团等不同层面的知识主体之中,并在这些不同的知识主体中传递和转化。虽然组织学习和学习型组织不能简单等同,但组织学习是学习型组织的前提。因此,创建以创造为核心的学习型组织,首要任务就是以增加报业集团个体单元的知识存量的方式来增加报业集团的知识总量。增加报业集团个体知识存量的方法有多种,比较常见的有教育培训、书本学习等,但这些方法在效率上都不尽如人意。而知识共享平台的构建却可以实现低成本条件下知识的增加和储备,实现报业集团成员间的知识交流。以解放日报报业集团为例,自 2005 年尹明华任社长以来,一直致力于将集中于团队成员头脑中的阶段性隐性知识记录下来,成为组织共同的财富。他个人起到了表率作用,先后出版了个人著作《千日之旅——总编辑思考》《晚报作为》《晨之魅》等,并于 2005 年创办《上海新闻研究》,专门用于普通编辑记者或经营管理人员记录平时工作的心得和体会,将个人隐性知识总结在共同分享的平台

---

① 赵可.建设学习型报社——北京日报报业集团的探索与实践[J].中国记者,2009(3):22-23.

② 参见谭大鹏,霍国庆,王能元,等.知识转移及其相关概念辨析[J].图书情报工作,2005(2):7-10,143.

内，变为可被其他人借鉴的显性知识。①

其三，将培养报业集团成员的创造力作为基础，并借此提升报业集团整体的创造力。汪丁丁认为："一般说来，新经济的企业文化越是'个人主义'的，企业作为整体就越涌流出创造精神。"在创建学习型组织时，在营造了宽松环境、实现知识共享的前提下，还要有意识地培养和开发报业集团成员的创造能力，包括创业能力、科技创造能力、文化创造能力等。然后，在此基础上，通过扁平化组织结构的改造，各种政策制度的配套，提升报业集团成员的个人创造能力并转化为报业集团的创造能力。

(二)知识型员工的培养和激励是提升核心竞争力的根本途径

知识是报业组织最重要的资本和资源。报业组织的价值链实际上是一条知识链。②"知识型员工"（Knowledge Worker）的概念是由彼得·德鲁克在20世纪50年代最早提出。③ 他认为，知识型员工是指"一方面能充分利用现代科学技术知识提高工作的效率，另一方面知识型员工本身具备较强的学习知识和创新知识的能力"。概括地说，知识型员工属于那种"掌握和运用符号和概念，利用知识或信息工作的人"。最早的知识型员工多指经理层的管理人员，现在它的范围已经得以大大扩张，很多中层管理者和专业技术人员都属于知识型员工。弗朗西斯·赫瑞比（Frances Horibe）、比尔·盖茨（Bill Gates）等也对知识型员工的定义做出了贡献。弗朗西斯·赫瑞比认为，"知识型员工就是那些创造财富时用脑多于用手的人们。他们通过

---

① 陆柳，朱春阳. 知识共享 SECI 模型在报业集团人才培养中的应用探索[J]. 中国报业，2007(1)：39-42.

② 卢铮. 媒介融合背景下的报业组织变革——以两家证券报为例[D]. 上海：复旦大学，2012.

③ 叶泽川. 论知识型员工的管理[J]. 重庆大学学报(社会科学版)，2002(1)：125-126.

自己的创意、分析、判断、综合、设计给产品带来附加价值"。① 从以上定义不难发现，知识型员工具有这样一些特征：主要从事脑力劳动、具有学习能力、具有创新性、自主性强及具有较强的流动意愿等。

在我国，学习型组织和知识型员工是共同成长的。随着学习型组织理论在我国的不断深入，对知识型员工概念的认识、成长因素分析、管理及激励政策的研究逐渐丰富起来，这为企业人力资本的开发，为企业如何提升核心竞争力给出了理论指导。

人才队伍的建设是报业集团提升核心竞争力的根本途径。报业集团BPR 的核心是内容流程再造，② 而内容流程再造的主要途径就是借助于报业集团的采编流程再造。采编流程的主体是编辑和记者。报业集团的编辑、记者主要的办公场所在办公室，其工作性质是"掌握和运用符号和概念，利用知识或信息工作"，而其学历基本达到了大专以上。基于编辑、记者所具有的特征，报业集团的编辑、记者应该也属于知识型员工。

1. 知识型员工的培养

报业集团的记者、编辑都属于知识型员工，对知识型员工的培养能有效提升企业核心竞争力，那么可以通过哪些途径对报业集团中的知识型员工进行全媒体意识的培养呢？我们认为，主要有两种途径：其一，通过员工自主学习；其二，由报业集团建立学习制度，组织员工学习。

（1）自主层面

知识型员工的两个主要特征就是"自主性"和"学习能力"。对于知识型员工而言，他们工作的主要目的是获得自我发展的需要，从工作岗位中获得精神、物质及地位上的满足感。他们希望获得工作上更大的自主权、工

---

① Ndlela L T, Du Toit A. Establishing a knowledge management programmer for competitive advantage in an enterprise[J]. International Journal of Information Management, 2001, 21(2): 151-161.

② 尹明华. 流程再造中的价值发现——科学发展观指导下的媒介形态思考[J]. 传媒, 2008(10): 34-36.

作弹性和决定权，同时他们也需要来自学习型组织的支持。

报业集团是一个充满挑战的学习型组织。在良好的企业内部环境影响下，报业集团员工要做到不断加强自身学习，成为全媒体记者、全媒体编辑。采编人员要完成角色转变——从简单的信息采集者、新闻把关人转变为新闻信息提供者、新闻信息解析者、论坛主持人、音视频节目主持人、网络编辑等，实现"身份复合和能力复合"。[①] 保罗·布拉德肖（Paul Bradshaw）提出了融合报道的六种生产者角色：渠道整合者（Aggregator-Sub）、移动记者（Mobile Journalist）、数据发掘者（Data Miner）、多媒体制作者（Multimedia Producer）、网络专家（Networked Specialist）、协作编辑（Community Editor）等。[②] 2005 年，美国甘奈特报业集团（Gannett）提出了"移动记者"（Mobile Journalist）的概念，也称为"视频记者"（Video Journalist）、背包记者，指能够同时运用文字、声像、视频和网络传输来进行报道的全能记者。在西方，全媒体记者被形象地称为"背包记者"（Backpack Journalist）或"移动记者"（Mobile Journalist），即那些同时具备文字写作、新闻摄影、视频拍摄技术，将所有录音、摄像、摄影等信息采集设备放在随身携带的大背包中，当在路上遇到新闻发生时，可以随时取出这些设备，独自完成文字、图片、音频、视频等各种新闻素材的采集，并能为不同的媒体平台工作的新型记者。[③] 可见，现在的新闻从业者不再是单纯的身份角色，而是一种综合能力的化身。

对于报业集团的记者来讲，以前只要"一纸一本"最多加个"一笔"就能走遍天下完成新闻采访工作了。但是，随着报业集团跨媒体化、全媒体化发展的趋势，"报网融合"已经成为报业集团比较普遍的选择。以烟台日报传媒集团为例，目前该集团拥有 8 报 3 刊 6 网 1 社 18 个媒体、15 家控股公司、2 家参股公司，是典型的跨媒体、跨行业、跨地区的现代传媒集团。2008 年 3 月，烟台日报传媒集团在全国率先建立全媒体新闻中心，并为记

①　刘刚. 地市党报：探索全媒体复合之路[J]. 中国记者，2008(5)：83.
②　龚瀛琦，张志安. 融合报道的特征及生产机制[J]. 新闻界，2011(3)：11-14.
③　林涛. 给全能记者泼点冷水[J]. 中国记者，2011(3)：60-61.

者配备了笔记本电脑、移动和联通两种无线上网卡、数码相机、数码摄像机及智能手机。全媒体新闻中心记者可以同时向集团内手机报、水母网、报纸媒体及户外视频等提供文字、图片及视频新闻。全媒体新闻中心的记者已经实现了身份复合，既是纸媒记者，又是其他新媒体记者。就记者而言，更重要的还是能力复合。对于烟台日报传媒集团全媒体新闻中心的记者而言，集团为他们配备了如此全面的设备，但如果他们不会使用这些设备，那么他们只能成为"设备超人"而不是"能力超人"。在纽约时报，越来越多的编辑记者成为"记者程序员"，开始学习掌握 Flash 动画、GIS 地理信息系统、各种影音制作方法、数据库构建及维护、数理统计以及 3D 动画制作等。目前，国内的烟台日报传媒集团、宁波日报报业集团、广州日报报业集团及解放日报报业集团等都成立了类似的"全媒体新闻中心"，不仅适应了新媒体的发展，而且培养了一批能熟练掌握采访设备、熟练操作图文声像软件的多面手。南方报业传媒集团于 2016 年 10 月启动了"南方名记者"培育工程，大力培育全媒型、专家型优秀人才，其主阵地并非日报，而是南方+客户端。依托新媒体实验室发掘适于新媒体传播的创新创意点，将个人创新转变成团队创新，通过团队成员间的资源共享生产出适合新媒体传播的内容产品。为增强报纸编辑记者的转型积极性，保障融合过程能够持续释放创造力和生产力，自 2019 年起，南方日报、南方+客户端改革薪酬考评办法，制定出台《报网端一体化考评细则》，对内容首发客户端的记者给予薪酬鼓励，制定与文字、图片、视频及新媒体产品相对应的各类等级考评制度，结合速度、质量、影响力等因素，使考评向客户端倾斜，极大激发了新媒体产品的产能。[①]

　　而对于报业集团的编辑而言，以往仅仅需要面对报纸版面，现在可能就要同时面对网络专题、网络视频直播等新媒体"版面"的制作，甚至可能还要"出镜"成为一名网络论坛的主持人，由后台转到前台。编辑除了对线索进行新闻价值的专业判断、对新闻信息整合加工之外，还要考虑各种信

---

① 古国真. 南方日报与南方+客户端的融合探析[J]. 新闻知识, 2019(12)：83-86.

息形态的相互转换，考虑如何在多种载体上选择不同的报道角度、采用不同的传播方式、运用不同的传播技术，在某种特殊的场合，还可以综合运用文字、图表、图片、视频、音频、动画等多种手段。

但是，全媒体的训练，也许并不在于让新时代的记者编辑总是身兼数职，十八般武艺样样精通，而更多的是要让他们形成一种"全媒体的思维方式"，① 使他们面对一个新闻题材时可以很快地做出判断与选择，规划出用多种媒体手段进行报道的方案，并且迅速找到自己的位置。"全媒体思维方式"的锻造主要依赖于集团员工自主性的学习，辅以报业集团提供和创造的各种学习机会。

当然，在全面培养作为知识型员工的记者编辑时，也需要冷思考，是否需要把每个人都培养成全副武装的全媒体人。有研究者认为，全媒体记者的概念可以宽泛化为对一支队伍的整体要求，建设一个集采访、摄影、摄像、编辑等功能于一体的完备团队，而不是要求每一个具体的个人都是"全能王"。记者个体不必全能，只需专业，当一个团队中每个成员在各自领域都很专业，那么整个团队就能够提供全媒体报道所需的各种素材。②

（2）集团层面

报业集团作为学习型组织，已经为员工构筑了和谐融洽的学习环境，构建了知识共享平台，为知识型员工的培养创造了条件。报业集团对知识型员工的重视和培养主要表现在以下几个方面。

其一，报业集团越发认识到人力资本之于报业集团核心竞争力的重要性，更加注重人才培养。早在战国时期，齐国的管仲就指出，"一年之计，莫如树谷；十年之计，莫如树木；终身之计，莫如树人。一树一获者，谷也；一树十获者，木也；一树百获者，人也"。"一树百获"说明我们的祖先早就认识到了培养人才的重要性，并指出人才是经济增长中最关键的资

---

① 彭兰. 媒介融合方向下的四个关键变革[J]. 青年记者，2009(2)：22-24.

② 高坡. 采编流程再造：融合发展语境中的报业命题——兼析"中央信息厨房"与"全媒体记者"[J]. 新闻传播，2015(6)：29-31, 33.

源，具有远大于物质资源的倍增效应。媒介企业必须"更加重视人才的培养"。① 小默多克认为报纸的核心竞争力表现在三个方面，即头版头条、各种奖项及独家新闻。这三方面的核心竞争力都来源于新闻记者，没有新闻记者就不存在报纸的核心竞争力。所以，他认为，"报纸的品牌树立和可持续发展，最重要的是新闻人才"。②

目前，很多报业集团都确立了自己的人才战略目标。其根本目的就在于把人才作为推进事业发展的关键因素，努力造就合理的、高素质的、专业的且富有创新精神的人才队伍，全面提升集团的核心竞争力和综合实力，完成集团战略目标任务。对于目前的报业集团而言，最缺乏的是三种人才，即高层次管理人才、能力复合型采编人员及新媒体研究人才。高层次管理人才不同于高层管理人才。这里不是指行政意义上的高层，而是从其对多媒介发展未来的把握，对媒介生态及媒介技术发展的认识这个角度看的。报业集团引入专业的传媒职业经理人是一种趋势。能力复合型采编人才前面已做过详细的陈述。而新媒体研究人才是指能将媒介发展理论和中国报业发展现状紧密结合，进行"实战型"研究的研究人员。不管是哪种人才，都要能正确把握媒体未来发展趋势，将理论和实践结合起来，结合中国报业发展的整体环境，熟悉报业所拥有的内部资源，且要能号召愿意参与及适应报业集团可能的变革的人。报业集团是一个学习型组织，知识型员工也绝不是单一的个体，而是一个团队。如解放日报报业集团按照"集团搭台，人才唱戏"的人才筛选思路，通过具体项目和实际工作来鉴别、筛选人才。以解放日报报业集团"虚拟组织"项目为例。2006 年 12 月，解放日报报业集团成立了"虚拟组织"——即时播报记者小组，该小组由来自《解放日报》《新闻晨报》等媒体的 24 名骨干记者组成。集团要求小组成员既要完成报纸写稿任务，又要及时发最新的现场新闻供应解放网。"虚拟组织"的成立使记者采访流程进行了变革，与报业集团的整个采编流程

① 李良荣. 新闻学概论[M]. 上海：复旦大学出版社，2003：105.
② 参见王燕枫. 人才：报业竞争的核心[N]. 中国新闻出版报，2003-12-23(3).

相一致。新闻记者在高度紧张的采访过程中得到了锻炼。尹明华说，"到目前为止，我们做新媒体形成了虚拟组织这种全新的体制，并没有投资一分钱，而这本身就体现了我们的核心竞争力"。在人才培养方面，新华报业传媒集团启动"技术驱动转型的新华工程"，① 在对全集团人才结构进行摸排调查的基础之上，发现全媒体生产、经营、管理的复合型人才、创新人才奇缺，从而提出了为打造一支数量充足、素质过硬的全媒体人才队伍的多项举措。

其二，报业集团在发现人才、培育人才过程中创造了诸多条件。良好的报业集团企业文化氛围不仅为全媒体人才的锻造提供了更好的条件，也促使员工沉浸其中，通过交流和学习不断完善自我。报业集团在人才培养上的工作主要表现在制度的建立和完善、具体的教育培训网络建设方面。报业集团的最终建设目标是建设全员学习、终身学习的学习型集团。在教育培训网络建设方面按照分层次、多方位、有重点、全覆盖的要求，形成规范化、科学化、系统化、制度化的体系。美国波因特传播学院是《圣彼得堡时报》创办的，其课程的设置具有很强的针对性和实用性。例如，媒体管理方面的课程"高级编辑部管理"针对报纸中层管理干部，"执行总编领导艺术"针对报纸执行总裁等。参加波因特传播学院学习的人员必须是报刊、广播、电视、新闻网站的全职新闻工作者或新闻教育者，自由撰稿人也可申请参加。这种由新闻媒介创建的专门针对媒介从业人员的培训机构，其针对性和实用性的特征对于媒介的发展很有作用。在我国，一些报业集团在员工培训方面也进行了实践。例如，宁波日报报业集团在完善员工培训机制方面做了很多值得借鉴的工作。主要表现在培训机制、锻造机制和激励机制三个方面。② 在建立培训机制方面，宁波日报报业集团实行专业培训和学历教育相结合的方式。在专业培训方面采取"外脑"讲座、业

---

① 胡怀福，周劲. 王者融归：媒体深度融合56个实战案例[M]. 北京：人民日报出版社，2019：37-43.

② 张秉礼，朱学文. 着眼集团发展战略 构建人才高地——宁波日报报业集团近年人才队伍建设新探索[J]. 中国记者，2006(12)：7-9.

务交流、举办学术周活动、境外培训、管理层参加的专业培训班及进大报进修等方法。在学历教育方面，集团出资与复旦大学合办硕士学位进修班，选拔采编人员与经营骨干参加培训，对取得硕士学位的人员采取费用全免的方式。选派中层干部到瑞典等国家和地区攻读硕士学位。在锻造机制建设上，集团实施名记者、名编辑与优秀管理者计划，集团将在实践中涌现出的业务骨干有计划地放到重要岗位进行实践锻造。宁波日报报业集团还建立了很详细的激励机制，对集团年轻业务骨干享有的权利进行了详细界定。如优先参与集团宣传报道的策划、调研和重大课题的研讨；优先安排外出学习考察、培训进修、学术交流、重大主题采访等活动。目前，宁波日报报业集团已经形成了人才阶梯，集团通过对人力资源的合理规划和经营，已经形成了强壮的人力资本，在面对激烈的市场竞争时显得更有信心。

目前，国内很多报业集团都构建了符合自身需求的人才培训方案，"请进来、走出去"是报业集团比较常用的方法。比如解放日报报业集团"媒体进课堂"①制度。该项目正式推出后，经报名选拔、确定课题后，向复旦大学、上海交通大学等高校推介。深圳报业集团每年都投入大量资金在人才培训上，专门建立了培训基地，起草了《深圳特区报社员工培训办法》《深圳特区报社员工出国留学暂行规定》等人才培训规章。集团与北京大学光华管理学院合作，进行核心人员培训。河北日报报业集团与河北大学共同签署了战略合作协议书，决定共同构建产学研一体化传媒人才培养体系。双方合作将建设河北省传媒科研基地，成立"河北省媒介发展研究所"，共同探索河北日报报业集团发展战略和传媒人才培养中的问题。在河北日报报业集团全媒体转型中，河北大学为其提供了智力支持和人才支持。② 2017 年 8 月，由人民日报媒体技术股份有限公司发起，联合中国记

---

① 钦海民．拓展新闻人才培养的高平台——解放日报报业集团"媒体进课堂"项目探析[J]．传媒，2008(6)：66-67.

② 朱捷文，郭晓聪．报业全媒体转型时的战略联盟[J]．采写编，2013(3)：61-62.

协新闻培训中心、中国报业协会技术委员会、北京大学新闻与传播学院等单位共同建设的"中央厨房融媒体学院"正式揭牌，学院旨在通过探索"政府+媒体+院校+企业"的运营模式，加快促进"中央厨房"模式、经验、产品、技术的推广，加速向新闻一线输送融媒人才，推动我国媒体融合发展，打造融媒人才中国标准。[①] 除了向高校寻求帮助外，报业集团人才培训还邀请新媒体从业人员将最新的媒体应用技术带给员工。新华报业传媒集团在认识到全媒型人才短缺的情况下，开展了新媒体技能全员培训，推出全媒体人才培训系列课程。培训紧扣 H5 制作、视频直播等新媒体技术应用，以及公众号运营。在前期调研的基础上，集团安排了 11 节课，内容涉及大数据开发与应用、人工智能对媒体生产的辅助、出镜记者素养和现场掌控、短视频制作等。授课嘉宾主要来自今日头条、梨视频、一条等新媒体富有实战经验的一线人员。

此外，人才队伍的建设还可以延伸到报业集团外部，如通讯员队伍的建设。人才就业社保信息报社（中人社传媒）在通讯员队伍建设方面就有些心得。其面向湖南省人社系统、高（技）校、企业，选择一批政治立场坚定、热爱新闻宣传工作并且有一定宣传工作经验的同志组建了通讯员（网评员）队伍，不定期开展宣传及业务知识培训，着力培养一支懂业务、懂宣传的精干通讯员（网评员）队伍，负责新闻信息及时报送、参与网络重点议程设置、引导正确舆论方向等。[②]

因此，报业集团 BPR 很大程度上是人员思想观念的转变，是整个报业团队观念的转变，构建培训网络是实现思想转变最为行之有效的方法。报业集团的整个培训网络必须有系统、分层次地进行。主要表现为三个层次：①报业集团最高决策层应向报业集团全体员工做 BPR 动员，讲明 BPR 的目的和意义，彰显最高决策层的决心和共同愿景；②BPR 管理团队中的

---

① 龚仪. 人民日报"中央厨房"的传播策略及运营现状研究[D]. 长沙：湖南大学，2017.

② 薛国华. 着力推进"八融" 打造行业新兴主流媒体[N]. 中国新闻出版广电报，2019-09-05(4).

核心团队应分层次向员工传播 BPR 设计理念和思路，努力使员工从思想上接受先进的理念；③借助"外脑"第三方机构从 BPR 专业角度传授 BPR 管理理念的最新发展和变化，以及为企业带来的优势和发展前景。在此过程中，往往第三方意见容易让员工从心理上信服并接受改革。报业集团培训网络不仅可以改变全体员工的观念，同时还要借此提升员工的业务技能。通过报业集团内部技能培训和学习国内外同行的先进经验，能够提升员工的实战技能，增强面向市场的作战能力。

2. 报业集团知识型员工激励机制

在提升报业核心竞争力方面，知识型组织的创建、知识型员工的培养都是行之有效的措施，那么如何调动员工的积极性呢？西蒙（H. A. Simon）认为，"组织问题不在于组织本身，而在于有关的人"。人的问题说到底是如何充分调动人的积极性的问题，是激励问题。优质的激励环境对激发员工的潜能非常有帮助。威廉·詹姆士（William James）研究发现，在缺乏激励的环境中，员工的潜力只发挥出 20%～30%，但在良好的激励环境中，他们的潜力可发挥出 80%～90%。[1]

冯翠克（P. R. Pintrich）和申克（D. H. Schunk）认为，激励（Motivating）是指由一种目标或对象所引导、激发和维持的个体活动的内在心理过程或内部动力。[2] 其实质就是通过一定的机制，使个体与组织目标最大限度地达成一致，调动个体的精神动力，让个体更为能动地、积极地和创造性地工作，最终实现组织目标。理查德·达夫特（Richard Daft）认为，激励可以被定义为影响员工，使其为实现特定目标而努力工作的过程。[3] 可见，激励机制的最终目的是实现组织的战略目标，因此一定不要将个体目标和组织目标脱离，实现个体目标是实现组织战略目标的前提和保证。现代管理心

① 转引自钱明霞，等. 管理心理学［M］. 北京：机械工业出版社，1998：72.

② Pintrich P R, Schunk D H. Motivation in Education：Theory Research, and Applications［M］. NJ：Prentice Hall Merrill, 2002.

③ Daft R L. Management（3rd ed）［M］. Dryden Press, 1993：512.

理学认为，对于知识型员工，在获得基本的物质需求之外，更多关注的是更高、更深层次的精神需求。报业集团的知识型员工一般都具有较高的文化水平，其精神素养也相对较高，他们在工作过程中更多的是考虑其发展潜能和价值的实现。因此，在报业集团内部建立合理的知识型员工的激励机制，有针对性地满足知识型员工的精神需求，为他们提供更为充裕的发展空间，这样才能激发他们的潜能，将他们的积极性、主动性和创造性充分发挥出来，既可以实现自身的人生目标，也能为实现组织目标做贡献。

那么对于报业集团的知识型员工应采取什么样的激励机制呢？

国外对知识型员工的激励机制研究相对较早，它们的一些经验值得中国企业借鉴。安盛管理咨询有限公司与澳大利亚管理研究院经过三年的研究，对澳大利亚、美国、日本三个国家多个行业的 858 名员工(其中包括160 名知识型员工)进行分析后列出了知识型员工的激励因素。名列前五位的激励因素依次是："报酬""工作的性质""提升""与同事的关系"和"影响决策"。美国知识管理专家玛汉·坦姆普(F. M. K. Tampoe)经过大量的实证研究发现：激励知识型员工的四个因素依次为个人成长(约占总量的34%)、工作自主(约占 31%)、业务成就(约占 28%)、金钱财富(约占7%)。从以上两份研究结果可以发现，在这些激励因素中，除了"报酬""金钱财富"外，"工作的性质""提升""个人成长""工作自主"等因素都不是物质层面的。这一研究成果与知识型员工追求自主性、个体化、多样化和创新精神的特点是一致的，激励他们的动力更多来自工作的内在报酬本身。

自 20 世纪 80 年代中期开始，包括美国在内的发达国家普遍实行"全面薪酬战略"或"全面激励战略"。"全面薪酬战略"将企业给受聘者支付的薪酬分成"外在的薪酬"和"内在的薪酬"两大类。"外在的薪酬"主要指为员工提供可量化的货币性价值，包括短期激励薪酬、长期激励薪酬、货币性福利及货币性支出。短期激励薪酬包括基本工资、奖金等。长期激励薪酬包括股票期权、认股权、购买公司股票、股份奖励等。货币性福利包括退休金、医疗保险等。企业支付的其他各种货币性支出包括住房津贴、俱乐部会员卡、公司配车等。"内在的薪酬"主要是指企业给员工提供的不能以量化的货币形式表现的各种奖励价值。如，对工作的满意度、提供的各种工具、培训的机会、提高个人名望的机会、良好的公司文化、和谐合作的工作环境、对个人的表彰及谢意等。"全面薪酬战略"将外在和内在的激励相结合，既能保证员工的基本物质需要，保证正常的生活，又能创造各种条件和机会，满足员工自我实现的精神需求。经过较长时间的证明，"全面薪酬战略"是比较适合知识型员工激励需要的一种机制，其基本构成见表 5-2。那么，对于中国报业集团而言，可以按照这样一种模式建立知识型员工的激励机制吗？

表 5-2　　　　　　　　　　　　全面薪酬战略的构成

类型	具体方式	解　释
奖酬激励	谈判工资制度	指在市场经济条件下，企业与雇员就工资分配问题通过谈判后签订合同
	项目奖金激励	指为了激励员工及时超额完成工作任务或取得优秀工作成绩而支付的额外薪酬
	股票期权激励	指的是公司给予员工(主要是高级管理人员和技术骨干)的一种权利，期权持有者可以凭此权力在一定时期内以一定价格购买公司股票
福利激励	强制性福利	指为了保障员工的合法权利，由政府统一规定必须提供的福利措施
	菜单式福利	指由企业设计出一系列合适的福利项目，并平衡好所需费用，然后由知识型员工根据自己的需要进行选择
	特殊性福利	指企业中少数特殊群体单独享有的福利，这些特殊群体往往是对企业做出特殊贡献的"知识型员工"

续表

类型	具体方式	解 释
成就激励	职位消费激励	指担任一定职位的"知识型员工"在任期内为行使经营管理职能所消耗的费用
	荣誉感激励	正面表扬、嘉奖、鼓励、授予荣誉称号
	参与激励	创造和提供一切机会让员工参与管理,可以形成员工对企业的归属感、认同感和成就感,可以进一步满足自尊和自我实现的需要
组织激励	个体成长和职业生涯激励	一方面可以提高知识型员工的职业技能,从而整体提升人力资源水平;另一方面可使同组织目标一致的员工脱颖而出,为培养组织高层经营、管理或技术人员提供人才储备
	SMT(自我管理团队)创新授权激励	指以自由组合的方式组建独立战略单位,自选成员、领导,确定其操作系统和工具,并利用信息技术来制定他们认为最好的工作方法

2001 年的一份研究表明,中国知识型员工最重要的激励因素包括工资报酬与奖励、个人的成长与发展、有挑战性的工作、公司的前途及有保障和稳定的工作,见表 5-3。2006 年,安辉(An Hui)从个人主义和集体主义、规避风险、权力差距以及男性度和女性度四个维度,运用实证研究的方法,对中美知识型员工激励因素的差异做了研究,得出这样的结论。他认为权力差距大、个人主义缺失、较高的风险规避及中国文化中男性度较低等因素决定了对于中国知识型员工而言,最重要的五个激励因素是:个人发展(individual development)、获得尊重(gaining respect)、成就感(sense of achievement)、福利(welfare)及个人晋升(individual promotion)。他还指出,中国知识型员工更加倾向于以团队的名义获得激励,更喜欢某些外在激励;他们重视和领导、同事建立良好的关系,并倾向于情感激励。而美国正好相反,权力差距小、个人主义膨胀、风险规避低及男权意识等因素决

定了美国知识型员工的主要激励因素有个人发展、工作自主(work independence)、获得尊重、成就感及个人晋升。他们更倾向于获得个人激励及内在激励因素。他们更喜欢和领导平等相处,更喜欢富有挑战性的工作。① 从以上两份研究结果可以看出,文化差异、经济发展水平等对企业知识型员工的激励因素会造成影响,表现在两个方面:①随着市场经济的不断完善、企业的不断成长,不同时期企业知识型员工的激励因素存在差异,变化主要表现在从更多关注外在激励过渡到内在激励,从更多关注企业成长过渡到个体发展,从对工作岗位的关注过渡到个人理想的实现;②由于中美文化差异、经济发展程度差异等因素的存在,在知识型员工激励因素上也存在着差异。综上所述,中国报业集团知识型员工的激励机制的建立需要注意两个问题:①不能完全照搬西方发达国家的模式,应结合本国实际,结合每个报业集团的具体情况来制定,这样才是切实有效的。②要结合不同报业集团的实际发展水平,制定符合现实条件的激励机制。

表 5-3　　　　　　　　中国知识型员工激励因素(前 5 位)②

激励因素	比例
工资报酬与奖励	31.88%
个人的成长与发展	23.91%
有挑战性的工作	10.145%
公司的前途	7.975%
有保障和稳定的工作	6.52%

① An Hui. A Comparative study on motivational factors of Chinese and American knowledge employees: From a cross-cultural perspective [J]. University of International Business and Economics, 2006.

② 张望军,彭剑锋. 中国企业知识型员工激励机制实证分析[J]. 科研管理, 2001, 22(6): 90-96, 62.

报业集团在知识型员工激励机制构建上可以借鉴西方发达国家的经验，如"全面薪酬战略"，但一定要结合报业集团个体实际，制定适合本集团企业文化，适合中国人特征的激励机制。因此，现阶段的报业集团应从以下三个方面建立激励机制，包括以外在激励为主内在激励为辅、以团队激励为主个人激励为辅，以及平等前提下的情感激励的激励体系。

（1）以外在激励为主内在激励为辅

目前，我国还处于社会主义初级阶段，虽然经济发展很快，但依然存在地域、城乡的差异。人民生活水平逐步提高，逐步迈向全面小康社会。但总体来讲，我们的收入水平还较低。对于报业集团而言，现阶段主要还是应以奖酬激励和福利激励等外在激励为主，而以成就激励等内在激励为辅。因此，报业集团应重点加强集团的薪酬制度、福利和保障制度建设，解除员工的后顾之忧，在此基础上，逐渐加强晋升提拔、培训体系、公司文化建设等。烟台日报在组建烟台日报传媒集团后，实行"3P 管理"，在人力资源方面的举措很大。集团取消了原有的工资体系，建立了以绩效管理为核心的薪酬体系，包括三部分内容：①固定薪酬，实行的是一岗一薪，岗变薪变。②浮动薪酬，主要是根据绩效考核，根据业绩来进行上下浮动。③补贴，集团把国家规定的大大小小的各种补贴都取消了，但保留了部分和工作岗位有关系的大的补贴，如交通补贴。由于集团实行了公车改革，取消了公车，改革后按照职级发放交通补贴。烟台日报传媒集团的薪酬改革为人才资本的运作奠定了基础。

当然，报业集团的内在激励也是必不可少的，这是和知识型员工的特征相符的。解放日报报业集团设立了"解放好稿"的评选制度和"首席制度"，对集团员工是一种激励。解放日报报业集团"解放好稿"的评选机制，并没有突出物质上的奖励，更多体现的是精神奖励。每次编委会和集团内网上的"解放评报"栏目都会公布获得好稿的记者名字和稿件篇名。解放日报报业集团还设立了"首席制度"，制定推出了《首席岗位试点办法》。首席岗位不同于行政职务或专业技术职务，而是重点面向采编一线业务带头人的关键业务岗位，目的是使新闻队伍多出精品力作。首席制度旨在为广大专业人员开辟一条通过努力能获得业务岗位晋升的通道，成为培养优秀新闻人才的激励措施。解放集团的两项举措更多地从实现员工的人才价值角度出发，通过物质和精神奖励使员工富有创造性的劳动得到承认。

（2）以团队激励为主个人激励为辅

集体主义，是主张个人从属于社会，个人利益应当服从集团、民族、阶级和国家利益的一种思想理论，是一种精神。集体主义在中国一直是作为一种道德规范来看待的。对于报业集团而言，既要讲求集体主义又要讲求个人主义。此处所涉及的集体主义主要从团队精神层面进行解释。团队精神是大局意识、协作精神和服务精神的集中体现。从细化到报业集团知识型员工激励机制的构建层面来看，要以团队激励为主个人激励为辅，这种措施比较符合当前报业集团的实际情况。对于知识型员工而言，他们可能更多关注的是个人发展、获得尊重、成就感及个人晋升，但不可忽略的是，报业集团的知识型员工往往会将个人贡献归于团队贡献。因此，团队激励的方式不仅有利于团队的建设和发展，同时也有助于个人发展和个人价值的实现。在"全面薪酬战略"中就有"组织激励"一类，包括个体成长和职业生涯激励以及 SMT 创新授权激励。因此这两种激励机制完全可以合二为一，构建一种比较适合目前报业集团发展需要的以 SMT 为依托，将个人成长和职业生涯激励融入其中的新机制，称为"SMT-ID 模式"（Self Managed Work Teams and Individual Development Mode）。

自我管理型团队（Self Managed Work Teams，SMT）起源于 20 世纪 50 年代的英国和瑞典，是一种企业管理理念。目前，世界上很多大型企业都使用这种管理理念进行管理，如瑞典的沃尔沃汽车，美国的通用汽车、百事可乐、惠普、金佰利、宝洁，德国的施乐等。根据 Law Jeretal 的研究发现，1993 年，68%的《财富》1000 强企业和大约 30%的美国企业都采用了这种团队形式。

报业集团的"SMT-ID 模式"是指以自由组合的方式组建独立团队，团队的管理者、成员均自主选择产生，他们能够合理利用信息技术，以团队的形式完成报业集团的富有创造性的工作。在此过程中，团队成员的个人目标和团队目标始终保持一致，但个人发展允许存在差异。团队成员在个人发展过程中，不断提升自身的人力资本，同时推动整个团队前进。这种模式始终把团队和成员紧密结合在一起，团队可以获得激励，成员在获得团队激励的同时还可以获得个人激励。解放日报报业集团的"虚拟组织——即时播报小组"其实和"SMT-ID模式"很接近。解放日报报业集团在一些特殊新闻事件和新闻策划中，会挑选一些写稿能力强、工作认真负责、富有经验的记者担任采访记者，并组成"虚拟组织"。如，"神七"的上天、北京2008年奥运会的召开和改革开放三十周年纪念专刊等。在专题完成后，报业集团会给他们发放稿费及奖金。同时，报业集团对表现突出的优秀员工给予奖励，包括一次性奖金鼓励、年度奖励、晋级加薪奖励、疗休养奖励及各项表彰等其他奖励。虚拟组织的实施不仅为解放日报报业集团减少了很大的支出，而且团队成员以"全媒体思维"融入报业集团新流程中，是一种一举多得的有效模式。

（3）平等前提下的情感激励

报业集团可以构建融洽的软环境，构建充满人情味的企业文化氛围。中国很多国有企业很注重思想政治教育，一直遵循"理解、关心、爱护"员工的原则，但落到实处的却不多。这里也可以借鉴国外的企业管理理念。索尼公司创始人之一盛田昭夫（Akio Morita）认为，"一个日本公司最主要的使命，是培养它同雇员之间的关系，在公司创造一种家庭式情感，即经理人员和所有雇员同甘共苦，共命运的情感"。这就是一种情感激励，而且是普遍存在的。但这种激励在企业中却较鲜见。企业领导往往高高在上，注重企业经济效益，忽视企业软环境的建设。其实，企业"人情味"的营造可以通过一些细枝末节的举措加以体现，如免费早餐、通勤车、解决员工基本住宿问题等。从报业集团角度讲，目前很多报业集团通过定期举办各种宴会、联欢会、生日庆祝会、舞会等，不断加强人与人之间的联系，同时，报业管理层的积极参与还可以倾听员工对企业的各种意见和建议。

在这方面，烟台日报传媒集团的企业文化建设举措值得借鉴。烟台日报传媒集团的企业文化集中体现为对事业的热忱和追求，对员工的理解和尊重。烟台日报传媒集团积极推行"开门政策"①。通过内部的论坛、邮箱、即时通讯工具、网上意见箱四个沟通平台，实现集团内部所有人之间的直接、即时沟通和交流。在这方面，集团内部的水母论坛发挥了重要作用。集团规定任何员工都可以匿名发表言论，甚至提意见、发牢骚等。时任烟台日报传媒集团社长的郑强代表集团领导层公开承诺，绝不允许任何人查IP 地址，绝不准删掉任何一条言论。当时有人担心，这不是要乱套了吗？但郑强认为，把意见表达出来会更加有利于集团发展。坚持了 5 年之后发现，这对于集团内部加强沟通、交流情况、改进工作、加强监督等极为有利，效果非常好。集团还采用"述职月"举措，要求集团各级领导在每年 1 月和 7 月都要在大会上向全体员工述职，讲新闻宣传、公司财务、内部管理、产品市场、品牌塑造、团队建设 6 个方面内容，并且现场解答员工的提问。述职中严禁空话、套话，否则被罚下场。目的是让所有员工都能了解集团方方面面的工作，并提出意见和建议，激发主人翁意识和责任感。集团员工的业务生活也丰富多彩。集团的"嘉年华"将年终的总结、表彰、聚餐、抽奖、演出等集中在一起，嘉年华活动的开展形成了联系员工的纽带。

平等前提下的情感激励是比较符合现阶段报业集团知识型员工获得尊重这种需求的。对于报业集团的管理者而言，应经常深入采编第一线，了解员工的工作生活现状，并与员工形成平等对话，通过报业集团组织的各种集体活动，加强人际沟通，提升企业的凝聚力，在员工中树立"主人翁"意识，增强员工的归属感。报业集团软环境的建设不是一朝一夕的事情，需要集团管理层和全体员工不懈努力。

知识型员工的培养作为人力资本的一部分而存在，一直以来都是报业集团应对国内外激烈竞争的核心竞争力的体现。在报业集团 BPR 过程中，"人"是流程执行的主体、活动的承担者。人的思想观念、素质以及企业对人的激励方式和水平，对报业集团 BPR 的成功实施影响巨大。

---

① 庞春燕．郑强：有准备才有机会[J]．传媒，2007(11)：32-34.

第四节 企业文化系统

"以人为本"的报业集团文化及其运行机制是报业集团 BPR 核心支撑体系中企业文化系统的核心。报业集团是学习型组织，其员工是知识型员工，"以人为本"的企业文化建设及运行在于培养完善员工的知识结构，在于对知识型员工的尊重和关爱。企业文化系统的构建对于进一步提升员工的凝聚力，提升报业企业核心竞争力和创造力都很关键，从而助推 BPR 迈向成功。企业实施 BPR 需要文化作为"先锋"，需要提前进行沟通、宣传，以及进行价值观的替换。从新流程的长期存在性来看，企业文化的存在又是新流程长期高效运转的有力保证。[①]

一、"以人为本"的企业文化是报业集团 BPR 的个性基石

对于一个企业来说，企业文化是最持久的影响因素，它化于无形之中，影响着员工的工作方式、思维习惯等。与正式制度的硬性控制相比，它是一种软性控制，是一种非正式的规范。[②] 随着文化体制改革的深入，报业集团体制再造逐步完成，在报业集团内建立了现代企业制度，使其经营管理注入了浓厚的企业色彩。企业文化作为一种现代的企业经营管理方法，也被报业所效仿，并在报业集团的经营管理中起着重要的作用。

对企业文化概念有很多不同的认识和表达。艾德佳·沙因（Edgar Schein）认为，企业文化（Organizational Culture）是指"企业在学会对外适应

---

① 喻红莲，周平. 业务流程再造中的企业文化建设分析[J]. 技术与市场，2010，17(8)：98-99.
② 林小燕. 房地产企业业务流程再造影响因素研究[D]. 厦门：华侨大学，2012.

环境、对内实现一体化的过程中形成的行为方式。① 这一方式被认为是行之有效的，并将作为理解、思考和感觉事物的正确方式被传授给新成员"。弗雷德·R. 戴维（Fred R. Divid）认为，一个组织中的文化应当能够使其成员为了共同的目标而共同承担义务，同时又必须有助于提高管理者和雇员的能力和热情。② 也有人认为，企业文化是指一个企业的全体成员共同拥有的信念、期望值和价值观体系，它确定企业行为的标准和方式，规范人们的行为。③ 企业文化又有广义和狭义两种理解。广义的企业文化是指企业所创造的具有自身特点的物质文化和精神文化；狭义的企业文化是企业所形成的具有自身个性的经营宗旨、价值观念和道德行为准则的综合。企业文化本质上是一种组织文化。组织文化是企业在长期的经营活动中所形成的并为企业成员普遍认可和遵循的价值观念、态度、工作方式、工作氛围和工作行为，它是市场经济条件下企业生存和发展过程中所形成的各种价值观念和行为方式的总和。因此，企业文化深层意义上是一种突出人的精神因素、群体意识和群体行为的管理方式。随着市场经济的发展，企业文化已经成为企业核心竞争力中非常重要的一个方面。

对于企业文化的理解，要从它的本质特征认识开始。企业文化的本质特征包括范围性、依附性、目的性、社会性、普遍性和差异性、可塑性及共识性等。①范围性。企业文化总是相对于一定范围而言。企业文化通常是企业员工所普遍认同的部分，而不是局限于领导层或部分员工。②依附性。企业文化是在企业成员长期相互交往、合作生产经营的过程中，不断磨砺、进化积聚而成。因此，企业文化依附于企业，以人为纽带，人是企业文化的核心。③目的性。企业文化具有鲜明的目的性，以服务于企业自身为其终极目标。企业文化与企业的生死存亡，与企业员工的切身利益密

---

① Edgar Schein. Organzational Culture and Leadership [M]. San Franciso：Jossey-Bass，1985：9.

② ［美］弗雷德·R. 戴维. 战略管理[M]. 李克宁，译. 北京：经济科学出版社，2006：117.

③ 佘晓敏. 企业文化与媒介经营管理[J]. 当代传播，2002(6)：28-30.

切相关，但同时又受到外在环境文化的影响，并不断做出调整。④社会性。企业文化是社会文化的一个组成部分，与社会文化紧密相连并相互影响。企业文化具有独特的个性，但不能脱离社会大文化背景而存在。⑤普遍性与差异性。企业文化存在于任何企业中，但由于企业拟人性的特征使其在经营思想、经营理念、组织形式、管理制度、经营目标等方面存在差异。这种差异性正是企业文化核心所在。⑥可塑性。企业文化从企业战略出发，积极倡导新的价值观念、道德观念和行为规范，使企业文化不断地更新，具有可塑性。企业文化还受到企业领导者个性特征的影响，同样具有可塑性。⑦共识性。文化的本质在于其共识性，只有达成共识的要素才能称为文化。但由于存在员工个体的差异，不能保证全体共识。因此，企业文化通常只能是相对的共识，即多数人的共识。

企业文化对企业的 BPR 具有双面作用。1993 年，德菲尔咨询公司进行了一项研究，结果发现被调查者中有 66.7%的人认为文化所起的反作用阻碍 BPR 的顺利实施，且是主要瓶颈。① 可见，合理营造企业文化对企业 BPR 具有积极影响和作用，且报业集团的企业文化系统在 BPR 中是核心支撑地位。

2003 年 6 月，国家在传媒行业开展文化体制改革，随着改革的深入，身兼多重属性的传媒将逐渐由"部分剥离"转变为"整体转制"，形成宣传与经营的真正分离。传媒企业属性的真正确立，使企业文化的内涵可以引申到传媒企业。国内一些学者对传媒企业文化的概念认识也做出了探讨。有学者认为，传媒企业文化是一个媒体在长期的新闻报道和经营管理的实践中凝结、积淀形成的，具有鲜明个性和时代特色，并为企业全体成员所共同认可的理念、价值观念、管理方式和行为准则。② 传媒的组织文化是媒介从业人员在新闻报道、传媒运营中共有的核心理念、价值观和行为准

---

① 于恩顺．通信制造企业业务流程再造的内部影响因素研究[D]．长春：吉林大学，2008．

② 戴钢书．现代企业文化新论[M]．武汉：武汉大学出版社，2002．

则。① 传媒企业文化的形成需要有一定的社会文化环境，需要获得传媒企业全体员工的认同、实践与创新，是媒介理念、媒介价值观等软文化的总和。它能够提高媒介经营管理水平，引导媒体坚持正确的舆论导向，影响媒体经营战略的定位与实施，并且帮助树立媒介整体形象，增强媒体核心竞争力。从以上传媒企业文化的概念讨论中不难发现，传媒企业文化和一般企业文化存在差异。这种差异性表现在传媒企业文化的产生既与传媒企业的经营管理有关，也与传媒企业独有的新闻业务有关，这与传媒企业特殊的多重属性特征密不可分，忽视新闻业务构建的传媒文化是不完整的，也不符合我国传媒企业特征。周鸿铎在对美国在线—时代华纳、迪斯尼、贝塔斯曼、维亚康姆及新闻集团五大媒介集团研究的基础上，提出媒介产业的价值构建主要包括三种价值：其一是社会价值，即通过媒介企业的经营，提供满足社会需求的产品或服务，并增加社会的福利；其二是经济价值，即通过媒介企业的经营，实现企业自身的发展壮大，积累更多的资源和资本；其三是人文价值，表现为企业文化（或企业精神），即媒介企业在长期的生产经营中，企业的员工通过和企业之间的关系以及员工之间的相互影响而形成的共同遵守的企业目标、价值标准、基本信念、处事态度和行为规范，它是企业形态文化、物质形态文化、制度形态文化、价值形态文化的复合体。世界五大传媒集团在长期发展过程中，不仅创造了巨大的社会价值和经济价值，更积淀了深厚的企业精神。② 在这五大媒介集团中，媒介产业的价值以企业精神为重，深刻反映出企业文化在媒介产业中的重要性。

　　传媒企业文化的构建和传媒战略有着必然的联系，其不断彰显的个性特征，是传媒核心竞争力的突出体现，也是传媒战略实施的重要手段。弗朗西斯·赫塞尔本（Francis Hesselbein）和马歇尔·戈德史密斯（Marshall

---

① 禹建强. 论传媒组织文化的构建[J]. 新闻记者, 2005(3)：48-50.

② 周鸿铎. 世界五大媒介集团经营之道[M]. 北京：经济管理出版社, 2005：262.

Goldsmith）认为，"一个战略可以与文化一致，也可以不一致。当它们一致的时候，文化成为战略实施中的一条有价值的途径；当它们不一致的时候，实施战略通常要困难得多"。① 托马斯·彼得斯（Thomas Peters）和罗伯特·沃特曼（Robert Waterman）认为，"优秀的企业之所以优秀是因为他们独特的公司文化把他们与其他企业区分开来。企业文化是某一特定环境下该企业独具特色的管理模式，是企业的个性化表现"。② 企业文化是传媒战略制定并获得成功的重要条件，也是战略实施的重要手段。③ 传媒企业文化具有鲜明的个性，它能将企业中独具的价值理念彰显，突出企业的特色。并为企业制定出与众不同、克敌制胜的战略。南方报业集团"龙生龙、凤生凤"的报系发展战略是其运营上的一大亮点。"和而不同"的企业文化理念塑造了集团独特的品牌个性，集团有主流的文化，子报系也有各自的亚文化，集团把和亚文化相似的报纸或者杂志归到报系下面，由龙头母报来管理带动。这种"龙生龙、凤生凤"的报系发展路径使南方报业集团成为中国报业发展的范本。④ 同时，传媒企业文化是传媒战略实施的重要手段。企业战略的实施主体是企业的全体员工，"以人为本"的良好企业文化借助引导、约束、凝聚、激励及辐射等作用，可有效激发全体员工的工作热情，统一意志和愿望，团结一心，加速推进战略的实施。

传媒企业文化的构建要体现人本思想，"以人为本"的传媒企业文化才是适合我国报业集团需要的，也是报业集团革新的基石。老子说："域中有四大（道天地人），人居其一。"这是人本思想的最早诠释。"人是企业文化理论和实践的中心和主旋律。"⑤以人为本的现代企业文化，指的是企业的文化价值观应建立在注重人的能力并使之充分发挥的基础之上，企业的

① ［美］德鲁克基金会．未来的组织［M］．方海洁，译．北京：中国人民大学出版社，2006.

② ［美］托马斯·彼得斯，罗伯特·沃特曼．追求卓越［M］．北京天下风经济研究所，译．北京：中央编译出版社，2004.

③ 傅华文．企业文化是核心竞争力［J］．编辑之友，2002（6）：30.

④ 黄枫．范以锦：南方报业比较安全［J］．今传媒，2005（12S）：40-43.

⑤ 罗长海．企业文化学［M］．北京：中国人民大学出版社，2006：34.

一切管理活动都要围绕如何正确发挥人的主动性和积极性来进行。作为具有特殊属性特征的我国报业集团，"以人为本"的报业企业文化是指在一定的社会文化背景下，在长期的新闻报道和经营管理的实践中凝练和全体员工共同认同、实践及创新所形成的，具有鲜明个性的媒介理念、媒介价值观、行为规范及管理风格等文化的总和。报业集团"以人为本"的企业文化充分体现在尊重员工、善用员工、培养员工及关爱员工等方面。当企业文化的主体——人的积极性和主动性被调动起来后，事实上企业的核心竞争力已经形成，而企业革新与企业文化的互为作用又能不断推进这种变革。

"以人为本"的报业企业文化对提升企业核心竞争力，不断推进报业改革的作用主要表现在以下七个方面。

1. 导向作用

一方面，报业企业文化的构建与报业战略是紧密相连的。企业文化引导的是报业集团全体员工，而不仅是领导层或部分员工，并促进员工树立个人发展愿景，使个人愿景与企业战略愿景相一致，鼓励员工为实现符合全体员工意志的企业战略愿景而共同努力。另一方面，报业企业文化是在长期新闻业务实践中凝练形成的，在业务层面，企业文化也对新闻报道起着导向作用。烟台日报传媒集团经过多年的努力，初步形成了个性鲜明的企业文化体系。在伦理文化建设方面卓有成效，确立了真相原则、责任原则、独立原则和最小伤害原则。烟台日报传媒集团非常注重新闻伦理文化的建设，将媒体工作流程、员工三项学习教育活动以及内部 BBS 的网络舆论监督等措施落到实处，切实保证了烟台日报传媒集团在业务层面导向的正确性。

2. 规范和约束作用

企业文化一旦建立，其规范和约束作用就显现出来。这些约束作用主要来自两个方面。一方面来自企业规章制度。企业制度作为企业文化的内容之一，无论是企业领导层还是其他员工都必须遵守和执行，从而形成约束。另一方面来自企业民风、人际伦理关系准则等。道德规范从伦理关系的角度对组织和员工起着约束作用。这种约束作用是一种由内心心理约束而产生的对行为的自我管制。目前，国内很多报业集团都建立了完善的规章制度，对员工行为进行约束。宁波日报报业集团深知企业文化之于企业的重要性，既制定了"培养机制"，又制定了"关怀机制"。通过培养机制的有效约束，有层次、分阶段地培养造就报业集团所需要的各层次人才，并通过一系列详细具体的人才关爱措施，构建"家"的环境，形成一种"培养小家，成就大家"的理念。

3. 凝聚和融合作用

"以人为本"的企业文化通过内在方式沟通人际关系，维系人们的联系，尊重人的感情，从而在企业中形成一种团结友爱、相互信任的和谐气氛。企业文化的凝聚作用是其共同价值观和信念的直接体现。报业集团的出现使不同报纸组织机构在物理层面上实现了"融合"，但报业集团核心竞争力的形成，则需要全体员工在共同的企业文化氛围中耳濡目染，在潜移默化中自觉或不自觉地融入集体中去。宁波日报报业集团针对新闻从业人员体力与脑力劳动强度高，采编人员常年处于亚健康状况的现实，制定了相关的人才关怀政策，在改善员工工作条件、落实休假制度、疗养制度等八个方面充分体现出企业文化的融合。

4. 辐射和渗透作用

企业文化是支持企业生长的一种强大力量，也是一种综合的力量，具有凝聚力、激励力、约束力、导向力和辐射力。企业文化不但对本企业，还会对社会产生一定的影响。企业文化凝聚成企业精神，通过其产品、服务、人员的行为等多种形式向外辐射，所有与企业接触的人都能感受到企业文化无形的力量，它能影响到供货商、客户、消费者和周围社区。一个企业的企业文化有时甚至会影响到一个国家的声誉。解放日报报业集团在利用企业文化扩大品牌宣传方面做了很多工作，有些经验值得借鉴。从2005 年 7 月该集团举办了第一届文化讲坛，文化讲坛已举办了 27 届。通过文化讲坛，解放日报报业集团结识了一批高层次、高智商、有名望、多领域的专家、学者和名人，逐步形成和搭建了企业健康生存和发展所必需的良好外部人脉环境。另外，借助于文化讲坛，解放日报报业集团发展过程中所需的多种能力得以培养，并进入了新境界，在对外交流、公共关系、外语翻译、活动组织、技术支撑以及多种媒体的宣传策划和报道资源的交互配置等方面获得长足进步，其应对市场的能级在一次次体验中不断获得提升。可见，解放日报报业集团以"文化讲坛"为平台，将企业文化渗透到各个领域，并已成功辐射到国外。

5. 有助于提高报业的经营业绩，铸造品牌信仰

对于一个企业的成长来说，企业文化并不是最直接的因素，却是最持久的决定因素。1992 年，约翰·科特(John P. Kotter)和詹姆斯·赫斯克特(James L. Heskitt)在《企业文化与经营业绩》一书中，总结了他们在 1987—1991 年对美国 22 个行业 72 家公司的企业文化和经营状况进行的深入研究，结果表明：企业文化对企业长期经营业绩有着重要的影响，他们认为"一个企业本身特定的管理文化，即企业文化，是当代社会影响企业本身业绩的深层重要原因"，并且预言，企业文化将成为决定企业兴衰的关键因素。[①]

6. 激励作用

企业文化所具有的共同价值观念使每个员工都感到自己存在的价值。马斯洛需求金字塔理论告诉我们，自我价值的实现是人的一种最高精神需求的满足，这种满足必将形成强大的激励。企业文化的激励作用表现在三个方面：①对报业集团最高决策层的激励。这种激励促使最高决策层以企业战略目标为指向，充分发挥个人潜质和领导力，带领整个团队推进企业发展。②对报业集团全体员工的激励。在以人为本的企业文化氛围中，领导与员工、员工之间互相关心，互相支持。特别是当领导对员工关心时，员工会感到受到尊重，自然会振奋精神，努力工作。③企业精神和企业形象对企业员工有着极大的鼓舞作用。当企业文化辐射和渗透到企业之外，在社会上产生良好影响时，企业员工会产生强烈的荣誉感和自豪感，他们

---

① ［美］约翰·科特，詹姆斯·赫斯克特. 企业文化与经营业绩［M］. 曾中，李晓涛，译. 北京：华夏出版社，2001.

会加倍努力，用自己的实际行动去维护企业的荣誉和形象。烟台日报传媒集团认为，传统报业的优势不在于拥有长期培养和积累的大量人才，其真正优势在于长期积淀的企业文化。这种文化强调对人才的尊重和培养，所产生的吸引力和凝聚力是真正的核心竞争力。这种尊重和培养，充分体现为企业文化的多重激励作用。

7. 调适作用

调适就是调整和适应。这种调适作用体现在两个层面：①对企业内部矛盾的调适。企业各部门之间、决策层和员工之间、员工与员工之间都会产生矛盾。在企业文化的影响下，企业战略目标的核心地位得以确立，当部门、决策层、员工的目标都统一到企业战略目标时，矛盾自然就得到解决。②对企业与外部环境的调适。企业与外部环境、顾客、合作企业等之间都会存在不协调及不适应之处，通过企业文化可以使企业与外部环境更为融洽。2008年3月，在事前未"动员"的情况下，烟台日报传媒集团在集团范围内采用了"休克疗法"实施全媒体战略。"休克疗法"之所以能在该集团顺利实施，是因为已经解决了企业内部矛盾，而这一矛盾的解决是在企业文化的影响下完成的。1996年左右，郑强在当时的烟台日报社第一次推行改革措施时，遇到了很大阻力。街头巷尾到处都有他的小字报，各级领导都收到了针对他的举报信。风波过后，烟台日报传媒集团在郑强的带领下，以建立企业核心竞争力为目标，在企业革新方面做了很多调适工作。郑强带领集团有关领导逐个单位作解释，逐个员工作动员，逐条意见作答复，经过耐心地说服解释，近500名员工"心平气顺"地实现了内部流动和优化配置。这样做的结果就是，2006年集团推进的体制改革非常顺利，没有一起群众上访，没有一人告状。这种变化印证了企业文化对于企业内部矛盾有效的调适作用。

报业集团企业文化是报业核心竞争力的体现，其个性特征存在不可复制性。报业企业文化的核心是人，构建"以人为本"的企业文化环境可借助引导、约束、凝聚、激励及辐射等作用，有效激发全体员工的工作激情，统一意志和愿望，团结一心，加速推进战略的实施。因此，报业企业文化是报业集团 BPR 战略的个性基石，在 BPR 战略管理中起着重要作用。

二、尊重和关爱员工是和谐报业企业文化的基础

在报业集团实施 BPR 战略时，构建良好的企业文化氛围可以提高员工的积极性，直接影响 BPR 成效。秉承以人为本的原则构建和谐的报业集团企业文化氛围主要表现在两个方面，即尊重员工和关爱员工。

（一）尊重员工

马斯洛需求层次理论（Maslow's hierarchy of needs）将人的需求分为生理需求、安全需求、社交需求、尊重需求和自我实现需求五类，依次由较低层次到较高层次排列，如图 5-5 所示。亚伯拉罕·马斯洛（Abraham H. Maslow）认为，"尊重需要得到满足，能使人对自己充满信心，对社会满腔热情，体验到自己活着的用处和价值"。同时，马斯洛还认为，"一般来说，某一层次的需要相对满足了，就会向高一层次发展，追求更高一层次的需要就成为驱使行为的动力。相应地，获得基本满足的需要就不再是一股激励力量"。可见，当人获得尊重的需求得到满足后，才有了追求"自我实现"的需求。企业中员工对企业的贡献体现为创造力及问题解决能力，对员工的尊重，将直接影响员工对企业的贡献。

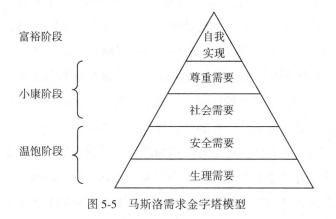

图 5-5　马斯洛需求金字塔模型

表5-4 马斯洛需求金字塔层次内容对应关系

需求层次	需求内容
生理需求	呼吸 水 食物 睡眠 生理平衡 分泌 性
安全需求	人身安全 健康保障 资源所有性 财产所有性 道德保障 工作职位保障 家庭安全
社会需求	友情 爱情 性亲密
尊重需求	自我尊重 信心 成就 对他人尊重 被他人尊重
自我实现	道德 创造力 自觉性 问题解决能力 公正度 接受现实能力

报业集团BPR战略实施过程中对员工的尊重表现在四个方面。

(1) 让报业集团员工身处和谐企业文化，具有愉悦、舒畅的心情。企业文化实质是一种软管理。当员工在一种融洽的文化氛围中时，良好的沟通可以妥善解决员工的精神、思想问题，从而达成好的心情。

(2) 关注报业集团员工的差异性需求。人的需求是多层次、多方面的，忽视人的差异性，不仅不能充分发挥个体的聪明才智和创造力，也是一种不尊重。

(3) 开诚布公地邀请员工加入战略决策。报业集团BPR战略目标的制定采用的是"混合模式"。特别是在BPR战略调查研究阶段，就应该保证信息公开，邀请员工加入并参与决策讨论。这些都是尊重员工的具体表现，可以有效缓解员工对变革的抵触心理。当员工对BPR的看法和建议被认真听取时，其价值感和精神满足感自然就得到了满足。

(4) 建立良好的员工沟通机制。从职业心理健康的角度来分析，组织的变革对员工而言是一个特殊而强大的刺激源，员工必然会产生不同寻常的应激反应。这种应激反应可能是积极的，也可能是消极的。如果员工能承受这种压力，则会将这种压力转换为动力，更积极地工作、思考。如果员工不能承受这种强大的压力，将会带来一系列生理、心理、行为上的不适，进而影响正常的工作与生活，这样的员工必将对组织变革的执行过程产生消极的影响。面对这种情况，对于报业集团而言，应该营造一种开放的组织氛围，确保信息的交流和意见的分享对所有人都是开放且畅通的。这种组织氛围表现在三个方面：①报业集团应把所有与 BPR 有关、与员工有关的信息及时准确地传递给员工，这样会避免一些不必要的猜测，可能的情况下，邀请员工加入 BPR 管理团队参与 BPR 决策讨论。②报业集团应敢于倾听员工的心声，包括疑问、顾虑和不满。在与集团的倾诉和互动中，员工的很多担心、紧张及挫败感会得到很大缓解，同时员工会更理解报业集团 BPR 的意图和方向。③报业集团可开展企业 EAP（Employee Assistance Program，员工帮助计划），① 帮助企业员工走出心理困境。

在尊重员工、营造一种和谐的报业文化氛围方面，南京日报报业集团的方法值得国内其他报业集团借鉴。南京日报报业集团采取"重大决策听群众"的做法，充分体现出直接民主及对员工的尊重。在南京日报报业集团改革考评制度时，改分散为集中，将新制度的制定建立在广泛民主基础上。为确保新规符合实际，从草拟到成稿，报社敞开大门纳民意，组织全体员工广开言路，反复酝酿，几易其稿，最终出台的《关于采编人员考核评估办法》，以五大项近 70 条细则，囊括了报纸出版的所有环节，制定了从记者写稿到编辑编稿，从重大典型到一般稿件，从版面策划到版式美化，从图片大小到表格设计等详尽的计分标准，以及稿件质量的 6 个评判等级和总编即时奖的确定，包括员工出差、各类假期等诸多特殊情况的考核措施也一清二楚。报社抽调有丰富采编经验的资深报人组成考评小组，通过路演试行，于 2007 年 5 月正式实施。对于实施中进行的调整、充实和修订，也事先听取部门意见后，召开总编办公会决定。②

让基层员工参与 BPR 置前决策，让员工从被动状态转变为主动状态。

---

① EAP（Employee Assistance Program），直译为员工帮助计划，又称员工心理援助项目、全员心理管理技术。它是企业为员工设置的一套系统的、长期的福利与支持项目。通过专业人员对组织的诊断、建议和对员工及其直系亲属提供专业指导、培训和咨询，旨在帮助解决员工及其家庭成员的各种心理和行为问题，提高员工在企业中的工作绩效。

② 程瑞生. 以制度创新育人才促发展——《南京日报》考评分配制度的改革［J］. 中国记者，2008(11)：61.

报业集团充分尊重员工的人格，授予决策权利，鼓励自己决策，满足其情感需要、受尊重需要以及自我实现的需要，达到员工和组织目标的一致，实现组织和员工共同成长、共同发展。研究表明，支持性的管理氛围可以大大减轻人际关系的冲突和紧张感，也可帮助员工摆脱角色定位不清带来的困扰。① 支持性的管理既包括上级对下级的支持和关注，又包括员工之间的支持与鼓励。在这样的氛围中，员工不再是孤军奋战，在他人的关注与鼓励下，岗位的竞争也会变成一种良性竞争，而对组织的归属感会越来越强。

(二)关爱员工

媒介企业文化整合的人本文化取向中的"人"包括两个方面，一是媒介产品受众，二是媒介组织内部人员。② 目前有关新闻传媒人文关怀的研究大多集中于"媒介产品受众"范畴的"人"的研究，有关"媒介组织内部人员"的人文关怀或人文关爱的研究较少。对于报业集团而言，以往在人才建设方面，集团更多关注的是员工政治、思想及业务，而对员工的生活关注较少。面对报业集团 BPR 可能带来的压力，报业集团除了做到在政治上、思想上及业务上关怀员工外，还应注重员工在生活、工作条件等方面的改善，通过关心人才队伍，缓解大家的工作压力，创造心齐气顺的优良服务环境，为人才队伍提供干事业的良好保障。

2008 年 4 月，温州日报新闻部主编章会主持了一项"新闻工作者心理健康调查"。③ 调查对象为温州日报报业集团和温州市广电集团等媒体1000 多名一线采编人员。调查结果显示：①90% 的被调查对象存在疲劳，并且身体疲劳大于脑疲劳。②大于 33% 的被调查对象存在着失眠状况，总体失眠率高，年轻者更为严重。③接近 50% 的被调查对象有躯体症状，表

---

① 张西超，连旭. 组织变革中的员工心理压力分析与应对[J]. 经济导刊，2006(Z1)：68-70.

② 张海明. 新时期媒介企业文化整合及其核心取向[J]. 商业时代，2008(32)：91-92.

③ 章会. 新闻工作者心理健康状态调查——兼谈传播实践中的心理压力与应对策略[J]. 传媒评论，2009(7)：46-49.

现为肠胃不适、头痛、背痛、肩痛、颈椎病等。④超过50%的被调查对象有情绪问题，其中55.47%的人存在焦虑，50.4%的人存在抑郁，65.33%的人有强迫现象。⑤社会支持量表测查结果显示，被调查对象中社会支持以正常居多，77%的人都有自己的社会支持。以上调查数据显示，新闻工作者在普通的工作岗位上面临巨大的工作、心理压力，大多数都存在心理健康问题。作为报业组织如不能进行有效、及时的干预，加强心理健康的辅导，将对新闻工作者的身心健康带来巨大的负面影响。

报业集团在构建和谐报业文化过程中，对员工的关爱主要表现在以下五个方面。

1. 帮助员工建立科学的职业生涯规划

职业生涯规划是对员工个人在企业里的职业发展所作的策划，是将人才个人发展目标纳入企业发展战略的关键一环。企业的成功来自个人的成功，企业与个人之间应该构建战略伙伴式的双赢关系。员工的职业生涯规划要结合员工能力、兴趣、人格等方面的因素，再结合组织的需要，设计合理的、与组织生涯管理相结合的职业生涯规划。当报业集团为员工建立了职业发展规划，就可大大消除员工的不安全感和压力状态。

2. 建立科学合理的绩效评价机制

知识型员工的工作环境面临着更多的变化和无法预知的因素，为了适应环境变化的需要，需适时地对绩效考核计划做出调整。管理者及时与知识型员工进行绩效反馈与沟通，将有助于员工对工作环境的适应。另外，由于知识型员工的工作自主性较高，他们要求及时了解工作过程的绩效状况，希望能及时得到评估的反馈结果，以帮助改进工作，提高自身的能力水平和业绩。因此，管理者与知识型员工对绩效考核结果的双向沟通，使知识型员工有一个申诉的机会，能够对已证明确实是不客观、不准确的评估结果及时进行改正，这就满足了知识型员工的自我尊重和自主管理的要求，从而有效地起到激励作用。

3. 优化工作环境

对于知识型员工而言，环境支持维度对其工作态度影响作用最为重要。知识型员工要求有意义的工作、独立自主的感觉、灵活性、减少等级的束缚等。他们希望企业中存在一种自由、平等、相互信任、相互尊重的氛围。因此一定要为知识型员工创造尊重、信任、平等、宽松的工作环境。另外，对知识型员工要实行宽容式管理，允许他们犯错误。实践证明，容忍犯错误的态度给予了知识型员工最大的心理宽容度，增进了员工对企业的信赖和忠诚度，也有助于其创造性潜力的发挥。当然，宽松的管理文化，并不意味着没有压力。允许员工用自己的方式工作，但是结果一定要达到企业的要求。

4. 改善员工对变革的参与感和控制感

已有研究表明，高水平的环境控制感对工作满意度和心理健康均有有益的影响。报业集团应采取一些方法让员工参与到 BPR 中来，提高员工对变革和环境的控制感。如组建持续改进小组、设立员工提案制度及邀请员工加入 BPR 的基层团队等。这些办法实施的最终目的是授权员工，让他们参与到实际的变革中来，并让他们感觉到组织的变革成果有自己贡献的一份力量，缔造成就感。

5. 帮助员工提高应对压力的能力

目前，为解决员工压力大的问题，国外大型企业最流行的一种做法就是引入 EAP(员工帮助计划)。做法是通过专业机构为员工提供心理层面的各种服务减少员工的压力，具体包括心理诊断、心理健康知识宣传、心理培训、心理咨询与治疗以及其他方面的咨询与行为矫正。在报业集团 BPR 战略实施之前，如果能请心理专家为员工进行心理评估、心理健康和压力管理培训，并对部分问题员工进行个别心理咨询，那么在 BPR 变革启动后，员工大多数都能从容、理性地对待，也就不会减缓改革进程。

南京日报报业集团有关员工考核评估的一些具体措施充分体现出集团对员工的关怀。2007 年实施的南京日报报业集团《关于采编人员考核评估办法》的细则，既具体严格，又充满温馨和谐，充分体现了以人为本的理念。该细则规定仍在一线从事采访的 50 岁以上男记者、45 岁以上女记者予以 30%的加分照顾；对长期坚守夜班的时事编辑倾斜到位；对节假日所发稿件按国家规定的加班费标准加分；员工还提前初尝带薪休假的轻松和欢愉。这些规定虽然细小，但却体现出集团的"细微之处见真情""细微之处见精神"，其实这就是企业文化的精神所在。

当然，"以人为本"的报业集团企业文化不仅仅表现在以上两个方面，但这两方面却是报业集团员工可以切身体会的。除此之外，报业集团的企业文化还包括伦理道德、品牌等方面。烟台日报传媒集团经过多年的努力，初步形成了个性鲜明的企业文化体系，包括伦理文化、学习文化、制度文化及品牌文化。在学习文化方面，集团人力资源部每年制定《员工培训计划》，通过组织外出学习等形式，引导员工积极按照集团愿景规划发展自己，促进符合集团要求的人才产生。同时，集团还兼顾"管理制度"和"契约化制度"建设，形成制度管人，而不是人管人的局面。强化员工主动参与制度文化建设，实现从制度契约到心理契约的转变。最后，集团还办好"水母论坛""百家讲堂"，组织好"嘉年华"和"述职月"，通过文化品牌的塑造，引领集团文化体系建设，提升员工的归属感和荣誉感。

因此，在实施 BPR 的过程中，企业文化的影响作用不容忽视。早在1993 年，德菲尔咨询公司一项关于 BPR 的研究发现，2/3 的被调查对象列举文化阻力是阻碍 BPR 顺利实施的主要瓶颈。报业集团作为学习型组织，具有更好的市场竞争力、创造力，而这种能力的表现源于知识型员工的存在以及构筑良好的企业文化氛围。

第六章 辅助支撑：绩效评价和产业协同

报业集团 BPR 影响因素中，除了传媒政策、信息技术、资本、企业战略、人力资本和企业文化外，有些因素往往会被忽略，如绩效评价和产业价值链。

第一节 BPR 辅助支撑体系概述

报业集团 BPR 辅助支撑体系由绩效评价系统和产业协同发展系统构成。如图 6-1 所示。

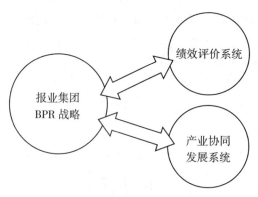

图 6-1 BPR 辅助支撑体系结构

在报业集团 BPR 辅助支撑体系中，绩效评价和产业协同均是非物质的支撑因素。BPR 绩效评价，能对报业集团 BPR 的可持续性实施提供正确的指导。报业集团从价值链到产业价值链的"进化"所构筑的动态媒介组织联盟使报业价值链上下贯通，对于集团资源利用率的提升，报业核心竞争力的提升也起到辅助作用。而在流程产业链构建过程中，将具有全媒体意识的受众纳入报业集团信息产品生产环节，将有助于产业价值链的形成。

BPR 绩效评价和产业协同发展与传媒政策、信息技术、企业战略、人力资本和企业文化等因素存在联系并相互作用。在核心支撑系统中已经讨论过，不管是企业战略还是 BPR 战略，其主体是人。作为辅助支撑的产业协同发展系统具体表现在报业集团建立以产业协同理论为指导的产业价值链，而该价值链正是企业战略的一种体现。同时，产业价值链的建立和完善对于企业战略的实现具有推动作用。建立在产业协同理论基础上的产业价值链的形成和完善与传媒政策的支持、信息技术应用及从技术标准化到流程标准化的过渡等均存在联系。此外，产业价值链的形成对报业集团BPR 形式的选择也会产生一定的影响，主要表现为 BPR 范围的变化。产业价值链的形成使 BPR 向整条产业链延伸，而不再局限于报业集团内部。

因此，绩效评估和产业协同发展并不是可有可无的，而是与其他子系统中的六个因素一起，共同构筑了一个完整的报业集团 BPR 支撑体系，这种支撑体系涵盖了多种因素，以人力资本为核心呈现出层次性，彼此之间相互作用和影响，同时又呈现出动态性。

第二节　绩效评价系统

报业集团 BPR 战略包括战略决策、战略实施和战略控制几个阶段。在战略决策和实施过程中，由于外在环境的变化、内部资源配置的变化，战略目标和实施途径都可能发生变化，战略控制能够有效评价和控制战略的实施过程，对于成功实施 BPR 战略起着重要的监测作用。报业集团 BPR辅助支撑体系中的绩效评价系统是指用于确保 BPR 沿着正确方向实施并依据评估控制结果逐步调整的战略控制系统。BPR 评估控制是一种阶段性评估控制手段，是 BPR 战略管理中的重要环节之一。报业集团在 BPR 过程中，其内外部环境均在不断变化，实施未做任何调整的 BPR 是不科学的，也是难以成功的。

一、阶段性绩效评价对报业集团 BPR 管理具有战略意义

企业的外部及内部环境是不断变化的，即使初始完美的战略也会过时。因此，对战略实施进行系统化的检查、评价和控制就成为战略制定者的一项重要工作。[①] 战略控制是指对战略的实施过程与结果进行评价，将实际绩效与预定目标进行比较，监测二者的偏离度并采取有效的纠偏措施，确保战略实施的目标不变。战略绩效评价作为战略管理的重要一环，是随着战略管理的产生和发展而逐步形成和发展起来的。[②] 而战略评价是战略控制的前提，用以发现战略执行与战略设计的偏差，为战略控制提供依据。

绩效目前还没有公认的定义，[③] 在不同的学科领域，其概念存在一定的差异。从语言学的角度来看，绩效有成绩和效益的意思；用在经济管理活动方面，是指社会经济管理活动的结果和成效；用在人力资源管理方面，是指主体行为或者结果中的投入产出比；用在公共部门中来衡量政府活动的效果，则是一个包含多元目标在内的概念；从管理学的角度看，绩效是组织期望的结果，是组织为实现其目标而展现在不同层面上的有效输出，它包括个人绩效和组织绩效两个方面。

对于绩效评价的理解也存在差异。如罗恩（A. J. de Ron）和雅各布

---

① ［美］弗雷德·R. 戴维. 战略管理［M］. 李克宁，译. 北京：经济科学出版社，2006：300.

② 陈朝晖. 创新绩效评价：实施知识产权战略的关键要素［J］. 科学技术与对策，2008（5）：121-124.

③ Neely A, Mills J, Platts K, Gregory M, Richards H. Performance measurement system design: Should process based approaches be adopted［J］. International Journal Production Economics，1996（46-47）：423-431.

斯·罗达(Jacobus Rooda)认为，绩效评价是企业或它的业务相对于目标的实现程度。① 乌米特·贝提特(Umit S. Bititci)等认为，绩效评价是一个信息系统，它是绩效管理的核心，并且它对绩效管理系统的效率与功能起着关键的作用。② 埃文斯(Evans H. G.)等认为，绩效评价是管理控制的重要一环，绩效评价及绩效管理有助于企业更有效地管理资源，以及衡量并控制目标。③ 马斯科尔(Maskell)则给出了绩效评价所具备的七个特点：①要和企业战略有直接的联系；②主要使用非财务指标；③可以适用于不同的环境；④可根据时间和需求的变化而改变；⑤便于使用；⑥可以帮助公司的运作和管理层做出快速的反馈；⑦应该倾向于鼓励发展而不仅仅是监督。④

　　绩效评价在战略管理中起着关键作用。20世纪80年代初期，组织进行绩效评价的最初动因主要是将评价结果用于人事决策。到了90年代，绩效评价对人事决策的支持职能才逐渐退居次要地位，实施战略控制和进行绩效管理成为组织绩效评价的主要动因。绩效评价在战略管理中的关键作用随着现代管理控制理论的发展也在发生变化。早期的战略控制方法具有顺序性，即按照制定战略、执行战略和绩效评价的顺序进行，如图6-2所示。20世纪70年代以后，现代管理控制理论强调了对内外部关注的重要性。因此，适应和预测内外环境的变化成为战略控制的一个必要组成部分。发展战略的假设、前提、目标以及战略本身要不断地被监督、测试和

　　① De Ron A J, Rooda J E. Structuring Performance Measures [C]. 1st International Workshop on Performance Measurement, Glasgow Scotland UK, 2001：24-25.

　　② Bititei U S, Carrie A S, McDevitt L. Integrated performance measurement systems：A development guide [J]. International Journal of Operations and Production Management, 1997, 17(5)：522-534.

　　③ Evans H G, et al. Exploiting activity. based information：Easy as ABC [J]. Management Accounting, 1996, 74(7)：24-29.

　　④ Fredrik Persson, Jan Olhager. Performance simulation of supply chain designs [J]. International Journal of Production Economics, 2002, 77(9)：231-245.

评估。战略制定、战略执行和战略控制之间的关系是交互性的。① 如图 6-3
所示。戴维提出了"走动式管理"（Management by Wandering around）的概
念，他认为战略评价活动应当是连续地进行，而不只是在特定时期的期末
或发生了问题时才进行。② 他还认为，由于外部及内部因素处于不断变化
之中，所有战略都将面临不断的调整与修改。他认为三项基本的战略评价
活动包括：①重新审视外部与内部因素，这是决定现时战略的基础；②度
量业绩；③采取纠正措施。③ 从绩效评价的发展趋势来看，一个最重要的
特点是高度重视战略实施过程中的"适时跟踪评价"，通过及时和连续监测
评价关键控制指标，确保战略实施的有效性和对环境的适应力。

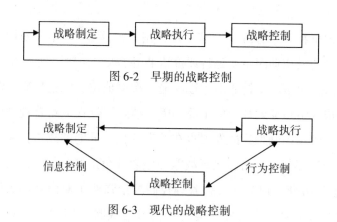

图 6-2　早期的战略控制

图 6-3　现代的战略控制

　　报业集团 BPR 是企业发展战略的一部分，对其所进行的绩效评价属于
战略绩效评价。BPR 绩效评价就是为了实现企业 BPR 的战略目标，运用特
定的指标和标准，采用科学的方法，对企业进行 BPR 活动及其结果所做出

---

　　① 陈朝晖. 创新绩效评价：实施知识产权战略的关键要素[J]. 科学技术与对策，
2008（5）：121-124.
　　② ［美］弗雷德·R. 戴维. 战略管理[M]. 李克宁，译. 北京：经济科学出版社，
2006：303.
　　③ ［美］弗雷德·R. 戴维. 战略管理[M]. 李克宁，译. 北京：经济科学出版社，
2006：7.

的一种价值判断。① 报业集团 BPR 是针对传媒组织的战略革新，在对其绩效评价时，除了考虑一般企业 BPR 的经济效益外，还要考虑作为传媒所具有的社会效益。因此，报业集团 BPR 绩效评价是指报业集团为实现 BPR 战略目标，运用既定的指标和标准，选用科学的评价方法，对报业集团 BPR 战略过程、阶段性结果及最终结果所做出的一种既包含经济效益，又包含社会效益的价值判断。

报业集团 BPR 战略的执行由相互联系、含有逻辑顺序的过程组成，包括战略规划、战略行动(战略实施)和评估控制(战略控制)。报业集团在确立了 BPR 目标后，经过 BPR 战略规划，BPR 战略行动向最终的 BPR 战略目标迈进。在 BPR 战略实施过程中，有必要进行有效的 BPR 绩效评价控制，以此来判断 BPR 实施的效果及 BPR 战略目标的稳定性。有效的绩效评价控制将对 BPR 战略目标及 BPR 战略实施造成一定的影响，如图 6-4 所示。

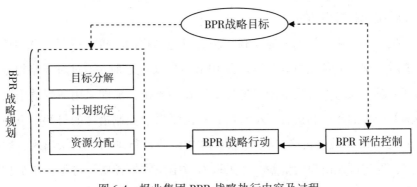

图 6-4　报业集团 BPR 战略执行内容及过程

BPR 绩效评价是 BPR 战略管理的最后一个环节，也是下一个环节的开始。报业集团对正在实施的 BPR 战略进行监督调控，其主要目的是监控具体战略在实现 BPR 战略目标过程中的有效性。按照戴维提出的"走动式管

---

① 王婷 . 业务流程再造支撑体系及绩效评价研究[D]. 重庆：重庆大学，2007.

理"理念，这是一个动态过程，要求报业集团根据 BPR 战略目标，对实施情况进行密切跟踪和监视，并不断分析内外环境变化的影响，通过一些评价指标对战略实施结果进行评估，比较战略实施情况与预定目标，及时察觉偏差或问题并加以纠正和解决。

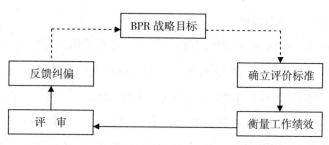

图 6-5　报业集团 BPR 战略控制动态过程①

报业集团在实施 BPR 战略目标时，可采用多种方法对 BPR 实施中可能存在的多种偏差进行纠正，还应根据 BPR 实施的不同阶段，偏差出现的具体情况选择控制方式。

报业集团可采用的战略控制方法有避免型控制、事前控制、事中控制及事后控制。避免型控制方法是在 BPR 战略实施之前，通过对战略规划的认真分析，及时发现规划制定过程中存在的不足，随即采用适当的手段消除偏差产生的条件和机会，从而达到不需要采取控制措施的目的。事前控制出现于 BPR 战略实施过程，此时 BPR 阶段性行动结果尚未出现，通过预测，发现可能出现的偏差，并采取有效措施加以预防。可见，避免型控制和事前控制更多的是一种预防性控制。而事中控制是对战略实施过程本身的控制，当发现战略行动与既定标准不符时采取纠偏措施。事后控制则是一种"马后炮"式的控制手段，即战略实施经过一段时间并形成阶段性成果后，将阶段性成果与既定战略目标或标准进行比较、评价，一旦发现战略偏差则对后续战略行动进行调整修正。可以说，报业集团在实施 BPR 战

---

① 宋培义，等 . 媒体战略管理[M]. 北京：中国传媒大学出版社，2006：221.

略时，以上四种战略控制手段基本都有用武之地。此处，BPR 阶段性绩效评价是指事后控制。报业集团 BPR 战略实施过程中，可能会遇到不同的偏差类型，如行动偏差、因外部环境变化引起的偏差、战略规划本身缺陷等。在实施战略控制时，要结合 BPR 实施的不同阶段，针对不同的偏差类型及时作出反应，避免 BPR 战略目标"跑偏"。

在国内企业 BPR 改革中，很多企业 BPR 案例的不成功都与没有实施严格的监测有关。很多企业 BPR 往往注重设计、忽略实施的细节，即使设计方案设计得很合理，但如果得不到有效执行，结果也是不容乐观的。因此，在报业集团 BPR 实施中，要注意以下几个问题：①设立以报业集团最高决策层为核心的 BPR 管理团队，明确团队中的分工职责，将 BPR 不同环节的责任层层分解后落实到具体负责人，并与其绩效考核挂钩。管理制度的实施不仅使环节负责人感觉到压力和责任，相关联的绩效考核又使负责人具有动力。当合理的团队构建完成后，各个环节负责人自然就成为 BPR 实施中的"第一监控人"。②严格按照 BPR 战略目标定期落实 BPR 进度。报业集团可以建立 BPR 管理团队的例会制度，严格按照 BPR 战略目标中具体的量化目标对项目进度进行检查，然后根据该阶段 BPR 实施的具体情况采取相应手段推进或改进项目。③聘请专业的第三方评估机构对 BPR 实施阶段性评估。第三方评估机构可以是管理团队中辅助团队的咨询公司，也可以是另外聘请的专业机构。第三方评估机构由于其独立性、专业性特点，结合报业集团信息部门提供的数据信息对报业集团 BPR 进行客观、真实的评价，并给出改进意见。第三方评估机构的专业人员同样可加入例会，将改进意见及时反馈给报业集团的领导及管理团队，有助于提升改革的成效。

报业集团 BPR 绩效评价在整个 BPR 战略管理中的作用主要表现在以下四个方面。

第一，报业集团 BPR 绩效评价作为一种战略控制方式是 BPR 战略管理的重要环节，它能保证 BPR 战略的有效实施。BPR 战略包括决策、实施及评价等过程。BPR 决策制定时仅仅根据报业集团当前所处的内外部环境决定战略目标及实施细则。但报业集团的内外部环境是不断变化的，使得初始 BPR 决策不能适应当前环境。这种情况下，通过阶段性绩效评价就可以有效避免由于决策不足所带来的损失。因此，BPR 绩效评价虽然处于战略决策的执行阶段，但对战略管理而言十分重要，是必不可少的。

第二，报业集团 BPR 绩效评价的控制能力与效率的高低又是 BPR 战略决策的一个重要制约因素，它决定了 BPR 战略行为能力的大小。BPR 绩效评价的控制能力强，控制效率高，则报业集团最高决策层可据此做出更具挑战性的新的战略决策。若相反，则只能做出较为稳妥的战略决策。因此，构建符合报业集团 BPR 战略管理需求的科学、有效的绩效评价体系是 BPR 战略实施的前提。

第三，报业集团 BPR 绩效评价可有效提升战略决策的适应性和水平。BPR 绩效评价可为 BPR 战略决策提供重要的反馈，帮助战略决策层明晰决策的内容及可行性。BPR 绩效评价不是对 BPR 结果的评价，而是针对 BPR 过程、阶段性结果及最终结果的评价。开展的过程评价和阶段性评价将及时有效地向决策层提供真实客观的信息，帮助决策层做出下一阶段的决策。

第四，报业集团 BPR 绩效评价可以促进报业企业文化等企业软实力建设，为战略决策奠定良好的基础。BPR 绩效评价需要组建评估团队，评估团队成员包括报业集团内部相关部门的员工和来自外部的第三方评估机构。内部员工必须提供真实有效信息给专业评估机构，而评估机构据此按照既定的评价体系做出评价。客观真实的绩效评价结果对于 BPR 战略才具有意义。对于内部员工而言，良好的企业文化氛围约束了其行为规范，而企业文化的辐射和渗透作用又激励第三方评估机构做出客观评价。

我国报业集团相对于其他企业集团具有身份上的特殊性，BPR 战略的实施及控制必须兼顾经济效益和社会效益。经济效益可以借助各种经济指标，按照一般企业 BPR 绩效评价的方法进行评判。而社会效益则表现为五个方面：①经济协调发展的社会效益；②社会政治稳定的社会效益；③社会法律道德的社会效益；④社会人文关怀的社会效益；⑤社会文化引导的社会效益。作为一种"动态"阶段性的绩效评价，报业集团 BPR 绩效评价对 BPR 管理具有战略意义。

二、评估主体的确立直接影响绩效评价结论的客观和真实

人在整个报业集团 BPR 战略中始终处于主体地位。在战略控制阶段，合理配置绩效评价的主体直接影响绩效评价结论的客观和真实，是确保 BPR 成功的关键。

(一)合理的评估主体是绩效评价的执行保证

报业集团 BPR 评估团队应由三部分组成，分别是报业集团相关协调人、报业集团相关信息部门及第三方评估机构，第三方评估机构又有专门的负责人，称为项目经理。第三方评估机构的引入，类似于在报业集团 BPR 中引入了项目监理制。项目监理制是国际上为确保工程项目质量和进度的一种通行管理方法，具体方式是引入独立于企业和咨询公司的第三方。所引入的第三方必须公证、独立，有强烈的责任感，又懂得管理。第三方评估机构可以从技术、管理的角度对 BPR 实施的全过程进行控制和管理，克服实施过程中的逆向选择风险和道德风险，确保项目按照企业的要求，保质保量地按时完成。

报业集团 BPR 评估团队中，相关协调人主要负责完成第三方评估机构与报业集团信息部门的沟通，协调安排定期的会议及相关事务。协调人向报业集团最高决策层负责，在第三方评估机构提交评估报告后，组织专门的会议，邀请 BPR 管理团队的所有成员参加讨论，为 BPR 下一阶段做好准备。

报业集团相关信息部门则负责向第三方评估机构提供真实、准确的 BPR 阶段性数据，确保评估效果的准确和客观。同时，报业集团信息部门要充分利用各种信息技术，收集各类 BPR 阶段性数据，提高工作效率。

第三方评估机构独立于报业集团，由具有专业评估经验的多方面专家组成。在获得报业集团信息部门提供的数据后，要对数据进行分析研判，

最终通过定量或定性的研究方法为报业集团提供阶段性评估报告。由于第三方评估机构身份的特殊性，在评估过程中它不应受到来自报业集团方面的任何影响，包括个人和报业集团内设机构。评估人员应恪守职业道德，为报业集团提供客观的阶段性评估报告，并从专业角度为报业集团 BPR 提出建设性的意见，进一步规范 BPR 过程，确保 BPR 能沿着正确的方向发展。

评估主体或者评估团队还要接受来自企业员工的反馈，并能接受企业员工参与战略评价活动，这也是克服变革阻力的最佳方法之一。厄瑞兹（Efez）和坎弗（Kanfer）认为，人们在理解了变革，感觉到可以控制局势并意识到实施变革必须采取行动时，最容易接受变革。[①] 因此，在报业集团 BPR 整个过程中，邀请员工参与对流程变革的推动都是非常有效的。

(二)客观真实的评估需要第三方评估机构的介入

企业评估是运用数量统计和运筹学方法，采用特定的指标体系，对照统一的评估标准，按照一定的程序，通过定量、定性分析，对企业在一定经营期间内的经营效益和经营者的业绩，做出客观、公正和准确的综合评判。评估指标体系因行业的不同、企业流程的不同而存在差异。报业集团 BPR 评估系统在设定时要充分考虑我国报业集团的多重属性特征，从 BPR 所产生的经济效益和社会效益两方面进行考虑。可以认为，评估和评效均指同一概念。

报业集团 BPR 评估系统的构建最好选择第三方专业评估机构。戴维认为，充分与及时的反馈是有效战略评价的基石，战略评价不会比它所基于的信息更为准确。[②] 他的意思是指，基层管理者有时迫于上层管理者的压力，会编造数据，从而取悦上级。按照戴维的理论，如果评估主体仅来

---

① Erez M, Kanfer F. The role of goal acceptance in goal setting and task performance [J]. Academy of Management Review, 1983, 8(3): 454-463.

② [美]弗雷德·R. 戴维. 战略管理[M]. 李克宁，译. 北京：经济科学出版社，2006：300.

自企业内部，考虑到自利性因素，企业信息部门会提供虚假数据，以获得良好的评估结果。为了规避这种问题，选择第三方专业评估机构加入评估主体就非常必要。第三方专业评估机构具有更好的 BPR 评估经验和资源，所做出的评估报告更加客观，对报业集团 BPR 的深入开展具有更好的现实价值和意义。报业集团和评估机构是一种平等的合作关系。在评估过程中，报业集团应尽量为评估机构提供客观、真实、有效的数据；而评估机构应遵守相应的行业道德和规范，为报业集团提供完整的、客观的评效报告。国际评效数据交换中心总结了合法、交互、保密、用途、预约、合作、完整和理解 8 条基本原则，① 这些原则的核心是要求评估机构对待合作伙伴和他们的信息要像他们希望的一样负责。

第三方专业评估机构在进行报业集团评效时，要遵守一些原则，包括：突出重点，要对关键绩效指标进行重点分析；评效指标针对全流程而非节点部门，要注意多节点之间的关系；实时分析评价；注重对业务流程的长远发展潜力以及可持续发展能力的评价。

报业集团 BPR 在接受评估时，应充分认识到评估的重要性，积极配合，确保评估报告是及时有效的。另外，还要认识到将人力资本与知识资本纳入评估系统，将绩效评价纳入企业整体战略管理过程是未来评估的趋势。

三、科学的绩效评价系统是有效评估的前提

作为战略控制的一个方面，BPR 绩效评价非常复杂。在执行绩效评价之前先要确定一套评估战略成果的科学标准，建立一套有关战略进程的信息反馈和分析系统，同时要选择好合理的控制点，降低控制成本，确保战略控制有效实施。

---

① Dave Trimble. Benchmarking-Uncovering Best Practices and Learning from Others［J/OL］. Prosci Inc，1999. http：//www. prosci. com.

（一）绩效评价系统的要素构成

报业集团 BPR 绩效评价系统作为 BPR 战略控制的有效手段，对于指导 BPR 成功实施具有战略意义。报业集团 BPR 绩效评价系统由评估目标、评估对象、评估指标、评估标准及分析报告五个要素组成。考虑到报业集团 BPR 评估交由第三方专业评估机构完成，因此，绩效评价系统要素的选择和内容也可委托第三方评估机构，并交由整个评估团队讨论通过，最终交给报业集团最高决策层通过后实施。此处仅对报业集团 BPR 绩效评价系统框架做出讨论，并不涉及评估系统的具体构建。

1. 评估目标

报业集团 BPR 评估系统的目标是整个系统运行的指南，它必须服从和服务于报业集团的整体战略目标，也应是企业战略目标的体现。同时，还要考虑各个业务流程的具体情况，对不同单一流程的评估目标也会存在差异。如针对报业集团 BPR 核心流程的采编流程的评估，应从全媒体的视角进行评价。

报业集团 BPR 评估目标可以分为战略层次目标和操作层次目标。

战略层目标主要包括：①确保业务流程再造与企业战略结合，核心业务流程成为战略实施的基础和工具；②使关键业务流程绩效的改善成为核心竞争力形成的一部分；③掌握这种管理上的变革对战略目标、经营目标的实现程度。

操作层目标主要包括：①比较不同时段 BPR 的绩效以便识别出运营情况最好的时期，并将其作为以后实践的参考标准以对业务流程进行持续改进。②掌握再造后的业务流程的成本情况与资源优化。③保证业务流程的柔性与反应能力。④掌握业务流程满足内部、外部顾客的能力。⑤确保组织管理的有效性（包括员工对流程现状的接受程度）。

2. 评估对象

报业集团 BPR 评估对象就是再造后的流程。考虑到报业集团 BPR 涉及集团内众多分支流程，而各个流程又存在差异，且流程之间相互交错和相互衔接，是一个复杂的系统。因而，评估对象的确立是针对性很强的具体的某个流程，需要对评估的单一流程进行详细描述、范围界定，或用流程图形式表示出来，这样才能保证评估对象及其他涉及的评估要素的相关准确性。如报业集团 BPR 中的采编流程、发行流程等都是具体的 BPR 评估对象。

3. 评估指标

评估指标是指对评估对象的具体评估内容。绩效评价系统建立的目的是通过一系列科学、合理的评估确保 BPR 的成功实施。因此，绩效评价系统关心的是评估对象与报业集团 BPR 目标的相关性，即所谓的关键成功因素（CSF）。而这些关键成功因素可以具体表现在评估指标上。因此，如何将关键成功因素准确地体现在对再造后流程评估的各具体指标上，是再造后流程评估系统设计的重要问题。

哈默和钱皮认为，可用成本、质量、服务、速度四项指标来衡量 BPR 效果，并给出了具体的量化指标，即周转期缩短 70%、成本降低 40%、顾客满意度和企业收益提高 40%、市场份额增长 25%。Ligus 认为，通过 BPR 可以"降低 30%~50% 的销售成本，缩短交货时间 75%~80%，降低存货 60%~80%，降低 65%~70% 的质量成本，市场份额增长虽不能预期但有实质性的增长"。而"CSC 指数"研究机构指出，BPR 若仅要求成本降低 10%~20%、生产周期缩短 20% 或销售额提高 10%~15%，那么企业应采取其他措施。但这些评估指标也不能完全涵盖报业集团 BPR 内外部环境的所有方面，报业集团在选择评估指标时要兼顾经济效益和社会效益的双重目标，还要考虑到报业集团在中国的特殊性，这样，选择的指标才更为客观、针对性更强。

4. 评估标准

评估标准是指判断评估对象绩效优劣的基准。选择什么标准作为评估的基准取决于评估的目的。而对于再造后流程的评估来说，有一个最基本的前提目标，就是看再造后的流程是否优于再造前的流程，因而再造前的流程的数据应该作为评估标准之一。当然，优于再造前的流程不一定就好，还要看是否达到了再造的目标，还可以与同行业中优势企业进行比较，因而采用预算标准、行业标准等也是需要的。

通过确立战略评估标准，可以衡量目前的战略实施情况与预定目标之间的一致程度。评估标准包括定性标准和定量标准。其中，定性标准应该尽可能采用战略选择阶段所运用的标准，并综合考虑分目标与整体目标的一致性、战略与外部环境的一致性、资源的可获得性以及战略执行的风险性等因素。定量标准可量化，能较好地进行评价，例如市场占有率、投资收益率等。评估标准的确立还应该结合纵向、横向比较的方法，与报业集团自身发展历程作纵向比较，与国内外其他媒体竞争对手或优秀者进行横向比较，从而确保评估标准的客观性和可行性。

5. 分析报告

评估分析报告是评估系统的输出信息，也是绩效评价系统的结论性文件。评估分析报告也应该针对报业集团不同的流程进行，这样针对性更强。特别是报业 BPR 中的采编流程，在评估分析报告中应该作为重点，除此之外，还要从全局出发，综合考虑流程之间的关联和交错，分析它们之间的关联情况。

报业集团 BPR 绩效评价系统中的以上 5 个要素是一个整体，不能单独割裂开来考察，在构建评估系统时，要注重它们之间的相互联系、相互影响。不同的目标决定了不同对象、指标和标准的选择，其报告的形式也不同。可以说目标是评估系统的中枢，没有明确的目标，整个评估系统将处于混乱状态。因此，绩效评价系统中首要确立的是评估目标，一定要确保评估目标和 BPR 目标、报业集团的战略目标的一致性。

(二)绩效评价系统构建的原则

报业集团在构建 BPR 绩效评价系统时，需要遵循一些原则，BPR 绩效评价系统构建要满足以下一些要求。①

---

① 胡双增，张明. 物流系统工程[M]. 北京：清华大学出版社，2000.

从提供给绩效评价系统的数据信息角度看，应遵循信息的准确性、及时性及客观性原则。

1. 准确性和及时性

想要确认再造后的流程运行是否带来比以前更高的绩效，关于流程的信息就必须是准确的。对于报业集团而言，BPR 过程中应该设置专门的部门，利用科学的信息化手段对 BPR 的数据进行收集和整理，为第三方专业评估提供尽量准确和完备的数据信息，这是保证评估准确性的前提。而信息化手段的运用在提高信息收集的效率和时效性上都有很好的表现。由于报业集团身处不断变化的内外部环境中，及时准确地获得有效信息，不管是对于评估而言，还是对于整个报业集团的核心竞争力而言，都是很关键的。

2. 客观性

报业集团专门设立信息部门的目的是及时准确地收集 BPR 数据信息，在信息获取过程中，应尽量杜绝人为因素的干扰，尽量为评估机构提供客观的信息。而对于第三方评估机构而言，要充分体现其独立性、专业性的特点，确保整个评估过程不受外在多种因素的干扰，提供客观、真实的评估报告，有效指导 BPR 正确执行。

从整个绩效评价系统的构建角度看，应遵循特征性、可接受性、应变性及成本效益性原则。

1. 特征性

一个有效的再造后流程的评价系统必须体现出公司所独有的特征。这一原则不仅针对企业，对于报业集团而言依然重要。首先，随着转企改制的深入进行，报业集团的市场地位得以确立，报业集团以企业的外在形式运营，但其作为党和国家喉舌的特殊性依然存在。其次，每个报业集团其经营思路和运作模式都存在差异，各种关键因素在不同的报业集团中所起的作用也存在差异，因此，BPR 绩效评价系统的组织制度、指标设计、权重设定等也应该视报业集团的具体情况而定。第三方评估机构要有职业道德，针对不同的报业集团选择不同的评估指标，不能套用其他既有的模式，否则，评估的结论是不客观的，不能体现企业之间的这种差异性。

2. 可接受性

由于绩效评价系统是针对报业集团整个 BPR 的，因此，该系统必须得到报业集团中大多数员工的认可，而不仅仅是报业最高决策层及管理团队的认可。当获得报业员工的首肯后，他们才愿意去使用它、遵守它，才能发挥作用。

3. 应变性

报业集团的 BPR 本身就是一个循环向前的过程，BPR 绩效评价系统应对报业集团的战略变化及内外部变化非常敏感，并且能较快做出反应，进行相应的调整。当然，这与评估信息及时、准确、客观地获取息息相关。

4. 成本效益性

虽然目前报业集团 BPR 绩效评价基本由集团内部相关信息部门完成，但交由第三方评估机构来协助完成将是未来的趋势。一个良好的绩效评价系统应能提供比其实施和维护成本更大的利益，而不是让最高决策层觉得其只是增加了管理成本。因此，第三方评估机构应充分发挥其在 BPR 中的战略控制作用，提升成本效益性。

报业集团属于特殊的企业，在进行 BPR 绩效评价时，还要遵循经济效益与社会效益并重的原则。在社会效益方面，可以从社会贡献率和社会积累率①两方面进行评估。社会贡献率是指一定时间内报业集团社会贡献总额和平均资产总额的比值，主要用来衡量报业集团运用全部资产为国家、社会创造或支付价值的能力。社会积累率是指一定时期内报业集团上交国家财政总额与报业集团社会贡献总额之比。主要用来衡量报业集团社会贡献总额中多少用于上交国家财政。在经济效益方面，可以从销售利润率、总资产报酬率及资本收益率三方面进行评估。

报业集团 BPR 绩效评价系统本身是一个非常复杂的系统，在具体设计

---

① 黎志成，张海明. 报业集团资本运营效益评估指标体系探讨[J]. 江汉论坛，2005(6)：18-20.

中，需要遵循的原则不仅包含以上这些，关键是在构建这样一个系统时，要"因地制宜"并遵照一些原则去实施和执行。

四、绩效评价系统的执行和完善是 BPR 战略成功实施的保证

报业集团 BPR 绩效评价系统的构架是一个方面，更关键的是要在实际执行中发现问题，并及时加以调整和纠正。有效的绩效评价不在于制定而在于执行。在实际操作中，需要注意以下几个方面的问题。

1. 组成评估主体，制定评估标准

报业集团 BPR 的绩效评价主体由多方面人员组成，一部分来自集团内部，另一部分来自集团外部。来自外部的第三方评估机构是评估主体的重要组成部分，评估机构越专业，态度越客观，评估的结果就越让人信服。因此，参与到 BPR 绩效评价系统中的第三方评估者应该是由具有丰富实践经验的流程管理专家组成，他们的实战经验和丰富的理论指导对于 BPR 绩效评价的客观性、真实性是一种保证。同时，为了避免评估主体在评估过程中的主观随意性及提高可操作性，需要制定规范的评估标准。

2. 采用定量评估和定性评估相结合的评估方法

哈默和钱皮所提及的"成本、质量、服务、速度"四项指标即是定性的指标，而"周转期缩短 70%、成本降低 40%、顾客满意度和企业收益提高 40%、市场份额增长 25%"则是定量指标。定量评估和定性评估在整个评估系统中的作用是不同的。定量分析更多地反映在 BPR 总指标的评估结果中，但缺乏全面分析报业集团 BPR 的能力。要对整个报业集团 BPR 的战略控制能力进行细致的分析，就需要借助定性分析结果，找出具体存在问题的指标，从而明确报业 BPR 在哪些方面需要改进，有针对地解决实际问题。

3. 注重指标体系的灵活运用

对于第三方评估机构，在其以往的工作过程中积累了大量的经验，在评估指标体系的建立方面也深有心得，它们已经形成了一整套通用或常用

的指标体系。但在选择这些指标应用到报业集团 BPR 评估时，一定要充分考虑到报业集团的特殊性，要在指标体系建立中融入这种特殊性，不能简单套用国内企业甚至国外企业的整套评估指标。同时，还要结合报业集团实际情况，灵活调整指标体系中各项指标的权重，做到重点突出，灵活运用，扩大该指标体系的适用性。

4. 要有自上而下的全局观

报业集团 BPR 是一个自上而下的"一把手"工程，报业集团的最高决策层的领导和积极参与是 BPR 战略得以实施的先决条件。首先，对于 BPR 的绩效评价而言，报业集团最高决策层也应该参与其中，对第三方评估机构提供的评估报告认真审阅，并给出指导性意见，确保评估结果能够真正指导 BPR 的进一步实施。其次，在 BPR 资金费用方面，最高决策层的参与对资金也是一种保证。最后，一旦制定的评估系统遇到实际问题出现困境时，最高决策层应积极妥善协调各方利益关系，使评估过程顺利实施。从另一个层面看，自上而下的全局观还体现在评估系统之间的协调上。在报业集团内部除了 BPR 之外，还有其他的一些组织、环节存在评估系统的问题。在实施 BPR 绩效评价时，还要兼顾不同评估系统之间的关系，协调解决可能存在的矛盾。

5. 建立良好的沟通机制

在有些报业集团中还存在规章制度不健全的问题，"人治"因素依然存在。BPR 绩效评价过程中，可能存在上下信息不畅通的情况，这就需要评估主体与最高决策层及管理团队积极沟通，并将沟通信息及时通报给报业集团的全体员工，这样不仅能提高员工的积极性，还有利于提升员工的主动参与意识。同时，报业集团还应该广开言路，征询员工对评估结果的意见和建议。考虑到 BPR 影响最直接的就是第一线员工，因此，员工的心声对于改进 BPR 显得格外重要。

报业集团的 BPR 战略不是一蹴而就的短期行为，它存在一个生命周期，在不同的生命周期，对 BPR 的战略控制是不同的。因此，BPR 绩效评价的内容和标准也应该跟随 BPR 战略的变化而相应地做出调整，在不断的实践探索中得以完善，最终寻求到最适合报业集团 BPR 的评估系统。

第三节　产业协同发展系统

信息技术和信息技术标准化并行为报业集团构建全媒体流程产业链打好了技术基础。构建"两头兼顾，上下延伸"的全媒体流程产业价值链也是报业集团 BPR 走向成功的重要因素。

信息技术的发展，不仅使传统媒体和新媒体融合成为可能，也使报业集团可以实施跨区域、跨媒介、跨空间战略，成为全媒介信息服务商。在国外，媒体按照战略定位，可以分为内容提供商、内容服务商、产品提供商及信息服务商。内容提供商仅提供由记者、编辑采写的原创内容资讯。内容服务商不仅提供生产的内容资讯，还要通过报纸、广播、电视、网络等媒介把内容资讯传递到读者和受众手中。产品提供商则把媒体当成一个完善产品来做，多采取生产导向而很少采取市场导向。信息服务商不仅自身生产内容和资讯，而且综合各类信息和资讯，以市场和读者为导向为用户提供差异化、个性化的深层次信息服务，并在管理中引入客户关系管理理念，全方位做好信息服务工作。按照这样一种分类方法，现阶段，我国报业集团基本还停留在内容服务商阶段，但随着数字媒介技术的成熟及政策空间的放开，我国的报业集团将逐步成为跨区域跨产业的全媒介信息服务商，成为传媒集团。要成为全媒介信息服务商，一个有效途径就是构建不仅向用户延伸，而且向其他产业延伸的以产业协同理论为指导的全媒体流程产业价值链。

报业集团 BPR 核心支撑体系中的产业协同发展系统是指遵循"以用户为中心"理念并向用户延伸的用户协同作业，向外延伸构筑的以动态媒介组织联盟为代表，协同发展的跨产业全媒体产业价值链系统。

基于产业协同所构筑的上下延伸的产业价值链对于完善报业集团 BPR 是重要的，但相对于企业战略、人力资本及企业文化而言，它不是最为重要的，不应该成为报业集团 BPR 核心支撑体系的一部分。首先，目前我国报业集团发展状况差别很大。在发展过程中，报业集团在变革管理水平、变革外部环境、资金储备及资本运营水平、变革基础等方面都存在很大的差异。这种差异性导致了产业价值链在当前阶段的 BPR 中不是必需的。相对而言，变革条件较好的报业集团通常将用户研究加入进来，为用户提供能够满足他们需求的新闻信息产品；同时，将报业集团中非核心竞争力的业务借助动态媒介组织联盟以业务外包的方式转移出去，实现资源的有效配置，达到提升自身市场地位和核心竞争力的目的。而变革条件较弱的报业集团，则更多地选择集团内部 BPR 的形式，这样在人员配置、资金供应等各方面都能保证 BPR 的顺利实施。当然，需要强调的是，在某些报业集团变革条件比较薄弱的阶段不宜认定产业价值链的构建是 BPR 的核心支撑。但随着该阶段 BPR 的完成，在某些变革条件已经具备的情况下，将产业价值链构建作为报业集团 BPR 的核心支撑是可行的。其次，考虑到不同报业集团制订 BPR 战略时，对战略目标设定的差异性，对产业链的需求也是不完全一致的。因此，在产业协同理论指导下构建的产业价值链并不是报业集团 BPR 必需的。

一、产业协同的流程产业价值链是报业集团 BPR 的目标

1974 年，赫尔曼·哈肯（H. Haken）创立了协同理论（Synergetics）。协同是协调合作之意，协同学则是一种在一个系统各部分之间协作的理论，是关于理解结构是如何产生的一门学科，即关于动力学的学科，其核心概念包括序参量、役使原理、涨落、自组织原理等。①② 协同理论主要包括三个部分内容，协同效应、伺服原理和自组织原理。协同效应是指由于协同作用而产生的结果，是指复杂开放系统中大量子系统相互作用而产生的整体效应或集体效应。伺服原理即快变量服从慢变量，序参量支配子系统行为。自组织是相对于他组织而言的。自组织是指系统在没有外部指令的

---

① ［德］赫尔曼·哈肯. 协同学：大自然构成的奥秘［M］.凌复华，译. 上海：上海译文出版社，2001：108.

② 曾健，张一方. 社会协同学［M］.北京：科学出版社，2000：30.

条件下，其内部子系统之间能够按照某种规则自动形成一定的结构或功能，具有内在性和自生性特点。

　　协同理论的发展经历了从传统战略协同理论到新型协同理论的发展过程。20世纪60年代，伊戈尔·安索夫（H. Igor Ansoff）第一次提出战略协同理论。① 他提出"战略四要素"说，认为战略的构成要素应当包括产品与市场范围、增长向量、协同效应和竞争优势。随后，弗雷德·韦斯顿（J. F. Weston）和柯普兰（Copeland）在对公司兼并进行研究时提出了自己的协同理论。② 他们认为，公司兼并对整个社会是有益的，协同效应主要体现在效率的改进上，体现在管理协同效应和营运协同效应两个方面。伯特·巴泽尔（Robert Buzzell）和布拉德利·盖尔（Breadley Gale）从公司群的角度阐释了协同效应的定义，即相对于简单汇总各独立组成部分的业务表现而言公司群整体的业务表现。③ 他们指出，持续的协同效应可通过四种基本方式来创造股东财富，即共享资源或活动、市场营销和研究开发支出的外溢效应、公司的相似性及公司形象的共享。以上战略协同理论被称为传统战略协同理论，由于忽略了企业之间的合作问题，已经被价值链协同效应理论、无形资产协同效应理论及核心能力协同效应理论所取代。波特提出了价值链协同效应理论。他通过研究发现，在实现协同效应的过程中，业务单元间可能存在的关联有三大类型：有形关联、无形关联、竞争性关联。普拉哈拉德（Prahalad）和哈默尔（Hamel）在对日、美两国公司的战略发展做了深入研究的基础上，提出了核心能力理论。④ 该理论强调，公司在竞争中取得优势的关键是培育出专属于自己、不能被竞争对手模仿、也没有现成替代物的资源、技能或竞争能力，而且这种资源、技能或竞争

---

① Ansoff H I. Corporate Strategy[M]. New York：McGraw-Hill Education，1987.

② Copeland T E，Weston J F. Financial Theory and Corporate Policy（3rd ed）[M]. Addison-Wesley，1988.

③ Buzzell R D，Gale B T. The PIMS Principles[M]. Free Press/Collier：New York，1987.

④ Prahalad C K，Hamel G. The Core Competence of the Corporation[M]. Springer Berlin Heidelberg，2006.

能力的效用在公司内部的传播和延伸是支撑公司在动态的经营环境中持续发展的灵魂所在。① 这些协同理论对报业集团产业价值链的构建奠定了理论基础。

　　在产业协同理论研究方面，国内外研究成果很少。② 有学者提出了产业协同的概念，指集群内的企业在生产、营销、采购、管理、技术等方面相互配合、相互协作，形成高度的一致性或和谐性。③ 产业协同是指相关产业的协同发展，是指多个产业及其下属的相关子产业在发展过程中做到密切配合，互相协调，在日益复杂的分工网络中解决好产业协调发展的问题，在价值创造过程中和市场上最大程度发挥二者的合力，达到两个产业的优势互补。④ 在产业协同分类上，有学者认为主要有生产协同、管理协同和市场协同三种方式，其中生产协同包括产品协同、设备协同和生产工艺协同等。⑤ 关于产业协同的实质和模式，有学者认为"产业是一个复杂的分工网络，产业协同问题其实是复杂分工网络的协调问题"，同时将产业协同模式分为层级分解和知识同化两种。⑥ 有学者对产业协同的机制进行分类，认为产业协同的机制包括四种：动力机制、耦合机制、外部环境控制机制和自组织运行机制。⑦ 也有学者提出构建企业价值生态圈的概念。企业在进行数字化转型时，如果仅仅满足于自身内部的流程再造是远远不

---

　　① 马云辉，王猛. 传统战略协同理论的主要观点及其评价[J]. 当代经理人，2006（21）：1173-1174.

　　② 赖茂生，闫慧，叶元龄，等. 内容产业与文化产业整合与协同理论和实践研究[J]. 情报科学，2009，27（1）：12-16.

　　③ 胡大立. 产业关联、产业协同与集群竞争优势的关联机理[J]. 管理学报，2006，3（6）：709.

　　④ 赖茂生，闫慧，叶元龄，等. 内容产业与文化产业整合与协同理论和实践研究[J]. 情报科学，2009，27（1）：12-16.

　　⑤ 吴晓波，裴珍珍. 高技术产业与传统产业协同发展的战略模式及其实现途径[J]. 科技进步与对策，2006（1）：50-52.

　　⑥ 李若朋，荣蓉，吕廷杰. 基于知识交流的两种产业协同模式[J]. 北京理工大学学报：社会科学版，2004，6（3）：42-44.

　　⑦ 王传民. 县域经济产业协同发展模式研究[M]. 北京：中国经济出版社，2006：39.

够的，必须推行产业流程再造，推倒行业内企业之间的信息鸿沟和资源围墙，实现资源流动、优势流动，互为依托，共同支撑，用行业的成长带动企业的成长，用企业的竞争优势打造行业的核心竞争力，构建企业价值生态圈。更有甚者，颠覆传统行业，重构生态圈。①

从以上协同理论的梳理中可发现，战略协同理论和产业协同理论事实上是相互交错的。波特提出的价值链协同理论，普拉哈拉德和哈默尔提出的核心能力价值理论和产业协同理论的内核都是基于组织单元之间的多种形式的合作，协调分工，形成合力，达到合理配置单元内部资源，充分发挥各自单元核心竞争力的效果。

国内一些学者从协同理论分析传媒发展和社会发展的关系。如，将协同作为研究传媒发展的一个视角，将传媒的生存与发展置于社会大系统之中，从中观照传媒这个子系统的自组织逻辑以及与社会大系统、其他子系统之间有规律的协同关系。②③ 传媒的发展和社会的发展密不可分，传媒发展依赖于社会发展的大环境，而社会发展又需要传媒新技术的推动和支撑。也有学者从媒介与社会的关系展开研究，认为"追根溯源，媒介与社会始终保持着一种互动关系。社会的发展呼唤先进的传播工具乃至职业化的现代传播机构，反过来，媒介的发展又促进了社会的发展。一部人类文明史，既是人类利用传播媒介的历史，也是媒介从简单到复杂、从低级到高级的发展历史"。④ 也有学者从协同理论对传媒发展的作用角度进行研究，认为协同论的视角有助于我们从整体上观照传媒发展的社会系统环境，并在系统中寻求支持传媒与社会能够整体和谐的路径，进而达到相互支撑、协同前进。⑤

① 袁勇. BPR 为数字化转型而生[J]. 企业管理，2017(10)：102-104.

② 张晓锋，王新杰. 传媒协同发展论[M]. 北京：新华出版社，2006.

③ 张晓锋. 传媒协同发展论[J]. 广播电视大学学报(哲学社会科学版)，2007(1)：34-37.

④ 张国良. 新闻媒介与社会[M]. 上海：上海人民出版社，2001：11-12.

⑤ 庹继光. 叩问传媒与社会协同发展之路——《传媒协同发展论》的理论视角[J]. 新闻记者，2007(10)：86-87.

　　报业集团作为目前传媒发展的主要形式，在发展和改革过程中存在多种协作方式，如报业集团内部不同媒介类型之间、相同媒介类型之间、与集团外部传媒组织之间、与非传媒组织之间等。除了关注产业范围内的协同之外，还应关注产业间的协作。报业集团产业协同发展系统从报业产业链的两个方向谋求合作和发展。其一，秉承"以用户为中心"的理念，向用户方延伸产业价值链。其二，借助从技术标准化到流程标准化的过渡，构建动态媒介组织联盟，形成报业全媒体产业价值链。报业价值链的重构目标是形成产业价值链，这就需要确立报业集团在整个价值链中的核心地位，充分展示其核心竞争力，并通过价值链重构优化配置整个价值链中的资源，使资源价值产生最大化的效益。基于产业协同理论的报业集团产业价值链的形成，对于报业集团 BPR 的成功实施主要起到以下几个作用。

　　首先，报业集团产业价值链突出了"以人为本"的企业核心理念。"以人为本"的理念在报业集团中表现为两个层面。其一，以企业员工为本。这是报业集团企业文化建设的根本所在，也是企业核心竞争力的表现。其二，以用户为本。报业集团已从原来的"报纸社"变为"报道社"，已从原来的单一媒体类型变成集报纸、网络、视频等多种媒体类型于一体的相互融合的传媒集团。报业集团全媒体流程再造的目标是打通信息传播的全流程，构建全媒体产业价值链。以用户为本，不仅使用户成为全媒体产业价值链中不可或缺的一环，通过用户全媒体意识的培养，还使用户成为报业集团中集传者、受众于一体的综合体，成为企业文化的主体。

　　其次，报业集团产业价值链突出了产业间的协作。这种协作关系是基于信息技术标准化向流程标准化过渡完成后建立的。其中，动态媒介组织联盟是一种典型的协同模式。以报业集团为盟主的动态媒介组织联盟，以报业集团企业为核心，向外进行资源、资金的优化组合，邀请至少一个以上其他企业加入联盟，围绕共同的战略目标，通过协议、契约的约束机制，在一定时期内形成倾向于合作的组织。在该联盟中，始终强调报业集团的主体地位，报业集团是联盟中的核心企业，联盟的建立将报业集团中非核心能力或非优势领域的生产、经营交由联盟中的其他企业来完成。联盟中的其他企业可以是传媒企业，也可以是传媒企业流程产业链中能作为替代的企业，如服务提供商等。报业集团产业价值链的构建反过来也推动了信息技术的应用和进步。走在 BPR 前列的烟台日报传媒集团主动谋求与实力强大的新媒体公司进行战略合作，科学复制其成功的运营模式和商业模式，创新资源整合方式，开辟更清晰的全媒体盈利模式，如互联网广告。

在满足用户需求、产业间协同发展方面，默多克的新闻集团为报业集团产业协同发展提供了借鉴。新闻集团在新闻节目的特色化方面通过服务网络的形式满足用户的需求。默多克掌握着许多体育赛事的转播权，并与大量的体育俱乐部结成联盟。1996 年，新闻集团组建了福克斯体育网，在美国有线电视频道开播了一系列现场体育赛事的转播。同年，新闻集团和美国电讯公司联合投资，合作建立了一个全球性体育电视网，为全球的有线电视系统提供体育节目，并且利用这点吸引全球用户观看新闻集团的卫星或有线电视系统。新闻集团的体育节目服务网络事实上就是一种产业间协同的案例，通过与美国电讯公司的合作，达到控制整个体育节目市场的目的。

报业集团中的产业协同发展系统是对报业集团 BPR 的有力支撑，与 BPR 具有相同的目标。所构建的全媒体产业价值链不仅对 BPR 的实施起到强有力的推动作用，还是报业集团 BPR 的目标之一。

二、向用户延伸，将全媒体用户纳入流程产业价值链

报业集团"以人为本"的发展理念的一个表现就是"以用户为中心"，将用户作为生产要素纳入报业集团的流程产业链，这是产业协同发展的一种形式。日本纸媒读者的数量很大，像《朝日新闻》这样的知名报纸拥有大量的读者用户。但为了适应剧变中的媒体环境，日本朝日新闻社在如何合理利用用户资源方面进行了探索。2013 年 6 月，朝日新闻社打破原有业务模式，成立了新部门媒体实验室(Media Lab)，进行媒体融合创新实践。媒体实验室提出"切断朝日新闻的 DNA，忘记以往的媒体模式，开拓全新的业

务形式，建设社内外的信息集散中心（Hub）"的概念。① 这一部门由 40 人组成，人员主要分为技术、内容和经营人员。该部门负责将朝日新闻社的经营资产与读者结合起来，为用户打造新的媒体融合体验。目前，该实验室最盈利的项目主要针对老年群体，同时也为退休老记者再就业推出了"朝日自史"。"朝日自史"这一定制化服务项目是为老人出版传记。老年用户自己写作，朝日新闻社负责编辑、出版；老年用户也可以在家等着朝日新闻社的退休记者上门采访。这一项目不仅将老年用户纳入信息产品的生产环节，更是针对日本这样一个老龄化社会，满足了不少老人记录人生故事的愿望，同时也填补了老年用户市场。② 可见，争夺用户市场已经成为融媒体环境下媒体生存的关键。

（一）转变报业集团市场导向，充分利用用户资源

从企业价值链的理念来看，一个业务流程就是一组以用户为中心、从开始到结束的连续活动，"用户"可能是外部的最终用户，也可能是业务流程的内部"最终使用者"。因此，流程再造本身就有一个使用户满意的理念。这一理念的本质精神，是降低用户成本、培养用户忠诚、实现企业价值。随着媒介产品的日益丰富，用户选择媒介产品的空间也在增大。目前，媒介市场主导权已经逐渐从媒介产品生产者转移到用户端。作为媒介产品生产者的报业集团有必要将这种主导权的变化体现出来，在充分分析价值传递链和关键成功因素等基础上，为用户提供更低成本更高价值的媒介产品，不断提高用户的满意度，这也是报业集团 BPR 的归属。

在这种背景下，报纸业务流程再造的目标应该锁定为读者满意，③ 报

---

① 中国记协. 日本和韩国媒体融合的四个案例[J]. 新闻传播，2016（6）：1.

② 王天息，周扬. 向不确定的未来挑战，《朝日新闻》探索媒体发展新道路[M/OL]. [2017-02-21].http：//media. people. com. cn/GB/n1/2017/0221/c40606-29097345. html.

③ 王晓明，隋旭光. "采编一体化"流程再造探索与实践[J]. 青年记者，2006（13）：58-60.

业集团应从产品导向转向用户导向，BPR 要求围绕提高用户满意度进行。报业集团应全力建设科学有效、便于操作的用户评价体系和信息反馈体系，把用户作为最可信赖的"人力资源"，把用户当成报业集团的"荣誉员工"，协助报业完成产品设计和服务方式的优化，构建更完善的环状信息和工作流向。通过用户劳动获得发展是工业生产转向信息劳动的新方式，媒介除依赖职业劳动者(编辑、记者等)之外，还有依赖用户这种非职业劳动者获得发展的途径。① 这些举措不仅可以满足用户的需求，对提高报业集团市场竞争力也有所帮助。美国《威斯康辛日报》与受众的互动方式值得国内报业集团借鉴。该报为加大受众对报纸内容的兴趣和关注，每天定稿前，通过报纸网站上开通的网民选用头版稿件的投票系统让受众投票，受众登录报纸网站该系统后，从 5 条故事素材中选出一条，定为次日的头版内容。该报编辑认为，"增强互动性是报纸的未来所在。如果想让报纸生存下去，就必须找到一种能与读者取得更好互动的方式"。美国《今日美国》每位编辑手中都有一张塑料卡片。卡片正面，在报头下方有一行粗体黑字：Put the Reader First(读者第一)。在卡片反面，清晰地印着"《今日美国》读者权益承诺：SERVICE"。其中"SERVICE"是指 S(Surveillance，巡视)、E(Exclusives，独家)、R(Reader-friendly presentation，易读)、V(Veracit，真诚)、I(Ingenuity，fun and excitement，机智、有趣和兴奋)、C(Community，与世共存)及 E(Epuality and Diversity，公平和多样)。② 这种小卡片充分表明《今日美国》在刻意强化员工们的读者服务意识。在国内，以用户为中心的理念也越来越受到重视。

　　国内传媒对用户的重视程度也在逐步加大。人民日报在媒介融合变革中，坚持党报属性不变，转变思路，努力构建核心技术团队，并将传媒自身的角色从内容生产者转化为平台运营者，以开放的心态将更多的内容生产者引入平台，共同提升平台价值。人民日报推出了国内移动互联网上最

　　① 郑忠明，江作苏．网络用户劳动与媒介资本价值——基于美国社交新闻媒体 Reddit 的案例分析[J]．新闻记者，2015(9)：60-68.

　　② 辜晓进．走进美国大报[M]．广州：南方日报出版社，2002：139-140.

具公信力和影响力的聚合平台"人民号"，为媒体、党政机关和自媒体提供移动端内容生产和分发全流程服务，共同构建兼具主流价值和创新活力的内容生态，通过与百度百家号的紧密合作，为内容生产者带来一定效益。"人民号"自创办以来取得了不小的成绩，到 2018 年 6 月，已有 2000 多家主流媒体、党政机关、高校、优质自媒体和名人入驻。①

　　对用户资源的重视其实也经历了从"以受众为中心"到"以用户为中心"的转变，这一转变过程与互联网的发展、媒体角色定位、媒介产品定位等是分不开的。这里存在用户关系重构的问题。新媒体的快速发展犹如"洪水猛兽"，其对传统媒体的冲击，最深刻地表现在和用户的关系上。新媒体把用户作为自己最重要的资源，把用户的信息作为巨大的财富。很多新媒体产品的推出直接依赖于用户 UGC，如抖音、bilibili 等短视频产品。在传统媒体变革之初，一些所谓的媒体转型仅仅是办个网站、开个微博，穿上一件互联网的外衣，并没有真正树立"用户中心，开放分享"的传播理念，缺乏市场意识、用户意识和服务意识。但随着改革的深入，传统媒体逐步意识到新媒体"开疆拓土"的法宝，不仅是拓宽信息源、扩大传播渠道，更重要的是收集用户阅读习惯、生活方式的数据，再利用数据分析用户需求，改进用户体验。这样才能做到在了解用户基本信息的基础上，精确信息传播，将更好的产品迅速传递给用户，与用户共鸣，共创价值、价值共享。从"以受众为中心"到"以用户为中心"的转变首先就需要改变思维方式，正确认识"传受"关系。以前你端什么菜，他吃什么菜；现在是他点菜，你做菜；甚至，你还要猜出他想吃什么菜、爱吃什么菜，做好给他端上来。新闻的分众化和精确推送，不就是这样吗？"存人失地，人地皆得；存地失人，人地皆失"。争夺用户，是媒体融合发展的关键。② 其次，"以用户为中心"还需要合理利用用户数据，做好数据保护，注重用户隐私权，同时也要保护无障碍人群的信息传播权力。

---

①　吴昌红. 建设党报"四全"媒体，推动媒体融合向纵深发展[J]. 传媒观察，2019(10)：89-95.

②　马利. 不变革，媒体就真老了![N]. 组织人事报，2014-09-25(9).

　　"以用户为中心"的理念其实也是报业集团"以人为本"的企业文化的延伸，主要体现在以下两个方面。

　　1. 从人文关怀的视角看"以用户为中心"

　　报业集团作为传媒企业应具有公共职能。人文关怀是报业集团媒介使命的一大特色，这区别于其他产业。报业集团人文关怀的核心内容就是对人类的生存状况的关注，对人的尊严和符合人性的生活条件的肯定以及对人类解放与自由的追求，并"把'人'作为传播的终极服务目标"。① 报业集团"人本文化"中的"人"包括两层含义：媒介产品用户和媒介组织内部人员。对报业集团组织内部人员的员工的人文关怀已有前述。此处的"人"即指"媒介产品用户"，简称"用户"。激烈的市场竞争使"以用户为中心"的人本文化理念成为各个报业集团实际运作中的共识，实施人文关怀是报业集团提升文化品质和塑造品牌形象的关键。因此，报业集团的文化整合必须以人文关怀为导向，把对公众的人文关怀精神自觉地贯彻于报业经营管理的各个环节中，才能赢得用户的尊重，并在市场上长久立足。

　　"以用户为中心"的理念不仅在于满足用户对产品的需求，还要满足用户获得更优质服务的需求。在我国，在供不应求的媒介产品面前，受众被置于生产经营流程的终端，对企业的影响力微乎其微。而随着媒介产品消费市场的逐渐成熟，卖方市场不复存在，报业集团的媒介产品生产观念应从企业本位转到用户本位，以用户为中心，把用户的需求纳入报业集团BPR。同时，报业集团还应认识到用户的需求不仅仅是产品，他们更希望获得更好的服务，这就需要报业集团建立服务意识，为用户服务，为用户提供满意的服务，这是报业集团BPR的出发点和归宿。因此，用户的参与和接受是报业集团BPR取得成功的关键因素之一。

　　目前，国内很多报业集团已经制定了相关的政策规划，确立"以用户为中心"的经营理念。宁波日报报业集团在其《报业集团发展规划（2007—

---

　　① 田中阳. 蜕变的尴尬——对百年中国现代化与报刊话语嬗演关系的研究[M].长沙：湖南教育出版社，2006：477.

2010)》中提出了"一二三四十"的总体目标。其中，"一"就是确立"一个中心"，即以客户为中心，把传统意义上的读者转型为具有价值意义的客户，通过建立完善的客户服务体系和客户资源数据库，为客户提供优质服务。2006年8月，解放日报报业集团率先通过报纸提供 i-code 手机二维码①服务开始收集客户信息。在客户层面，手机二维码可以为客户提供报刊内容延伸服务，实现客户互动及网上购物等。在报业集团层面，则可以通过二维码获取客户个人信息、兴趣爱好和信息选择标准，从而建立客户数据库，有针对性、个性地为客户提供定制信息。宁波日报报业集团和解放日报报业集团相应发展理念和举措中的"客户"就可以看做是"用户"，而不是"受众"。"以用户为中心"经营理念的建立是报业集团产业链向用户端延伸的直接体现。

2. 从用户价值取向的视角看"以用户为中心"

基于数字技术的新媒介的迅速发展，对传统媒介市场构成了极大威胁，也导致了传媒环境的大变革。姚林认为，究其原因，基本有两个，其一是个性化，其二是碎片化。② 个性化和碎片化意味着媒介传播是对等传播，成为大众传播的重要补充。这两大原因导致媒介环境的变革，需要新的媒介的出现以及新的传播方式来满足个性化的需求。喻国明提出了"U化战略"的概念。③ 他还认为"内容产品还要不断形成延伸产品和形式产品。首先是基于数字化技术变革的现实，应着力于同一内容的多介质产品打造。其次是基于人们'碎片化'的媒介消费使用习惯改变的现实，打造多平

---

① 手机二维码是二维码的一种，可以印刷在报纸、杂志、广告、图书上，用户通过手机扫描二维码或输入二维码下面的号码即可实现快速手机上网，随时下载与二维码相对应的图文、音乐、视频，以及获取优惠券、参与互动等。

② 姚林. 传媒变革与媒体经营——技术手段·传播方式·媒体创新[J]. 中国报业，2006(8)：51-57.

③ 喻国明. 关于当前中国传媒产业发展的战略思考[J]. 山西大学学报(哲学社会科学版)，2007(1)：125-127.

台组合产品"。① 波特认为各种战略使企业获得竞争优势的三个基点是：成本领先(cost leadership)、差异化(differentiation)和专一经营(focus)。波特将这些基点称为一般性战略(generic strategies)。成本领先战略强调以很低的单位成本价格为敏感用户生成标准化的产品。差异化战略旨在为价格不敏感用户提供某产业中独特的产品与服务。威卡姆集团所拥有的音乐电视频道(MTV)就是产品差异化生产的典型。MTV拥有1.5亿个收视家庭，他们使用新的信息技术可以廉价地向全世界不同宗教信仰的地区提供节目。专一经营战略指专门提供满足小用户群体需求的产品和服务。② 可见，一般性战略已经将产品用户进行了很好的细分。在数字媒介技术支撑下，"以用户为中心"的理念突出体现为满足用户价值取向的需要。

另外，用户多元的价值取向和报业集团差异化信息服务相得益彰，彰显了"以用户为中心"的理念。社会、政治、经济、文化等环境的转型带来人们价值观的变化，多元的价值取向将社会成员分割成为不同类型的社会团体。不同的用户群体对于新闻、信息具有不同的需求，也有不同的解读方式和价值判断标准。面对同一新闻，各种不同的媒体从不同的角度，用不同的声音，不同的解读方式，能满足不同层次的公众知情的需要。在美国至少有2.7%的读者因为不同意报纸的观点而放弃一种报纸。③ 因此，提供差异化的新闻、信息服务，满足不同用户群体的精神需求是报业产品在内容方面创新的目标。为提供更好的差异化信息服务和市场定位，科学的市场调研是前提。在这方面，《精品购物指南》通过不定期地委托市场调查

---

① 喻国明. 2007年的传媒：向形式产品和延伸产品转型[J]. 新闻战线，2007(1)：14-16.

② Porter M. Competitive Advantage：Creating and Sustaining Superior Performance[M]. New York：Free Press，1985；Porter M. Competitive Advantage of Nations[M]. New York：Free Press，1989；Porter M. Competitive Strategy：Techniques for Analyzing Industries and Companies[M]. New York：Free Press，1980；Porter M. Strategy and the internet[J]. Harvard Business Review，2001(3)：63-78.

③ Lacy S，Siumon T F. The Economics and Regulation of United States Newspapers[M]. Albex Publishing Corporation，1993.

机构为报纸做大量的读者调查，从而准确把握读者的需求变化。此外，像解放日报报业集团的"4i"战略也无不体现着这种理念。可见，用户的多元价值取向和报业集团的差异化服务是相辅相成的，充分体现了"以用户为中心"的理念。

(二)培养全媒体用户，提高用户媒介素养

从用户意识演进来看，随着传媒种类多样化、信息来源多元化、信息需求个性化的发展，用户对传媒的态度正在从简单被动接受到积极主动介入的转型，选择或者不选择某一媒体，浅层接触或者深度介入某一媒体，用户的自主权更大了。

用户角色的转变是和报业集团从产品导向转向用户导向同步完成的。报业集团的用户不再是传统报业的读者，而是适应报业集团的全媒体用户。报业集团的用户角色已经由单一线性变为多重交叉性，由原来的信息被动接受者、新闻产品的享受者，变为"编外记者"，为报业集团的新闻热线、QQ群、MSN、博客提供报料，甚至直接参与新闻产品生产。报业集团新闻产品的生产也由单一的传者制作转向传者和用户合作生产，甚至由用户独立生产。

媒介融合背景下报业集团 BPR 所带来的不仅是各类型专业媒介新闻传播业务的融合，也带来了用户借助网络媒介参与新闻传播的一种"共享式""参与式"的新闻实践活动。当媒介组织之外的个人能够成为新闻传播者的时候，新闻媒体不仅将更加"分众化"，而且将越来越多地扮演"公共交流平台"的角色。①

经济学中的公众参与式生产指个人自发组织起来生产共享的产品或服务，包括开放源代码、文件分享，以及网络销售中的买家评论等行为，也可称为同侪生产。这种生产性行为，既没有企业、政府等机构来组织，也

---

① 蔡雯. 媒介融合前景下的新闻传播变革——试论"融合新闻"及其挑战[J]. 国际新闻界, 2006(5): 31-35.

没有逐利的市场诱因，但却创造了可观的商业价值，也就是业余市民参与专业生产，创造价值。① 在新闻传播领域也有同侪生产的形式，如"参与式新闻"。"参与式新闻"这一概念源起于美国，英文名为 Participatory Journalism。"Participatory"的含义是"提供参与的机会、供人分享的"。那么，"参与式新闻"即指普通公众可以借助现代数码和网络技术主动地加入到传播活动中，又被称为"公民新闻""草根报道"。丹·吉尔默（Dan Gillmor）把参与式新闻定义为："一个或一群公民，搜集、报道、分析、散播新闻和信息的积极行动，目的在提供民主所需的独立的、可信的、准确的、广泛的、切合需求的信息。"②随着非专业人士的逐步加入，参与新闻生产的公民将成为"公民记者"，新闻生产者的角色也变得模糊。未来新闻业肯定是专业主义与志愿主义的融合，并且专业记者与公民记者形成一种共生共存关系。③

报业集团和受众（用户）之间的关系在社交媒体已经全覆盖的情况下还体现在社交化方面。美联社设立了专门的社交媒体团队，积极利用社交媒体平台尝试用新的方式，更有创造性地发布新闻内容。《纽约时报》成立了受众拓展团队，主要负责使用社交媒体、搜索引擎等工具推广业务，以及探索如何使报道更加有效地抵达受众。2017 年，美国全国广播电视公司（NBC）和美国有线电视新闻网（CNN）相继在社交网站 Snapchat 上推出了新闻节目，并获得了收视的成功。而美国福克斯电视台（FOX）则与 Facebook 开展合作，提高用户参与度和调查用户满意度。④ 随着人工智能大数据技术和算法的普遍应用，精准化也将成为传媒组织和用户之间进行信息传送的另一大特征。

---

① 王侠 . "未来新闻学"的理念及争论[J]. 新闻记者，2012（10）：19-22.

② 牛光夏 . 参与式新闻浅析[J]. 青年记者，2006（22）：68-69.

③ 窦锋昌 . 报纸开放式新闻生产研究——以《广州日报》为例[D]. 武汉：武汉大学，2013.

④ 胡怀福，周劲 . 王者融归：媒体深度融合 56 个实战案例[M]. 北京：人民日报出版社，2019：6-7.

报业集团 BPR 需要用户成为全媒体用户，能直接参与报业集团内容生产、产品生产，成为报业集团 BPR 中延伸产业链的重要一环。这对用户也提出了更高的要求，对于用户而言，如何提高用户自身媒介素养是关键。在美国，面对日报销量的持续下降，各大报业普遍实行了 NIE 工程（Newspaper In Education），即报纸参与教育工程。该工程的基本做法是报纸通过与学校教育的有机结合或创办辅助性刊物和印发相关资料，扩大报纸在学校的发行量，培育青少年阅读报纸的习惯。《纽约时报》专门成立了"下一代部"（Next Generation Department）和"学校部"（School and College Department）负责 NIE。《华尔街日报》也设有专门机构精心编辑出版每月一期的"课堂版"（Classroom Edition）。据美国报纸协会 2001 年统计，2000 年美国有 950 家日报定期开展 NIE 工程。① NIE 工程对于我们的启发是不能忽视用户对于传媒发展的价值，而且要采取准确有效的方式提高用户的媒介素养。

媒介素养是一种能力，是人们面对媒介各种信息时的选择能力、理解能力、质疑能力、评估能力、创造能力和制作能力，以及思辨的反应能力。② 媒介素养是传统文化素养的延伸，它包括公民对各种信息的解读能力，除了基本的听、说、读、写能力之外，还应具有批判性地接收和解码各类媒体信息的能力，以及利用计算机、数码相机、数码摄像机等设备，利用互联网技术、通信技术等信息技术来制作及传播信息的能力。媒介素养已经成为现代社会公民必备的生存能力和生活技能。瑞妮·霍布斯（Renee Hobbs）认为，媒介素养教育可以在以下方面提升公民的素质：提高公民接触、分析和传播信息的能力，培养公民的领导能力、自由负责地表达个人意见的能力、面对冲突的协调能力和解决问题的能力，促进公民对

---

① 辜晓进. 走进美国大报［M］. 广州：南方日报出版社，2002：21-26.
② 张玲. 媒介素养教育——一个亟待研究与发展的领域［J］. 现代传播，2004（4）：101-102.

主动获取不同来源信息的兴趣和对不同意见的容忍能力。① 因此，媒介素养无论在认知还是实践形态上，都必然成为现代社会公民素养和公民教育的一部分。这种能力主要包括：还原"真实"的能力，能对新闻信息"辨伪求真"；具备一定的媒介技术应用能力；具有媒介批判意识，能形成独特见解；对负面新闻信息的免疫力；自我实现。

全媒体用户所具备的媒介素养是媒介融合背景下报业集团 BPR 的一种需要，同时也不断推进报业集团 BPR 进程。流程产业链中不断提高全媒体用户的媒介素养已经成为报业集团 BPR 取得成功的重要因素。

三、流程标准化是产业协同的思想基础

信息技术与信息技术标准化并行的另外一层涵义表现为从"技术标准化"到"流程标准化"，为报业集团产业链的延伸创造了可能。流程标准化是不断创新的企业管理思想。流程标准化在报业集团内部可以方便员工就业务运营方式进行沟通，使流程不同环节的衔接更为顺畅，并使绩效比较成为可能。在报业集团之间，报业集团与其他企业或企业集团之间，标准化流程让业务往来更为便捷。

达文波特和谢特认为，"IT 不仅仅是根本性的改变企业运作方式的一种自动化或机械化力量，IT 和再造是一种循环关系，这就是新的工业工程观点，它代表了一种新的跨组织的协作观"。② 信息技术应用及信息技术的标准化为企业间建立协作关系创造了条件。达文波特认为，"一个全新的世界即将到来，它将使公司的形态和结构发生剧变。不久，公司就可以根据一套明确的流程标准，轻松地判断某项业务能力是否可以通过外包得到提高"。达文波特提及的将某业务能力外包即业务流程外包（Business Process Outsourcing，BPO），它是指企业将其非核心的业务外包出去，利用

---

① Hobbs R. Media literacy skills：Interpreting tragedy[J]. Social Education，2001，65(7)：406-411.

② Davenport T H，Short J E，The new industrial engineering：Information technology and business process design[J]. Sloan Management Review，1990，31(4)：11-27.

外部最优秀的专业化团队来承接其业务，从而使其专注于核心业务，达到降低成本、提高效率，增强企业核心竞争力和提高对环境应变能力的一种管理模式。① 据《华尔街日报》统计，全球 BPO 市场于 2003 年扩大了 10.5%，达到 1220 亿美元，预计到 2007 年将超过 1730 亿美元。② 根据国际数据集团（IDC）分析，2018 年 BPO 市场预计将增长到 10825 亿美元，混合年增长率为 11%。BPO 可以使企业集中经营其主业，降低支出，使企业提供更好的服务。因此，BPO 正在成为企业对外合作的一种趋势。

达文波特认为，"要有效地实施流程外包，组织需要下列三种流程标准：流程活动与运作标准、流程绩效标准及流程管理标准"。③ 流程活动与运作标准是构建合作联盟过程中便于及时沟通的标准。流程绩效标准是指评估外包商流程绩效的标准。合作联盟成员在清晰认同流程的组成和运作方式的基础上，借用流程绩效标准对所参与的流程进行评估，并与外包商的绩效进行比较。流程管理标准用于判断流程管理和流程评估的效果，并判断流程是否得到了持续改善。达文波特流程标准化理论从流程愿景、流程评估及流程管理三个方面对流程标准化之于流程外包的重要性进行了描述。

基于报业产业链的流程标准化的确立，对于报业全媒体产业价值链的形成很有意义。在报业产业链中，标准化在提供技术互换性、遵守相应准则和提高合作联盟成员信任度方面起着重要的作用，为 BPO 有效实施提供了可能。对于报业产业链上游的报业集团而言，在 BPO 业务执行框架的各个环节，都要求有清晰、明确的目标和任务，形成标准对于报业集团提高效率和收益的作用是显而易见的。而对于报业产业链下游的合作联盟成员

① 李平. 浅析业务流程外包的标准化[J]. 标准科学, 2009(9)：31-34.

② Peter Loftus. Outsourcing gets expanded uses by businesses [J]. Wall Street Journal, 2003(9).

③ Thomas H. Davenport, Coming Commoditization of Processes [J/OL]. Harvard Business Review, Jun 01, 2005, http://harvardbusiness.org/product/coming-commoditization-of-processes/an/R0506F-PDF-ENG.

而言，流程标准化的确立对于其快速融入整个报业产业链条，自由选择执行方式都非常有必要。

流程标准化之于 BPO 的作用表现在三个方面：①流程标准化使报业集团 BPO 形成规模经济和技术经济成为可能。标准化的实施可有效减少流程错误进而改进经营业绩并减少成本，促进沟通，从而获取利益。报业集团为了能够形成规模经济，需要同合作联盟中的不同成员绑定业务流程，所以标准化被认为是 BPO 成功的一个先决条件。②流程标准化通过合同治理的调节影响 BPO 成功。现代企业理论中，由于环境的不确定性和复杂性，合同双方无法指定或预测各种突发事件，导致存在很多不完善或不完整的合同，即导致合作不成功。流程标准化对合同的完整性有积极的影响，标准和透明的流程意味着更高程度的完整性。因为有共同的理解，比较容易达成一致意见并能够更好地实现。流程标准化使得流程具有更好的可测性，包括测量输出标准以及根据流程的需要适当建立控制点，而可测性有利于形成合同的完整性。③流程标准化通过关系治理的调节影响 BPO 成功。流程的进行会影响合作联盟中合作双方的伙伴关系，而侧重业务方面的 BPO 客户关系将成为成功的关键因素。按照流程活动和运作标准，合作联盟成员间沟通非常方便，有助于流程实施和改进。

流程标准化对于报业集团构建全媒体产业价值链，构建相互理解的合作联盟都至关重要。流程标准化必须制定合作联盟认可的技术标准和规范，必须根据信息技术的发展及时修订相关技术标准。流程标准化并不意味着流程的僵化和一成不变。很多企业之所以成功，不在于其学会了标准化的工具，而在于其配套的管理理念——以人为本、持续改进。以人为本解决的是人的激励问题，持续改进则涉及必须应对市场的不断变化。[1]

经营管理的全面流程化、规范化是现代企业，尤其是大中型企业的必然选择。流程标准化是经济运行发展的一个新阶段，也是现代企业管理制

---

① 叶恒．流程标准化仍需要以人为本［M/OL］．［2010-02-07］．http：//blog.ceconlinebbs.com/BLOG_ARTICLE_9709. HTM.

度的发展趋势和客观要求。

从技术创新到技术标准化，再到流程标准化，事实上就是技术融合促进产业融合的过程。技术创新具有外部性，技术创新在不同产业间的扩散和应用引发了溢出效应，进而促使技术融合现象产生。组建战略联盟进行合作创新，有利于企业打破产业间的技术性进入壁垒，以较低成本进入新产业，使不同产业之间的边界变得模糊。战略联盟的发展推动了技术融合的产生，进一步促进了产业融合的发生和发展。

四、向外延伸：构建产业协作共同体，完整流程产业价值链

建立起以利益共享为目标的产业协作共同体，报业集团能够在分析自身主要业务流程的基础上，将部分流程转移出去，降低运营成本，提高产能效率。同时，也能充分挖掘自身优势，承接特色业务，通过与内容包装商、渠道提供商、平台提供商等的合作，共同完成内容的生产、传播、销售，提高市场竞争能力，占领更广阔的消费市场。

（一）产业协作共同体概述

产业协作共同体始于媒介组织之间的合作，一个较早的概念是动态媒介组织联盟。动态媒介组织联盟的概念引申自企业动态联盟。企业动态联盟（Dynamic Alliance of Enterprises），是指由两个或两个以上有着共同战略利益和可实现资源互补的企业为了实现一定的战略目标，通过各种协议、契约，在一定时期内形成的一种合作性的竞争组织。这种组织，合作各方仍然保持其生产经营的独立性，但通过合作形成了一种共赢的竞争关系，使成员企业之间存在的资源相互依赖性和经济活动的互补性得到新的组合和延伸，达到资源整合、降低交易成本、强化各方市场竞争优势、获取潜在利润的目的，是企业组织关系中最重要的制度创新。理查德·鲁梅特（Richard Rumelt）在其所提出的四条战略评价标准中指出，企业"经营战略必须能够在特定的业务领域使企业创造和保持竞争优势。竞争优势通常来自如下三个方面的优越性：资源、技能、位置。对资源的合理配置可以提

高整体效能"。① 企业动态联盟事实上就是企业组织间合作的问题，其他类似的称谓还有"战略联盟""战略合作""知识联盟""网络联盟""企业联盟""虚拟企业""虚拟组织"等。它们具有以下几个共有特征：

（1）分布性。组织联盟各成员在地理上是较为分散的，它们之间的协作沟通需要快速畅通的信息传递为基础。

（2）临时性。组织联盟企业是面向某一机遇产品、项目的一种企业组织形式，具有明确的生命周期，以合同作为严格界限。

（3）松散性。组织联盟的"联盟"模式代表了一种通过紧密合作去响应变化的新型生产组织模式，要求各个结盟企业能用一种更加主动、更加默契的方式进行合作。但联盟内各成员并不属于同一法人企业。

（4）动态性。动态性是指联盟企业能够把握市场机遇，应对环境的不确定性。

组织联盟是基于盟主企业核心能力的一种外部优化整合，即盟主企业将投资和管理的注意力集中于自身核心能力上，而一些非核心能力或自己短时间内尚不具备的能力则依靠外部盟员企业来提供。

组织联盟的特点决定了其运转是要有信息技术支撑的。它的分布性、临时性和松散性特点，需要盟员企业间有进行信息共享、沟通协调的信息平台，这是实现"联盟"模式的基础条件。而企业动态联盟的动态性，则需要它有快速决策的能力，在分析各种不同类型数据信息知识的基础上，支持盟主企业的快速决策，抓住市场机遇，实现组织目标，这是组织联盟的核心功能。

因此，动态媒介组织联盟是指以传媒企业为盟主，即以传媒企业为核心，向外进行资源、资金的优化组合，邀请至少一个以上其他企业加入联盟，围绕共同的战略目标，通过协议、契约的约束机制，在一定时期内形成倾向于合作的组织，是一种"外包战略联盟"。② 在该联盟中，始终要以

① Richard Rumelt. The Evaluation of Business Strategy［M］//Glueck W F. Business Policy and Strategic Management，New York：Mc Graw Hill，1980：359-367.

② 于刃刚，等．产业融合论［M］．北京：人民出版社，2006：50.

传媒企业作为核心，将核心企业中非核心能力或优势领域的生产、经营交由联盟中的其他企业来完成。联盟中的其他企业可以是传媒企业，也可以是传媒企业流程产业链中可以作为替代的企业，如服务提供商等。

（二）产业协作共同体构建的外部环境

数字技术带来的媒介融合促使报业集团拓展新媒体业务成为必然。在新旧混合竞争时代，任何媒体都可以利用数字新技术、新平台产生新的传播方式和运营模式。延伸媒介产业价值链，构建产业协作共同体也是媒介融合背景下报业集团所选择的一种新的运营形态。

现代社会分工越来越细，试图囊括整个传媒产业链的做法是不符合现代社会大规模生产规律的要求的。

首先，报业集团不可能将产业链上下游所有产业节点全部囊括。就当前中国的整体市场环境而言，报业集团即使使出浑身解数，有些重要渠道依然是无法获得的，如手机报的渠道运营节点。这种现状其实是不符合市场规律的，其原因主要有法律制度不健全、行业垄断等。如 2006 年 1 月初，解放日报报业集团发出的《发起全国报业内容联盟的倡议书》，就是针对诸多报业集团对门户网站低廉使用报业集团内容信息而提出的。门户网站在产业链中的强势地位是由于现存不够完善的版权制度所引起的。而前面所提及的手机报运营节点的问题，目前，这些渠道节点完全被移动、联通等传媒行业外的企业所掌握。但随着法律法规的进一步健全，行业垄断的消解，全产业链上的节点都将是开放的。

其次，即使报业集团获得了从内容生产到渠道运营及接收终端等产业链条上的所有节点，也会导致效率低下和传递损耗，最终严重影响报业集团竞争力。仅仅占据产业链中的某个节点，也不会陷入被动局面，关键是要占据产业链上的核心环节，且在这个节点上具有核心竞争力。达文波特认为，根据一套明确的流程标准，企业可以轻松地判断某项业务能力是否可以通过外包得到提高。三度获得"普利策奖"的美国财经作家托马斯·弗里德曼（Thomas L. Friedman）在《世界是平的》一书中提到：最好的公司是善于合作的公司，越来越多的工作需要通过合作才能完成——不管是公司内部还是公司之间的合作。因此，媒介融合背景下产业链的延伸并不是指报业集团拥有电视、广播、网站、手机报、报纸等尽可能多的媒介类型，而是不同媒介类型间及渠道间的嫁接、转化、融合。

产业协作共同体事实上是一种纵向整合开发的形式。波特指出："纵向整合是指在某一企业范围内把技术上不同的生产、分销或其他经济过程结合起来。它表示了企业决定用内部的或行政管理上的交易来代替市场交易去实现其经济目的。"①纵向整合开发是指通过报业集团产业链各环节的整合，实现产业链的优化、贯通，达到整合主客体资源最大利用，各自发挥相关环节上的企业核心竞争力。这和横向整合开发只追求报业集团的规模效应是有区别的。纵向整合不在于个体的合并，而是重组，是一种建立在契约关系上的有期限的整合，整合可以让客体产生期望中的协作效应。报业集团的纵向整合开发，可以实现报业集团整个产业链的正常运作。具体表现在两个方面：一是接通整条产业链，就是通过各环节的整合，将产业链中断续或孤立的环节串联起来，在更大范围内提高资源配置效率；二是拓展产业链，就是在分析报业集团价值链的基础上，找到其中的缺失和薄弱环节，并将其弥补，使价值链向前延伸或向后延伸，形成更加完整的产业链。彼得·德鲁克认为，没有一家企业可以做所有的事。即使有足够的钱，它也永远不会有足够的人才。它必须分清轻重缓急。最糟糕的是什么都做，但都只做一点点，这必将一事无成。达文波特、德鲁克都强调了企业内外协作的重要性。

产业协作共同体的构建借鉴了协同理论。在共同体中，加入的各家企业都是子系统，本身具有复杂的结构和运营模式。但当这些企业在报业集团的组织下协同工作，就会充分发挥各自的核心竞争力，产生"1+1>2"的增值效应。

---

① ［美］迈克尔·波特.竞争优势［M］.陈小悦，译.北京：华夏出版社，2005：12.

此外，构建类似动态媒介组织联盟的合作型企业联盟也获得了相关政策的支持。2012 年以来，原新闻出版总署就发布了《关于加快出版传媒集团改革发展的指导意见》（以下简称《指导意见》）。该《指导意见》明确指出，破除地区封锁和行业壁垒，支持出版传媒集团跨媒体、跨行业、跨所有制发展。2013 年，启动了国务院机构大部制改革，传媒的跨界发展掀起高潮。突破企业壁垒，寻求多方合作，才能获得共赢。瑞安日报社是国内最早尝试参与智慧政务建设的媒体机构。该报社通过自建技术团队开展自主技术创新，在 2011 年即推出网络问政 PC 端，并为当地智慧政务搭建技术平台，提供线上线下活动策划服务，同时提供政务服务平台运营维护服务。另外，瑞安日报社还自主研发了"四位一体全媒体网络问政平台""81890 智慧社区"等。通过一系列战略调整，瑞安日报社将自身业务从广告经营逐步拓展到城市服务和产业服务，既以优质项目反哺和壮大传统业务，又以社会资本的嵌入积极推动了瑞安的传统产业转型升级，践行着服务人民群众的目标和要求。①

（三）报业价值链重构——产业价值链的形成

1985 年，波特首次提出了价值链（value chain）概念。他将价值链描述成一个企业用来"进行设计、生产、营销、交货及维护其产品的各种活动的集合"。② 波特认为，价值链是从原材料的选取到最终产品送至消费者手中的一系列价值创造的过程。"一个企业的价值链和它所从事的单个活动的方式反映了其历史、战略、推行战略的途径以及这些活动本身的根本经济效益。"

如果从整个产业的角度来考虑企业的价值链，则企业的价值链深藏在一个更大的活动群中，这时特定企业的价值链存在于联结上游供应商、中

---

① 宋建武，陈璐颖．浙报集团媒体融合的探索之路[J]．传媒，2017(10)：11-16.
② ［美］迈克尔·波特．竞争优势[M]．陈小悦，译．北京：华夏出版社，1997：36.

游生产商和下游分销商的一个更复杂的价值链条中，波特把它称为"价值系统"。①

　　喻国明认为，价值链理论的要义在于阐释组织行为的"结构意义"和"动态意义"上的状态，而不是"点"状态。② 作为单个组织而产生的商业行为总是从属于一系列行为和一个整体系统的，它不是孤立的。他随后提出了"产业价值链"的概念。产业价值链是以某项核心价值或技术为基础，以提供能满足消费者某种需要的效用系统为目的，具有相互衔接关系的资源的优化配置和组合。其中包括三个方面：首先，产业价值链是一种相关资源的业务组合；其次，这种组合不是无序的，而是要求围绕着某项核心价值或技术来加以优化和提升；最后，对于产业价值链是否优化的判别标准应是着眼于是否最大限度地实现其资源的全部价值，即优化的标准是着眼于"结构"。它的讨论对象是"环节"而不是"点"。他认为，传媒集团的产业价值链是指以电视、报刊、电脑、电话等作为基础平台，以新闻、娱乐、运动、明星、音乐、游戏、文字等作为内容，以报刊、图书、广播、电视、网络、光盘、唱片等作为媒介，以调研、策划、制作、包装、发行、广告、相关商品开发作为工业流水线的一个巨大的商业价值链条运作体系。

　　报业价值链的重构目标是形成产业价值链，这就需要确立报业集团在整个价值链中的核心地位，充分展示其核心竞争力，并通过价值链重构优化配置整个价值链中的资源，使资源价值产生最大化的效益。报业价值链重构的形式可以采用动态媒介组织联盟，将报业集团价值链中的部分环节放到整个动态媒介组织联盟中，这样才能充分发挥价值链效益最大化，而且可以使加入联盟的企业组织发挥自身在"环节"上的优势，构筑完整的报业产业价值链。

---

　　① ［美］迈克尔·波特. 竞争论［M］. 高登第，李明轩，译. 北京：中信出版社，2003：71-73.

　　② 喻国明，张小争. 传媒竞争力——产业价值链案例与模式［M］. 北京：华夏出版社，2005：15-18.

报业集团价值链的重构是一种延伸价值链，是基于价值链基础的报业集团向外拓展而形成的价值链条。林忠礼提出报业集团价值链重构的两种方式：专业化延伸式和多元化拓展式。[①] 默多克的新闻集团在多元化经营中通过资本塑造品牌，将新闻集团的非主营业务和非核心资产进行精简，将更多的资本投放到主营的核心品牌上来，通过资金优势优化其核心业务的经营质量，从而巩固并扩大其原有品牌的影响力。同时，非主营业务与核心业务形成互动，相互拉动品牌价值的提升，发挥其连带优势。[②] 新闻集团通过资本塑造品牌、合理配置资金资源的做法虽然不是以构建产业价值链作为目标，但其将非核心业务和非核心支撑精简、剥离的做法，也为产业价值链的构建提供了思路。

报业价值链的重构是将报业集团之外的存在互补优势的媒介组织、非媒介组织以战略联盟的形式构筑并拉长产业链条。环境的变迁引致了报业集团价值链的重构，而价值链的重构要求对报业的竞争战略进行重新设计。当然，竞争战略的重新设计也会影响到价值链的重构。现代报业的竞争本质上就是价值链的竞争。因此，报业集团战略管理的目标，就是在用户、供应商、合作伙伴等市场主体之间寻求价值链协同，从而拓展并优化自身的价值链。

人民日报"中央厨房"利用资源优势，有效合理地利用广泛分布于全国的传播机构对象，如各级主流媒体、商业媒体、政府部门及国外部分媒体与机构，成为推进行业融合、托举媒体变革、营造全面融合生态的重要推手。在人民日报"中央厨房"的"媒体超市"中，国内外合作媒体及机构可以自取新闻产品，作为成品直接刊发或作为半成品深度加工。通过"融合云"，兄弟媒体及合作机构可以共同调度"中央厨房"的内容与技术资源。这106家传播机构对象包括国内各级主流媒体，诸如光明日报社、上海报业集团、湖南日报集团、广州日报集团等；新浪、凤凰、网易、搜狐、今

---

① 林忠礼. 价值链重构与报业集团管理[J]. 青年记者，2007(20)：11-12.

② 周鸿铎. 世界五大媒介集团经营之道[M]. 北京：经济管理出版社，2005：261.

日头条、猎豹和爱奇艺等商业网站、移动端、社交平台，还包括中华全国归国华侨联合会、江苏省委宣传部、北京市海淀区委宣传部等各级政府部门。人民日报"中央厨房"通过多种形式的合作，形成了全方位、立体化的传播形态。

人民日报"中央厨房"的"媒体超市"的构建采用了"众筹"形式。"众筹"的概念最早由杰夫·豪（Jeff Howe）在《众包的崛起》一文中提出。①2006年8月，迈克尔·萨利文（Michael Sullivan）第一次使用了众筹（Crowdfunding）一词。同年9月，萨利文在维基百科中定义了"众筹新闻"，即群体性的合作，人们通过互联网汇集资金，以支持由他人或组织发起的项目。在互联网的蓝海时代，"众筹""众包"式产品生产模式将内容生产、运营管理与用户连接起来，对"中央厨房"的聚合式生产具有重要意义，有效提高了生产效率，提升了生产力。"媒体超市"体系，为"中央厨房"用户的业务运营、盈利模式的创新提供了无限空间。该部分的技术工具开发就根据不同技术要求外包给专业技术公司制作，如数据处理。由于"中央厨房"数据中心的数据需求量巨大，因此数据来源很丰富，人民日报用一种开放的姿态，接入各种数据。如数据处理等生产环节就从核心体系中外包给贵阳大数据交易所、清博大数据公司以及拓尔思等信息科技公司等。

团队的外包可以增强人才实力，提供智力支撑。人民日报"中央厨房"的外包团队遍布全国，如湖南常德、青海西宁等地。在实际操作中，人民日报只派专人进行质量把控，对团队进行严格筛选，使这些团队根据任务需要随时为报社所用。人民日报通过这种付费的"智库"服务，补足了自身在动漫设计、H5设计、视频领域等方面人才不足的问题。

报业集团价值链重构之于集团竞争力的价值主要体现在以下几个方面：②

---

① Jeff Howe. Crowdsourcing: Why the Power of the Crowd Is Driving the Future of Business[M]. Journal of Colloid & Interface Science, 2008: 201.

② 林忠礼. 基于价值链重构的报业集团竞争战略研究[D]. 济南：山东大学，2007.

第一，强化价值链各个战略环节的管理，整合其业务能力，控制营运成本，通过共享某些价值活动以及保持各环节灵活有效的运转，实现报业集团成本领先。

第二，全面采集、分析采购、生产、经营、广告、发行等各环节的所有信息，优化工程流程，加强集团各业务单元的协同和管理，实现科学决策，提升工作效率。

第三，根据不同的市场、不同的读者群、不同的广告需求，确定集团系列产品的定位，优化报刊结构，实行差异化的竞争，以减少因集团产品定位趋同而产生的竞争损耗。

第四，对报业集团各个"联结点"进行仔细梳理，优化核心环节，确定是否"外包"，或者采取合作战略，保证价值链条的高效运转。

打造一条完整的传媒产业价值链，是传媒集团发展到一定规模和实力以后的必然选择，完善的传媒产业价值链已经成为国际传媒集团发展的内在动力。报业集团产业价值链不仅表现在集团内部，还表现为动态媒介组织联盟的构建。报业产业价值链的构建整合了报业集团各项内外业务，形成一个资源共享、优势互补、互相支撑、共同发展的产业链条。

整合上游行业，提升传媒业在价值链中的地位，可以通过布局"传媒+"来实现。从产业链来说，传媒业长期位于价值链的下游，在媒体融合时代，向上游整合其他产业，实现"传媒+"战略，有可能改变传媒业在产业链中的地位。一般情况下，多数面向市场的行业都有传播的需求，但缺乏传播资源。而报业集团却具有得天独厚的政经资源优势、人才优势、技术优势。报业集团完全可以借助自身资源优势布局"传媒+"，如传媒+医疗、传媒+娱乐、传媒+体育、传媒+财经等。"传媒+其他行业"的做法可以由参与各方共同出资、出智、出力，既能让党报掌握第一手信息资源，又多了共享企业成长红利的新机遇。[①] 如本溪新时代传媒(集团)的"传媒+

---

① 吴昌红.建设党报"四全"媒体，推动媒体融合向纵深发展[J].传媒观察，2019(10).

娱乐""传媒+公交""传媒+培训"多重模式，取得了不错的效果。本溪新时代传媒(集团)有限公司与电影企业合作，成立了"新时代 MZX 影城"，拓宽了经营渠道，实现媒企联姻共闯市场，取得一定成效；与公交公司合作，将全市公交站亭、站牌的广告宣传经营权纳入旗下，实现合作共赢；与培训机构合作，将成人及青少年培训学习纳入其中，举办主持人、外语等培训班。①

　　报业集团向用户延伸、流程标准化构建以及向外延伸都需要根据自身情况进行确定，因地制宜是基本考量的标准。

---

① 　顾成清．地方媒体跨界融合如何找准切入点——本溪日报社和广播电视台融合实践解析［J］．中国报业，2019，472(15)：72-73.

参 考 文 献

一、著作部分

1. ［澳］约翰·哈特利. 创意产业读本［M］. 曹书乐，等，译. 北京：清华大学出版社，2007.

2. ［丹］克劳斯·布鲁恩·延森. 媒介融合：网络传播、大众传播和人际传播的三重维度［M］. 吴信训，何道宽，编. 刘君，译. 上海：复旦大学出版社，2012.

3. ［德］赫尔曼·哈肯. 协同学：大自然构成的奥秘［M］. 凌复华，译. 上海：上海译文出版社，2001.

4. ［加］马歇尔·麦克卢汉. 理解媒介——论人的延伸［M］. 周宪，主编. 北京：商务印书馆，2000.

5. ［加］弗兰克·凯尔奇. 信息媒体革命：它如何改变着我们的世界［M］. 沈泽华，译. 上海：上海译文出版社，1998.

6. ［英］吉莉安·道尔. 理解传媒经济学［M］. 李颖，译. 北京：清华大学出版社，2004.

7. ［英］尼克·史蒂文森. 认识媒介文化——社会理论与大众传播［M］. 周宪，等，译. 北京：商务印书馆，2001.

8. ［美］保罗·莱文森. 数字麦克卢汉：信息化新纪元指南［M］. 何道宽，译. 北京：社会科学文献出版社，2001.

9. ［美］彼得·圣吉. 第五项修炼——学习型组织的艺术与实践［M］. 张成林，译. 北京：中信出版社，2009.

10. ［美］大卫·阿什德. 传播生态学——控制的文化范式［M］. 邵志择，译. 北京：华夏出版社，2003.

11. ［美］戴维·希尔曼. 数字媒体：技术与应用［M］. 熊澄宇，等，译. 北京：清华大学出版社，2002.

12. ［美］罗伯特·G. 皮卡德，杰弗里·H. 布罗迪. 美国报纸产业［M］. 周黎明，译. 北京：中国人民大学出版社，2004.

13. ［美］罗杰·菲德勒. 媒介形态变化：认识新媒介［M］. 明安香，译. 北京：华夏出版社，2000.

14. ［美］弗雷德·R. 戴维. 战略管理［M］. 李克宁，译. 北京：经济科学出版社，2006.

15. ［美］佩凤帕，德罗兰. 业务流程再造精要［M］. 高俊山，译. 北京：中信出版社，2003.

16. ［美］罗伯特·皮卡特. 传媒管理学导论［M］. 韩骏伟，等，译. 北京：人民邮电出版社，2006.

17. ［美］迈克尔·比尔，等. 管理人力资本：开创哈佛商学院 HRM 新课程［M］. 程化，潘洁夫，译. 北京：华夏出版社，1998.

18. ［美］迈克尔·波特. 竞争论［M］. 高登第，李明轩，译. 北京：中信出版社，2003.

19. ［美］迈克尔·哈默，詹姆斯·钱皮. 企业再造［M］. 王姗姗，等，译. 上海：上海译文出版社，2007.

20. ［美］尼葛洛庞帝. 数字化生存［M］. 胡泳，范海燕，译. 海口：海南出版社，1997.

21. ［美］切斯特·巴纳德. 组织与管理［M］. 曾琳，赵青，译. 北京：中国人民大学出版社，2009.

22. ［美］斯蒂芬·P. 罗宾斯，玛丽·库尔特. 管理学(第9版)［M］. 孙健敏，等，译. 北京：中国人民大学出版社，2008.

23. ［美］沃特金斯，马席克. 21世纪学习型组织［M］. 沈德汉，张声雄，译. 北京：世界图书出版公司，2000.

24. [美]雅各布·明塞尔. 人力资本研究[M]. 张凤林, 译. 北京: 中国经济出版社, 2001.

25. [美]约翰·帕夫利克. 新媒介技术——文化和商业前景[M]. 周勇, 等, 译. 北京: 清华大学出版社, 2005.

26. [美]约瑟夫·斯特劳巴哈, 罗伯特·拉罗斯. 今日媒介: 信息时代的传播媒介[M]. 熊澄宇, 译. 北京: 清华大学出版社, 2002.

27. 北京市新闻工作者协会, 梅宁华, 支庭荣. 中国媒体融合发展报告(2019)[M]. 北京: 社会科学文献出版社, 2019.

28. 陈佳贵. 企业再造: 再造企业的业务流程[M]. 广州: 广东经济出版社, 2000.

29. 程小萍. 媒体知识管理[M]. 北京: 光明日报出版社, 2007.

30. 董天策, 等. 中国报业的产业化运作[M]. 成都: 四川人民出版社, 2002.

31. 窦锋昌. 全媒体新闻生产: 案例与方法[M]. 上海: 复旦大学出版社, 2018.

32. 段鹏. 中国主流媒体融合创新研究[M]. 北京: 中国传媒大学出版社, 2018.

33. 范以锦. 南方报业战略: 解密中国一流报业传媒集团[M]. 广州: 南方日报出版社, 2005.

34. 方晓霞. 中国企业融资制度变迁与行为分析[M]. 北京: 北京大学出版社, 1999.

35. 傅玉辉. 大媒体产业: 从媒介融合到产业融合[M]. 北京: 中国广播电视出版社, 2008.

36. 高利明. 传播媒体和信息技术[M]. 北京: 北京大学出版社, 1998.

37. 辜晓进. 走进美国大报[M]. 广州: 南方日报出版社, 2002.

38. 何伟, 朱春阳. 媒介融合时代的传媒集团企业文化建设——以宁波日报报业集团为样本的研究[M]. 杭州: 浙江大学出版社, 2016.

39. 胡怀福, 周劲. 王者融归: 媒体深度融合56个实战案例[M]. 北京:

人民日报出版社，2019.

40. 胡正荣. 媒介市场与资本经营［M］. 北京：北京广播学院出版社，2003.

41. 胡宗良，臧维. 集团公司战略：分析、制定、实施与评价［M］. 北京：清华大学出版社，2005.

42. 姜伟东，叶宏伟. 学习型组织［M］. 南京：东南大学出版社，2003.

43. 金光熙. 管理变革［M］. 上海：上海人民出版社，2004.

44. 李朝霞. 中国公司资本结构与融资工具［M］. 北京：中国经济出版社，2003.

45. 李建国，宋建武. 报业 MBA 内容生产案例分析［M］. 杭州：浙江文艺出版社，2008.

46. 李建国，宋建武. 报业 MBA 综合管理案例分析［M］. 杭州：浙江文艺出版社，2008.

47. 陆群，张佳昺. 新媒体革命：技术、资本与人重构传媒业［M］. 北京：社会科学文献出版社，2002.

48. 陆小华. 再造传媒——传统媒体系统整合方略［M］. 北京：中信出版社，2002.

49. 罗长海. 企业文化学［M］. 北京：中国人民大学出版社，2006.

50. 罗珉. 资本运作模式、案例与分析［M］. 成都：西南财经大学出版社，2004.

51. 罗锐韧，何斌. 公司再造［M］. 北京：企业管理出版社，1996.

52. 梅绍祖，James T. C. Teng. 流程再造——理论、方法和技术［M］. 北京：清华大学出版社，2004.

53. 彭永斌. 传媒产业发展的系统理论分析［M］. 成都：西南财经大学出版社，2004.

54. 钱华基. 企业战略再造［M］. 北京：中国电力出版社，1999.

55. 钱水土. 中国风险投资的发展模式与运行机制研究［M］. 北京：社会科学出版社，2002.

56. 人民日报社. 融合体系——中国媒体融合发展年度报告（2018—2019）[M]. 北京：人民日报出版社，2020.

57. 人民日报社. 深度融合——中国媒体融合发展年度报告（2017—2018）[M]. 北京：人民日报出版社，2018.

58. 任仲文. 媒体融合发展：学习读本[M]. 北京：人民日报出版社，2019.

59. 芮明杰. 再造流程[M]. 杭州：浙江人民出版社，1997.

60. 宋培义，等. 媒体战略管理[M]. 北京：中国传媒大学出版社，2006.

61. 唐润华. 解密国际传媒集团[M]. 广州：南方日报出版社，2003.

62. 唐绪军. 报业经济与报业经营[M]. 北京：新华出版社，2003.

63. 唐绪军，黄楚新，吴信训. 新媒体蓝皮书：中国新媒体发展报告 No. 11（2020）[M]. 北京：社会科学文献出版社，2020.

64. 王菲. 媒介大融合——数字新媒体时代下的媒介融合论[M]. 广州：南方日报出版社，2007.

65. 王福生. 政策学研究[M]. 成都：四川人民出版社，1991.

66. 王军，郎劲松，邓文卿. 传媒政策与法规[M]. 北京：中国广播电视出版社，2008.

67. 王璞. 流程再造[M]. 北京：中信出版社，2005.

68. 汪大海，唐德龙，王生卫. 变革管理[M]. 北京：中国人民大学出版社，2004.

69. 薛中军. 中美新闻传媒比较：生态·产业·实务[M]. 上海：复旦大学出版社，2005.

70. 杨步国，张金海，张勤耘，等. 整合——集团化背景下的报业广告经营[M]. 武汉：武汉大学出版社，2005.

71. 杨文士，张雁. 管理学原理[M]. 北京：中国人民法学出版社，1998.

72. 尹鸿，李彬. 全球化与大众传媒：冲突·融合·互动[M]. 北京：清华大学出版社，2002.

73. 于刃刚，等. 产业融合论[M]. 北京：人民出版社，2006.

74. 于秀芝. 人力资源管理[M]. 北京：经济管理出版社，2003.

75. 余菁. 企业再造——重组企业的业务流程[M]. 广州：广东经济出版社，2000.

76. 喻国明，张小争. 传媒竞争力——产业价值链案例与模式[M]. 北京：华夏出版社，2005.

77. 喻国明. 变革传媒：解析中国传媒转型问题[M]. 北京：华夏出版社，2005.

78. 喻国明. 解析传媒变局：来自中国传媒业第一现场的报告[M]. 广州：南方日报出版社，2002.

79. 曾健，张一方. 社会协同学[M]. 北京：科学出版社，2000.

80. 张聪. 超越边界：国际一流媒体的融合实践[M]. 北京：知识产权出版社，2019.

81. 张洪兰，张晓蓉. 现代组织学[M]. 上海：复旦大学出版社，1997.

82. 张金海，梅明丽. 世界十大传媒集团产业发展报告[M]. 武汉：武汉大学出版社，2007.

83. 张明玉，张文松. 企业战略理论与实践[M]. 北京：科学出版社，2005.

84. 张晓锋，王新杰. 传媒协同发展论[M]. 北京：新华出版社，2006.

85. 张瑜烨，强月新. 媒介融合与报业体制变革[M]. 北京：人民出版社，2017.

86. 中国记协新媒体专业委员会. 中国新媒体研究报告[M]. 北京：人民日报出版社，2019.

87. 周鸿铎. 传媒产业机构模式[M]. 北京：经济管理出版社，2003.

88. 周鸿铎. 世界五大媒介集团经营之道[M]. 北京：经济管理出版社，2005.

89. 周绍鹏，等. 新世纪的国有企业改革与国有资产管理体制研究[M]. 北京：中国人民大学出版社，2006.

90. 朱春阳. 中国媒体产业20年：创新与融合[M]. 上海：复旦大学出版

社，2019.

91. 朱强. 新传媒技术概论［M］. 杭州：浙江大学出版社，2008.

二、学位论文

1. 蔡小晓. 数字时代传统报社新闻生产方式嬗变及其特点［D］. 合肥：安徽大学，2012.

2. 曹峰. 全媒体时代都市报运营模式研究［D］. 成都：电子科技大学，2013.

3. 迟程程.《齐鲁晚报》全媒体转型研究［D］. 哈尔滨：黑龙江大学，2017.

4. 代林坡. 面向智能制造的业务流程再造应用研究［D］. 长沙：湖南大学，2019.

5. 丁明锐. 中国传媒业外资准入监管研究［D］. 长沙：湖南大学，2009.

6. 窦锋昌. 报纸开放式新闻生产研究［D］. 西安：陕西师范大学，2015.

7. 冯志浩. 媒体_中央厨房_新闻生产研究［D］. 重庆：重庆工商大学，2017.

8. 顾伟东. H 公司的流程再造研究与应用［D］. 南京：南京理工大学，2007.

9. 顾潇宵. 三湘华声的全媒体"中央厨房"式新闻生产研究［D］. 长沙：湖南大学，2013.

10. 龚仪. 人民日报"中央厨房"的传播策略及运营现状研究［D］. 长沙：湖南大学，2017.

11. 黄馨. 媒体融合背景下的电视媒体组织变革［D］. 南京：南京大学，2018.

12. 胡秀情. 融媒时代两会报道创新模式研究［D］. 哈尔滨：黑龙江大学，2018.

13. 黄宗治. 广州报业全媒体转型研究［D］. 广州：暨南大学，2010.

14. 贾虹艳. 中央人民广播电台全媒体化研究［D］. 哈尔滨：黑龙江大学，2014.

15. 姜帅. 媒介融合下传统报业的发展研究[D]. 长沙：湖南师范大学，2012.

16. 姜勇. 融媒时代的报网互动模式探讨[D]. 广州：暨南大学，2010.

17. 李洁. 山东广播电视台"中央厨房"新闻生产研究[D]. 济南：山东师范大学，2019.

18. 李乐. 现代集成制造模式下流程再造影响因素研究[D]. 镇江：江苏科技大学，2014.

19. 李丽. 都市报转型中"中央厨房"生产模式的实践与研究[D]. 重庆：西南政法大学，2017.

20. 李莉. 媒介融合背景下我国广电传媒组织结构变革[D]. 武汉：武汉大学，2017.

21. 李琳. 从守门人到开门人[D]. 济南：山东大学，2012.

22. 李守礼. A报业集团全媒体转型对策研究[D]. 大连：大连理工大学，2012.

23. 李思扬. 企业流程再造的支持系统模型研究[D]. 太原：太原科技大学，2014.

24. 黎宇文. 媒介融合下报纸新闻文本变革研究[D]. 广州：暨南大学，2011.

25. 林小燕. 房地产企业业务流程再造影响因素研究[D]. 泉州：华侨大学，2012.

26. 林忠礼. 基于价值链重构的报业集团竞争战略研究[D]. 济南：山东大学，2007.

27. 刘琴. 数字化背景下报纸内容生产及其管理研究[D]. 武汉：武汉大学，2010.

28. 刘伟男. 媒介融合下潇湘晨报组织结构优化研究[D]. 长沙：湖南大学，2013.

29. 刘延军. 沈阳日报报业集团数字报业发展规划[D]. 沈阳：东北大学，2008.

30. 刘艺铉. 媒介融合与传统报业的组织变革［D］. 南昌：南昌大学，2018.

31. 卢铮. 媒介融合背景下的报业组织变革——以两家证券报为例［D］. 上海：复旦大学，2012.

32. 甘小梅. 重报集团发展数字报业策略构想［D］. 重庆：重庆大学，2013.

33. 马阳阳. 沛县日报全媒体转型发展的问题与对策研究［D］. 咸阳：西北农林科技大学，2017.

34. 南路华. 中国电视产业价值链优化策略研究［D］. 长沙：湖南大学，2014.

35. 齐溪溪. 时尚期刊数字化发展研究［D］. 南京：南京财经大学，2015.

36. 彭相如. 产业集群中的技术创新研究［D］. 南昌：江西财经大学，2004.

37. 唐勉. 报网融合中新闻报道生产流程研究［D］. 南京：南京师范大学，2014.

38. 童胜. MH 报业集团的全媒体流程再造［D］. 长沙：中南大学，2010.

39. 王风云. 美国传媒国际化经营研究［D］. 上海：上海交通大学，2013.

40. 王帅. 我国报业集团的核心竞争力研究［D］. 西安：西北大学，2006.

41. 王婷. 业务流程再造支撑体系及绩效评价研究［D］. 重庆：重庆大学，2007.

42. 王晓昱. 华商传媒集团报业板块业务流程重组研究［D］. 西安：西北大学，2013.

43. 吴溪. 全媒体时代大庆新闻传媒集团传媒战略转型研究［D］. 哈尔滨：哈尔滨工业大学，2012.

44. 杨娟. 中国媒介生产融合研究［D］. 上海：华东师范大学，2011.

45. 杨小林. 工业互联网背景下企业业务流程重组影响因素研究［D］. 上海：华东师范大学，2019.

46. 叶乐阳. 大众传媒产业研究［D］. 北京：中央民族大学，2003.

47. 尹良润. 中国报业产业转型与产业创新研究[D]. 武汉：武汉大学，2010.

48. 余玮. 基于流程运行影响因素的流程再造实施策略与方法研究[D]. 重庆：重庆大学，2003.

49. 俞超. 业务流程管理方法论研究[D]. 沈阳：东北大学，2005.

50. 俞东慧. 企业流程变革管理影响因素及其动态机制研究[D]. 上海：复旦大学，2005.

51. 吴海梅. 影响业务流程变革彻底性的 IT 因素研究[D]. 杭州：浙江大学，2006.

52. 赵小顺. 基于 BPR 的监理流程再造系统的研究与实现[D]. 西安：西安电子科技大学，2019.

53. 张凌. 新媒体时代成都商报转型战略研究[D]. 成都：电子科技大学，2017.

54. 周笛. 论中国报纸数字化发展的困境和出路[D]. 湘潭：湘潭大学，2014.

55. 周钢. 困境与裂变：省级党报集团融合发展战略研究[D]. 武汉：华中科技大学，2016.

56. 周起岐. 全媒体时代中国报业集团的组织变革研究[D]. 长沙：湖南大学，2011.

57. 朱险峰. 数字经济中的企业流程再造[D]. 上海：复旦大学，2001.

58. Wilson S. Preserving the American Community Newspaper in an Age of New Media Convergence and Competition[D].Georgia State University,2005.

59. John Alexander Miller, et, al. Promoting Computer Literacy Through Programming Python[D].The University of Michigan,2004.

三、英文资料

1. Amit R,Schoemaker P.Strategic assets and organizational rent[J].Strategic Management Journal,1993,14(33-46).

2. Attaran M. Exploring the relationship between information technology and business process reengineering[J].Information & Management,2004,41(5): 585-596.

3. Berman S. Strategic direction: Don't reengineer without it [J]. Planning Review,1994,22(6):18.

4. Brand S,Crandall R E.The media lab: Inventing the future at M.I.T.[J]. Computers in Physics,1998,2(1):239-256.

5. Buday R S.Reengineering one firm's product development and another's service delivery[J].Strategy and Leadership,1993,21(2):14-17.

6. Carr N G.IT doesn't matter[J].Harvard Business Review,2003,81(5):41-9, 128.

7. Colon A.The multimedia newsroom[J].Columbia Journalism Review,2000,39 (1):24-27.

8. Daft R L.A dual-core model of organizational innovation[J].The Academy of Management Journal,1978,21(2):193-210.

9. Daft R L.Management(3rd ed)[M].Dryden Press,1993.

10. Davenport T H.Process Innovation: Reengineering Work through Information Technology[M].Harvard Business School Press,1993.

11. Davenport T H.Will participative makeovers of business processes succeed where reengineering failed? [J].Planning Review,1995.

12. Davenport T H.The coming communization of processes[J].Harvard business review,2005,83(6):100-108,149.

13. David F R.How companies define their mission[J].Long Range Planning, 1989,22(1):90-97.

14. Erez M, Kanfer F. The role of goal acceptance in goal setting and task performance[J]. Academy of Management Review,1983,8(3): 454-463.

15. Floyd S W, Wooldridge B.Middle management involvement in strategy and its association with strategic type: A research note [J]. Strategic Management

Journal,2010,13(S1):153-167.

16. Floyd S W, Wooldridge B. Middle management's strategic influence and organizational performance[J].Journal of Management Studies,1997,34(3): 465-485.

17. Furey T R,Garlitz J L,et al.Applying information technology to reengineering [J].Planning Review,1993.

18. Grovera V, Tenga J, Segarsb A H, et al. The influence of information technology diffusion and business process change on perceived productivity: The IS executive's perspective[J].Information & Management,1998,34(3): 141-159.

19. Hambrick D C,Mason P A.Upper echelons: The organization as a reflection of its top managers[J].Academy of Management Review,1984,9(2):193- 206.

20. Hammer M. Reengineering work: Don't automate-obliterate [J]. Harvard Business Review,1990,68(4):104-113.

21. Hammer M, Champy J. Reengineering the corporation: A manifesto for business revolution[J]. Business Horizons,1993,36(5):90-91.

22. Hart S L.An integrative framework for strategy-making processes[J].Academy of Management Review,1992.

23. Housel T J,Morris C J,Westland C.Business process reengineering at Pacific Bell[J].Strategy and Leadership,1993,21(3):28-33.

24. Hussey D E, Langham M J. Corporate Planning: The Human Factor[M]. Pergamon Press,1979.

25. Janson R.How reengineering transforms organizations to satisfy customers[J]. Global Business and Organizational Excellence,1992,12(1):45-53.

26. Klimecki R,Lassleben H.Modes of organizational learning indications from an empirical study[J].Management Learning,1998,29(4):405-430.

27. Lacy S, Simon T F. The Economics and Regulation of United States

Newspapers[M].Ablex Pub,1993.

28. Lamarsh J. The people side of business reengineering: The key success element[J/OL].LsMarsh & Associates Inc,1999.

29. Malhotra Y.Business process redesign: An overview[J].IEEE Engineering Management Review,1996,26(3).

30. Miles R E,Snow C C,Meyer A D,et al.Organizational Strategy,Structure,and Process[M].McGraw-Hill,1978.

31. Nohria N,Joyce W,Roberson B. What really works[J]. Harvard Business Review,2003,81(7):42-52.

32. Olalla M F. Information technology in business process reengineering[J]. International Advances in Economic Research,2000,6(3):581-589.

33. Paper D.BPR: Creating the conditions for success[J].Long Range Planning, 1998,31(3):426-435.

34. Paper D. Identifying critical factors for successful business process reengineering (BPR): An episode at barnett bank[J]. Failure & Lessons Learned in Information Technology Management,1998,2(3):107-115.

35. Picard R G.The Economics and Financing of Media Companies[M].Fordham University Press,2002.

36. Rumelt R P.Evaluation of Strategies: Theory and Models[M]//Schendel D E,Hofer C W.Strategic Management: A New View of Business Policy and Planning,Boston:Little,Brown and Company,1979.

37. Schein E,Francisco C. Organizational Culture and Leadership[M]. Jossey-Bass Publishers,1992.

38. Schnitt D L.Reengineering the organization using information technology[J]. Journal of Systems Management,1993,44(1):14-20.

39. Shimizu Y,Sahara Y. A supporting system for evaluation and review of business process through activity-based approach[J].Computers & Chemical Engineering,2000,24(2-7):997-1003.

40. Sia S K, Neo B S. The impacts of business process reengineering on organizational controls［J］. International Journal of Project Management, 1996,14(6):341-348.

41. Sinkula J M, Baker W E, Noordewier T. A framework for market-based organizational learning: Linking values, knowledge, and behavior［J］. Journal of the Academy of Marketing Science,1997,25(4):305.

42. Teng T C, Jeong S R, Grover V. Profiling successful reengineering projects ［J］.Communications of the ACM,1998,41(6): 96-102.

43. Westley F, Mintzberg H. Visionary leadership and strategic management［J］. Strategic Management Journal,1989,10(S1):17-32.

44. White L Jr. Medieval Technology and Social Change［M］. Oxford University Press,1978.

45. Wilson S. Preserving theAmerican community newspaper in an age of new media convergence and competition［J］.2005.

46. Wu I L.A model for implementing BPR based on strategic perspectives: an empirical study［J］.Information & Management,2002,39(4):313-324.

47. Yeung A K , Ulrich D, Nason S W, et al. Organizational Learning Capability ［M］.Oxford University Press,1999.

四、其他论文

1. 邴兴兰，吴昊. 企业的知识流程再造影响因素［J］. 企业导报，2011 (3)：205-206.

2. 蔡莉，郝新宇，费宇鹏，白凯. 中国企业再造工程的研究［J］. 工业工程，1998(4)：3-5.

3. 蔡莉，王春名，郝新宇，周岩. 企业再造工程中信息技术对绩效影响机理分析［J］. 中国软科学，1999(10)：3-5.

4. 蔡莉，付灵钧，石勇进. 企业研究开发流程再造的效果评价［J］. 吉林工业大学自然科学学报，2001(1)：39-42.

5. 蔡莉，卫国红. 企业再造工程及其在中国的应用[J]. 价值工程，2001（2）：43-45.

6. 蔡雯. 媒介融合前景下的新闻传播变革[J]. 国际新闻界，2006(5).

7. 蔡雯，丁士. 将新闻传媒建设成学习型组织——培养新闻工作者的学习力是一个紧迫的任务[J]. 新闻战线，2003(10)：41-43.

8. 蔡雯，刘国良. 纸媒转型与全媒体流程再造——以烟台日报传媒集团创建全媒体数字平台为例[J]. 今传媒，2009 (5)：14-16.

9. 丁军杰. 从"狼来了"到"与狼共舞"探寻报业转型之路[J]. 中国报业，2013(10)：48-49.

10. 陈东，杨子平. 新形势下地市报业集团传播力的重构与再造[J]. 中国记者，2016(2)：88-91.

11. 陈东一. 协同生产在全媒体融合过程中的应用[J]. 电视工程，2018（1）：18-20.

12. 陈红雷. 以改革促转型谋发展——台州日报报业集团的融合探索实践[J]. 中国报业，2017(7)：28-30.

13. 陈力丹，付玉辉. 论电信业和传媒业的产业融合[J]. 现代传播，2006（3）：28-31.

14. 陈亚旭. 地市报未来走向及发展瓶颈[J]. 今传媒，2012，20(4)：53-55.

15. 程兆谦. 企业变革中的员工抵制与转化[J]. 中外管理导报，2001(4)：43-44.

16. 崔沪. 浅议企业并购中的无形资产管理[J]. 集团经济研究，2005（23）：55-56.

17. 邓宏森. 在推进融媒体大发展中突围——湛江日报社"中央厨房"建设实践[J]. 中国地市报人，2017 (3)：13-15.

18. 邓建国. "信息中心"：未来报纸的新闻编辑室？——美国甘耐特集团的"激进"报业改革[J]. 新闻记者，2007(1)：71-73.

19. 丁柏铨，胡菡菡. "入世"后我国新闻传播业生存环境考察[J]. 现代传播，2003（5）：12-17.

20. 丁洪. 全媒体唱响主旋律——银川市新闻传媒集团媒体融合实践［J］. 城市党报研究，2019，82（3）：80-83.

21. 丁洪. 全媒体时代守正创新的融合实践［J］. 新闻战线，2019（7）：23-25.

22. 傅华文. 企业文化是核心竞争力［J］. 编辑之友，2002（6）：30.

23. 傅雪梅. 人力资源是事业发展的第一推动力浅谈浙江日报报业集团的人才战略［J］. 传媒，2007（12）：38-39.

24. 高畅. 大连市报业数字化转型［J］. 全国商情（理论研究），2014（20）：38-39.

25. 高坡. 采编流程再造——融合发展语境中的报业"中央信息厨房"与"全媒体记者"［J］. 新闻传播，2015（6）：29-31，33.

26. 高晓虹，戎融. 市级融媒创新建设初探［J］. 中国广播电视学刊，2019（7）：12-14.

27. 甘勇坤. 媒体融合认识误区与路径选择［J］. 中国传媒科技，2018（6）：43-44.

28. 郭晓建. 中国传媒体制改革述评［J］. 成都大学学报（社会科学版），2005（3）：64-65.

29. 贺一祺. 当下媒体环境下英国报业的组织体系创新［J］. 传媒评论，2018（10）：61-63.

30. 黄楚新，任芳言. 报业与互联网正加速融合——2015年中国报业新媒体发展盘点［J］. 中国报业，2016（1）：25-27.

31. 黄海燕. 江西日报报业集团报纸官微发展状况检视及对策论略——基于对《江西日报》、《江南都市报》、《信息日报》新浪官微的实证分析［J］. 宜春学院学报，2014，36（5）：72-76，105.

32. 黄银龙. 我国报业数字化的困境与突围［J］. 新闻世界，2010（8）：286-287.

33. 胡沈明，冯淑闲. 社交视角下报业转型的逻辑——困境与路径探究［J］.

中国编辑，2017（10）：10-15.

34. 胡群豪，杨宝康. 数字化背景下新闻类报业的商业模式转型［J］. 经营与管理，2017（2）：13-16.

35. 江坤，谢辉云. 论现代企业无形资产管理的七个环节［J］. 当代经济，2006（18）：131-132.

36. 姜鹏. 浅谈国外报纸数字化转型之道［J］. 新闻界，2012（4）：47-51.

37. 康晓华. 报纸与广电合并之后的融合报道模式——从一次大型采访活动看银川新闻传媒集团如何深化融合［J］. 中国记者，2019（4）：114-115.

38. 孔造杰，张海娟. 企业过程再造的关键——人的因素［J］. 工业工程与管理，1999（5）：41-44.

39. 雷建军. 软化的"媒介"——整合过程中的媒介内涵演变［J］. 现代传播，2007（1）：54-56.

40. 罗春烺，王丽清. 报网融合是纸媒发展的必然选择——兼谈三峡日报传媒集团报网融合运行模式［J］. 中国地市报人，2011（12）：7-8.

41. 罗磊. 西部地区报业集团全媒体转型研究［J］. 新媒体研究，2016，2（23）：83-84.

42. 靳庆军，刘丁. 传统报业如何做好"融媒体"［J］. 传播力研究，2017，1（4）：73.

43. 李健，玉荣. BPR 实施之六个自我测验［J］. 中国企业家，2004（3）：121-122.

44. 李蕾. 纸媒转型与全媒体流程再造［J］. 新闻与写作，2009（7）：4.

45. 李平. 浅析业务流程外包的标准化［J］. 标准科学，2009（9）：29-32.

46. 李晓鹏，施晓义，王曦，等. "云计算"条件下的数据新闻研究——以报业生产流程再造为例［J］. 传媒评论，2014（5）：84-88.

47. 厉以宁. 企业死于决策层失衡［J］. 经营管理者，2007（8）：40-41.

48. 李玉刚，胡君莲. 员工参与企业战略决策的实证研究［J］. 学术论坛，2006（12）：72-76.

49. 黎志成，张海明. 报业集团资本运营效益评估指标体系探讨[J]. 江汉论坛，2005(6)：18-20.

50. 刘福贞. 融媒体下新闻采编流程再造分析[J]. 新媒体研究，2018，4(19)：87-88.

51. 刘刚. 地市党报：探索全媒体复合之路[J]. 中国记者，2008(5)：83.

52. 刘黎红，吕剑亮，崔琦. 国内外信息咨询业发展模式的比较研究[J]. 情报科学，2004(12)：1519-1523.

53. 刘海陵，林洁，冷爽. "3亿"流量如何炼成——羊城晚报融媒体流程再造的范本分析[J]. 新闻战线，2019(7)：17-19.

54. 刘建明. "传媒入世"的杜撰[J]. 新闻记者，2002(2)：3-5.

55. 刘琴. 中国报业数字化转型中风险投资的方式考虑[J]. 新闻界，2008(4)：16-18.

56. 马力，韩静轩. 中国企业建立学习型组织的思考[J]. 西安电子科技大学学报(社会科学版)，2001，11(1)：27-30.

57. 梅绍祖，冯建中. BPR与信息技术[J]. 系统工程理论与实践，2003(2)：45-50.

58. 彭兰. 从新一代电子报刊看媒介融合走向[J]. 国际新闻界，2006(7)：12-17.

59. 全政红. 报业组织变革与管理流程再造[J]. 新闻战线，2009(7)：51-52.

60. 钱晓文. 外资传媒在华经营模式及其影响[J]. 新闻记者，2001(8)：12-14.

61. 饶扬德. 新资源观与企业资源整合[J]. 软科学，2006(5)：77-81.

62. 桑强. 以流程为中心的战略设计[J]. 决策借鉴，2002(4)：2-5.

63. 单蕴菁. 如何认识构建舆论引导新格局[J]. 青年记者，2009(16)：62-64.

64. 沈振建. 品牌再造 组织再造 流程再造[J]. 传媒评论，2015(2)：25-28.

65. 沈芸，蒋梦桦．"AB 班"流程再造：钱江晚报全媒体采编改革探索[J]．
传媒评论，2016（2）：46-48．

66. 施龙有，吴峰平．媒体深度融合如何做到"三端"传播扁平化——以丽
水日报报业传媒集团"绿谷融媒小厨"建设为例[J]．新闻战线，2018
（20）：26-28．

67. 宋瑞敏．媒介融合背景下我国电视新闻的创新研究[J]．西部广播电视，
2019（20）：63-64．

68. 宋天邦，孔龙．价值链视角下的政府审计流程再造——基于 BPR 理论
框架[J]．齐鲁工业大学学报(自然科学版)，2016(1)：70-74．

69. 孙宝传．第一讲新闻标识语言(NewsML)——未来的新闻信息技术标准
简介[J]．中国传媒科技，2003(2)：61-64．

70. 孙晓梅．打造 5n 现代传播体系：银川市新闻传媒集团构建新闻宣传强
势平台[J]．城市党报研究，2018(3)：44-46．

71. 孙旭．融合新闻的报道流程研究[J]．新媒体研究，2017，3(5)：3-4．

72. 谭天，林籽舟．新型主流媒体的界定、构成与实现[J]．新闻爱好者，
2015，451(7)：23-26．

73. 田勇．论数字化时代传统媒体的全新武装：全媒体新闻生产的若干思
考[J]．新闻实践，2009(7)：4-7．

74. 万光政，翁若川．推进媒体深度融合：切实增强传播力[J]．新闻战线，
2015(10)：32-34．

75. 王朝阳．我国数字报业 BPR 关键成功因素研究[J]．国际新闻界，2010
（2）：83-86．

76. 王虎．打造"芒果生态圈"——"一体两翼"架构下湖南广电的转型路径
[J]．电视研究，2017(7)：11-14．

77. 王萍．业务流程再造"BPR"理论应用于高校管理的研究综述[J]．中国
多媒体与网络教学学报(上旬刊)，2019（7）：90-91．

78. 王庆宁．报业集团资产管理途径及变革[J]．中国报业，2012(9)：48-
49．

79. 王曙光. 信息技术环境下的企业业务流程再造[J]. 经济师，2002(8)：12-14.

80. 汪世锦. 胆识——战略决策者必备的素质[J]. 领导科学，2005(8)：33-34.

81. 吴昌红. 建设党报"四全"媒体，推动媒体融合向纵深发展[J]. 传媒观察，2019(10)：89-95.

82. 伍传平，张春瑾. 新闻出版业资本运营及其效应分析[J]. 出版发行研究，2003(3)：31-34.

83. 吴晓明. BPR：业务流程再造[J]. 重庆工业管理学院学报，1999(1)：44-48.

84. 夏阳. 流程再造助推报业成功转型——访上海报业集团信息技术中心主任杨俭俭[J]. 中国报业，2016(11)：88-89.

85. 谢耘耕，周志懿. 中国首份传媒企业创新能力调查报告[J]. 传媒，2008(3)：6-10.

86. 夏凤祥，贾岳. 以人才建设"领跑"全媒体报业转型发展[J]. 中国记者，2011(7)：102-104.

87. 许发利，简惠云. 我国企业实施BPR战略的初探[J]. 中国地质大学学报(社会科学版)，2001(1)：23-26.

88. 许玉东. 报业全媒体融合营销探究[J]. 中国报业，2013，325(12)：67-68.

89. 许志晋，蔡莉. 信息技术对企业再造工程的影响论纲[J]. 中国软科学，1997(8)：111-113.

90. 徐学庆. 建立符合现代企业制度的中国传媒体制[J]. 中州学刊，2005(3)：117-120.

91. 杨宏旭，蔡莉，费宇鹏. 纺织企业实施再造工程论纲[J]. 中国软科学，1999(4)：3-5.

92. 杨建光. 构建"1+4"传播集群 推进融合发展——雅安日报传媒集团媒体融合的实践与探索[J]. 城市党报研究，2018，72(5)：45-47.

93. 姚德权，王蕊. 中国新闻出版业资本结构考虑与优化[J]. 现代传播，2007(6)：5-9.

94. 叶泽川. 论知识型员工的管理[J]. 重庆大学学报(社会科学版)，2002(1)：125-126.

95. 栾轶玫. 融媒体时代新闻生产的流程再造[J]. 今传媒，2010(1)：30-31.

96. 尹楠. 传媒企业人力资源管理制度研究——央视财经频道编播组创新管理体制实践与探索[J]. 中国冶金教育，2014，160(1)：81-84.

97. 尹明华. 资本经营，传媒发展的重要选择——科学发展观指导下的媒介运行思考[J]. 传媒观察，2008(11)：15-17.

98. 尹明华. 在周期规律中把握党报集团的未来[J]. 传媒，2006(2)：19-22.

99. 尹明华. 流程再造中的价值发现——科学发展观指导下的媒介形态思考[J]. 传媒，2008(10)：34-36.

100. 应启宏. 上海文广新闻传媒集团信息平台规划[J]. 计算机系统应用，2005(4)：5-8.

101. 于凤玲. 领导决策层的群体智力结构[J]. 决策借鉴，1998(3)：41-42.

102. 喻国明. 关于当前中国传媒产业发展的战略思考[J]. 山西大学学报(哲学社会科学版)，2007(1)：125-127.

103. 喻国明. 如何突破传媒经营的"碎片化"状况——"合竞"时代下传媒资源链接模式及其规则再造[J]. 新闻前哨，2007(7)：21-23.

104. 袁振宁. 从融媒体实验教学平台建设看传媒教育改革的创新模式——以浙江传媒学院"浙传云"为例[J]. 传媒，2019，305(12)：84-86.

105. 袁勇. BPR 为数字化转型而生[J]. 企业管理，2017，434(10)：102-104.

106. 张秉礼，朱学文. 着眼集团发展战略构建人才高地——宁波日报报业集团近年人才队伍建设新探索[J]. 中国记者，2006(12)：7-9.

107. 张东明，梅志清，周志坤. 打好全媒体融合战 提高党报舆论引导

力——南方报业 2015 全国两会报道的创新实践[J]. 新闻战线，2015
(7)：8-11.

108. 张海明. 新时期媒介企业文化整合及其核心取向[J]. 商业时代，2008
(32)：91-92.

109. 张丽欢，王海婷. 新华社全媒体传播研究[J]. 广电时评，2019，67
(1)：43-46.

110. 张玲. 媒介素养教育——一个亟待研究与发展的领域[J]. 现代传播，
2004(4)：101-102.

111. 张睿锐. 基于国有企业海外管理战略落地的业务流程重组及 ERP 系统
实施[J]. 中国管理信息化，2019，22(17)：66-68.

112. 张腾之. 中国广电媒体融合的驱动路径与未来思考[J]. 现代传播，
2016，38(5)：8-13.

113. 张望军，彭剑锋. 中国企业知识型员工激励机制实证分析[J]. 科研管
理，2001(6)：90-96.

114. 张西超，连旭. 组织变革中的员工心理压力分析与应对[J]. 经济导
刊，2006(1)：68-72.

115. 赵可. 建设学习型报社——北京日报报业集团的探索与实践[J]. 中国
记者，2009(3)：22-23.

116. 赵婧. 国际时尚媒体的经营发展策略[J]. 新闻战线，2015(24)：59-60.

117. 赵曙光. 创建学习型媒体 促进集团和谐发展[J]. 中国记者，2005(6)：
8-9.

118. 赵先超. 实验—整合—融合：烟台日报传媒集团全媒体流程再造的实
践报告[J]. 城市党报研究，2009，51(3)：4-6.

119. 郑保卫. 论传播科技与世界传媒业的发展[J]. 中国传媒科技，2004
(7)：37-39.

120. 郑强. 再造流程_实施报业战略转型[J]. 青年记者，2009(6)：17-19.

121. 郑瑜. 媒介融合：新媒体时代的发展观[J]. 当代传播，2007(3)：1.

122. 新华社新闻研究所课题组. 中国传媒全媒体发展研究报告[J]. 新闻战

线，2013（7）：32.

123. 钟叙昭，李远杰. 传媒集团的战略管理[J]. 当代传播，2004（3）.

124. 周海涛. 纸媒转型与采编流程再造[J]. 传媒观察，2010（8）：55-57.

125. 周鸿铎."互动"、"融合"是新媒介生存和发展的关键[N]. 中华新闻报，2007-12-12.

126. 周万安. 美国传媒如何整合资源[J]. 中国记者，2007（3）：48.

127. 周勇闯. 经营媒体整合资源——台湾东森媒体科技集团考察报告[J]. 新闻记者，2002（9）：56-58.

128. 朱春阳，张亮宇，李妍. 全媒体时代下的传媒集团战略创新——以报业为对象的考察[J]. 新闻传播，2013（2）：7-9.

129. 朱頔，余梁. 实现"三个再造"传播主流强音[J]. 青年记者，2017（19）：58-59.

五、其他

1. 中华人民共和国工业和信息化部 www.miit.gov.cn

2. 北大方正网站 www.founder.com

3. 广州日报大洋网 www.dayoo.com

4. 浙江日报报业集团 www.zjdaily.com.cn

5. 南方报业媒介集团 www.nanfangdaily.com.cn

6. 解放日报报业集团 www.jfdaily.com.cn

7. 宁波日报报业集团 www.cnnb.com.cn

8. 人民网 www.people.com.cn

曾经的网站：

紫金网 www.zijin.net

中国新闻研究中心 www.cddc.net

媒体竞争研究 www.cwmedia.org

传媒学术网 academic.mediachina.net

后　记

报业集团流程再造是个系统工程，并不是一蹴而就的，也不存在完全可以照搬的成功经验，需要报业集团根据自身情况不断思考和摸索，找到适合自身的变革模式。目前，报业集团存在发展不平衡的问题，其 BPR 战略本身就存在差异，而这种差异性导致 BPR 支撑体系存在不同。其中，报业集团 BPR 基础支撑体系是所有报业集团实施 BPR 战略的前提和推动，构筑了报业集团变革的外部环境，针对不同的报业集团虽然存在微观差异，但整个外部环境是基本一致的。辅助支撑体系对于全部报业集团而言并不是必需的，受到各自的能力和需要的影响。最关键的是核心支撑体系，不同报业集团 BPR 要获得成功必定要制定符合自身发展特征的 BPR 战略，选择合适的人加以推动，构筑和谐的企业文化培育实施环境。

在本书初稿完成之时，国内报业集团的改革在持续推进。在过去的几年间，技术发展翻天覆地，媒介融合的生态和局势也发生了巨大变化。在媒介技术的推动下，出现了数据新闻、游戏新闻、短视频新闻、VR 新闻、360 度全景新闻等新闻形态，也促使报业集团重新思考媒介融合过程中的新闻生产流程如何去构建。在完成书稿过程中，我也提出了一些问题和思考，希望对后续媒介融合中 BPR 的研究有所启发。

1. 开展更多的个案研究

本书从文献和案例分析入手，提出了针对我国报业集团 BPR 支撑体系的宏观研究假设，未进行深入的微观研究，实属遗憾。如有研究者对媒介融合背景下的报业集团流程再造感兴趣，建议可以从微观入手，找寻适合的个案，通过深入分析，针对不同特质的报业集团提出不同的 BPR 方案，也对整个 BPR 支撑体系的比重做更为细致的探讨。

本书以大卫·佩普和张瑞当提出的 BPR"理论透镜"为理论框架，从宏观上探寻影响我国报业集团 BPR 成功实施的因素，构建了研究假设和理论框架。该研究假设从我国报业集团的发展现状的整体视角对报业集团 BPR 支撑体系的构建展开研讨，对我国报业集团流程再造的整体推进具有实践指导意义，但在更深入的微观探寻方面略显不足。考虑到实践层面中不同的报业集团在人力资源、资金、地域等多种因素上的差异性，其 BPR 战略的决策、实施和控制各个环节由于受到以上因素的影响也会存在差异。因此，不同的报业集团在实施 BPR 战略时，本研究假设中涉及的各种影响因素在整个支撑体系中的作用广度和深度、影响因素之间的关联也会存在区别。可见，如果有微观层面的观照将对本研究中的宏观假设提供更好的注脚，对我国报业集团 BPR 支撑体系的深入研究提供帮助。

2. 放眼全球

本书在构建研究假设时按照我国报业集团案例分析的逻辑结构来完成。在文献收集、整理过程中，发现 BPR 思想、方法在国外很多行业领域都得以应用并取得不错效果，但传媒领域的相关研究较少。在传媒领域的相关研究更多地集中于流程再造的过程描述、模式讨论等，对传媒企业 BPR 影响因素、支撑体系的探讨更少。但毕竟国外传媒企业在集团化、对信息技术的应用及传媒企业的管理等方面比我国很多报业集团都更有经验。他们比我们更早接触 BPR 思想，对 BPR 的实践也更有经验。本研究选取的案例基本集中于国内报业集团，试图通过国内报业集团之间的比较发现 BPR 影响因素在不同报业集团之间的差异性。但如果能对国内外传媒行业 BPR 影响因素进行比较分析研究，发现国外传媒企业 BPR 影响因素的特征，发现中外传媒企业在 BPR 影响因素的差异，从而构建符合传媒企业变革的 BPR 支撑体系，对于有效指导我国报业集团 BPR 的实践具有更深刻的意义，对于 BPR 理论在传媒领域的拓展也更有价值。

BPR 是报业集团媒介融合发展过程中的一个环节，在对现代传媒发展的整体观照中，要越发注重媒介技术的发展对人、对社会的影响，对整个传播生态是如何发生作用的。只有将技术、人、社会、传播等置于共同的容器中，才能较为完整地洞悉我国报业集团的发展。本书仅是管窥中国报业集团变革过程中的一个局部，观点和方法定有疏漏和不足，在此抛砖引玉，希望更多专业人士关注中国传媒进步。恳请学界和业界专家多多批评指正。

最后，要感谢在本书写作、编辑出版等各个环节给予我帮助的人。他们是武汉大学新闻与传播学院的强月新教授、石义彬教授、张金海教授、秦志希教授、王瀚东教授、周茂君教授、姚曦教授、吕尚彬教授、洪杰文教授，南京大学夏倩芳教授等，你们从选题确定、方法优化、案例选择等各个环节都给予了很多指导。同时也感谢师友肖珺、纪莉、刘学、陆阳、侯文军、叶晓华、何明贵等的鼓励和帮助。感谢帅晓琴老师。感谢罗治平、凤薇、田黎等老师为我提供资料查询便利。感谢我的研究生龙若华、曾文燕、霍美君等在案例整理上的付出。感谢武汉大学出版社编辑在编辑、校对、出版等各个环节的支持。特别感谢武汉大学媒体发展研究中心的单波教授、杭州电子科技大学王强教授、武汉大学国家文化发展研究院刘丽群教授在本书撰写过程中的智慧共享，鼎力支持。需要特别感谢的还有我的家人，一如既往地对我保持宽容和支持。

王朝阳

2020 年 11 月 4 日于新闻学院